公司治理研究文丛

徐向艺 主编

公司治理若干重大理论问题述评

GONGSI ZHILI
RUOGAN ZHONGDA LILUN WENTI
SHUPING

马 磊 徐向艺 著

经济科学出版社
ECONOMIC SCIENCE PRESS

责任编辑：吕　萍　田　媛
责任校对：杨晓莹
版式设计：代小卫
技术编辑：邱　天

图书在版编目（CIP）数据

公司治理若干重大理论问题述评/马磊，徐向艺著. —北京：
经济科学出版社，2008.7
（公司治理研究文丛）
ISBN 978 - 7 - 5058 - 7426 - 8

Ⅰ. 公… Ⅱ. ①马…②徐… Ⅲ. 公司 - 企业管理 - 研究
Ⅳ. F276.6

中国版本图书馆 CIP 数据核字（2008）第 116243 号

公司治理若干重大理论问题述评
马　磊　徐向艺　著
经济科学出版社出版、发行　新华书店经销
社址：北京市海淀区阜成路甲 28 号　邮编：100142
总编室电话：88191217　发行部电话：88191540
网址：www.esp.com.cn
电子邮件：esp@esp.com.cn
北京汉德鼎印刷厂印刷
永胜装订厂装订
787×1092　16 开　17.5 印张　300000 字
2008 年 7 月第 1 版　2008 年 7 月第 1 次印刷
ISBN 978 - 7 - 5058 - 7426 - 8/F·6677　定价：27.00 元
（图书出现印装问题，本社负责调换）
（版权所有　翻印必究）

《公司治理研究文丛》主 编

主　编　徐向艺
副主编　陈志军　谢永珍　钟耕深

学术委员会委员

李维安	南开大学商学院院长、教授、博士生导师
郑海航	首都经贸大学副校长、教授、博士生导师
徐向艺	山东大学管理学院院长、教授、博士生导师
武常歧	北京大学光华管理学院副院长、教授、博士生导师
何顺文	香港浸会大学工商管理学院院长、教授、博士生导师
李海舰	中国社会科学院《中国工业经济》杂志社社长、教授、博士生导师
李新春	中山大学管理学院院长、教授、博士生导师
高　闯	辽宁大学工商管理学院院长、教授、博士生导师
卢昌崇	东北财经大学工商管理学院院长、教授、博士生导师
刘俊海	中国人民大学法学院教授、博士生导师

前　　言

　　这是一本关于公司治理研究中若干重大理论问题的评述性理论著作。

　　公司治理是现代企业制度中最重要的组织架构，它是对公司进行监管和控制的体系和机制。公司治理涉及公司的股东会、董事会、管理层及其他利益相关者之间一系列错综复杂的关系。其核心问题是在公司所有权和控制权相分离的条件下，通过适当的制度安排来解决公司外部股东和内部人之间的委托代理关系，从而使公司的目标以及实现这些目标的手段得以确定。自20世纪80年代以来，全球公司治理研究从以美国一国为主逐步发展到英、日、德等主要发达国家，到20世纪90年代，已经扩展到转轨经济和新兴市场经济国家；研究内容从治理结构与治理机制，扩展到治理模式与治理原则。

　　20世纪90年代，随着经济全球化的加速发展，各国的公司治理实践也发生着深刻的变革。尽管各国进行公司治理改革的原因不尽相同，但对公司治理问题的关注却反映了这样一个共识：即打造公司长期竞争优势的关键是构建完善的治理结构与治理机制，良好的治理结构可以保证代理人根据公司股东和利益相关者的最佳利益行事，对代理人提供有效的监督，从而激励企业更有效地为社会创造财富；良好的治理机制将使公司在未来具有较高的财务安全性，有利于公司盈利能力的提高，进而提高上市公司的股本扩张能力；良好的公司治理质量是公司价值提升的重要保证。但是在公司治理的实践上，人们发现，它与理想的距离相差甚远。

中国的企业改革在一定意义上也是全球完善公司治理浪潮的组成部分。以公司化和所有权多元化等为主要内容的建立现代企业制度的改革，使公司治理成为中国企业改革的核心问题。近几年来，中国公司治理得到前所未有的重视，公司治理状况也有了很大改善。但是像中国这样一个"转轨+新兴"的国家，既有"代理冲突"、"大股东的隧道行为"、"信息披露不充分"等各国公司治理所面临的共同问题，也有"产权不清晰"、"所有者缺位"、"内部人控制"等特殊问题的存在。可以说"行政型治理向经济型治理转换过程中形成的治理失控"是中国上市公司治理的症结所在。20世纪90年代以来，一些大银行、大企业纷纷赴海外上市，经过改制的中国企业要接受国际公司治理标准的检验，而一些赴海外上市的中国企业接连出现公司治理事件，这表明中国企业越来越面临着公司治理国际化的挑战。公司治理问题已经成为全球性的焦点问题，而中国公司治理之路还任重道远，需要企业、政府乃至其他利益相关方共同的求索。

在经济全球化的背景下，相互学习的结果使得公司治理正在呈现出国际趋同化的特征，这在客观上也要求公司治理研究的国际趋同化。本书的目的是对公司治理理论体系中若干重大问题进行理论上的梳理，对相关理论的起源、演变发展过程进行系统性介绍并对不同流派的观点进行综合探讨评价，以期为致力于公司治理研究的广大学者提供一个进行相关研究的资料线索。

本书第1章论述了公司治理问题研究的基本框架。20世纪80年代以来，公司治理成为全球市场经济国家共同面对的问题，成为现代企业理论研究的一个核心问题，并涌现出了大量的理论研究成果和极富实践指导意义的公司治理准则。纵观现有文献，可以发现对公司治理的研究已经非常广泛。本章试图将它们纳入一个统一的分析框架，对公司治理的范畴的发展历程、公司治理的不同利益导向及不同模式等国内外有关公司治理问题的研究背景和理论成果进行介绍和评述，对当前公司治理前沿问题和研究进展进行分析，以期为我国公司治理理论研究和实践提供新的视角。

第2章论述了公司治理中的控制权安排。公司控制权安排是公司治理机制的核心和关键，如何合理配置控制权并有效促使控制权转移是提高公司绩效，保护投资者利益的关键问题。本章首先对控制权的本质属性进行叙述分析，之后对控制权问题分别从公司内部控制权配置、控制权收益及控制权转移等角度对公司控制权问题的研究成果进行介绍和评述。指出控制权的初始配置是公司治理结构中最主要的功能，因为这种权利的配置必须把剩余控制权、剩余索取权和资本所有权有机地结合起来。而控制权市场的存在使得控制权可以在各相关利益主体之间进行重新分配，其最明显的作用机理在于赋予股东"用脚投票"的自由，可以说，当公司内部的各种控制权机制都不能有效发挥作用时，控制权市场是股东解决代理问题的最后防线，控制权的争夺有利于公司治理质量的提高。

第3章论述了公司治理中的股东退出机制。股东退出公司主要有两种方式：一是股东通过股票市场将股份转让给他人从而实现退出公司的目的，该方式通常被称为"用脚投票"或者市场选择机制，它是一种间接的股东退出机制；另一种则是公司异议股东所享有的股份司法评估权，该制度是一种司法退出机制，它允许对管理者的决策持有反对意见的股东在特定情况下要求公司回购其股份，因此是一种直接的股东退出机制。本章重点比较分析了以上两种不同的股东退出机制在公司治理结构中的功能，以及他们对公司治理效率的影响。

第4章论述了高管变更与公司治理绩效。企业高级管理人员的更换是公司治理的一项重要内容，是公司内外部治理机制共同作用的结果。在西方发达国家对该专题的研究始于20世纪70年代，经过几十年的发展已经积累了较为成熟、较成体系的研究成果。中国股市2004年年底和2005年年初的"问题高管"风暴，更是导致了上市公司高管频频被更换。本章重点从公司治理的角度对国内外关于高管变更的研究进行系统性评述，试图梳理出公司治理与高管变更关系的总体研究思路和研究框架。

第5章论述了公司治理、自由现金流与企业投资行为。由于代理问题的存在，使企业利益相关者之间存在着冲突，这种冲突在企业经营投资中表现为权利、责任和利益分配的不对称和各种机会主义行为的发生，这些都直接影响着企业的投资决策。本章重点将自由现金流和公司治理问题引入企业投资行为分析框架，使得企业投资不再是"黑箱"，可以为我们逐步认识和分析企业投资行为提供理论支持。

第6章论述了上市公司关联交易及其治理。关联方利用关联交易直接或间接侵害上市公司利益，甚至掏空上市公司的事件更是时有发生。21世纪之初，美国资本市场中接连爆出的上市公司通过关联交易进行财务造假的丑闻，说明了即使是发达国家对上市公司关联交易的治理制度仍然存在诸多问题，而以帕玛拉特事件为代表的欧洲公司财务丑闻的发生，更显示了这一问题的全球性和重要性。本章重点对国内外关联交易的不同界定、产生原因、影响及对关联交易的规范治理进行了考察与分析。

第7章论述了公司职业经理人综合评价体系。职业经理人产生于经营权与所有权的分离。企业与职业经理人之间属于委托—代理关系，他们之间的合作是典型的动态博弈，在这个过程中存在着明显的"信息不对称"，构建信号传递机制是解决"逆向选择"与"道德风险"的有效手段。因此，对职业经理人的评价历来都是企业很重视的问题，也是理论界关注的热点。本章重点关注根据"利益相关者评价模式"构建的职业经理人综合评价体系框架对相关理论研究进行评述。

本书是集体劳动的成果。由马磊博士、徐向艺教授设计出该书的编写大纲并提出研究思路，经过讨论，由写作组成员（徐向艺、陈振华、卞江、孙卫敏、马磊、李鑫、庞金勇）分工写出初稿，由马磊博士、徐向艺教授对全书各章内容进行修改并最后总撰定稿。

我们在研究写作的过程中，参阅了国内外大量的公司治理文献（文献目录见各章章末），使我们受益匪浅，特向这些文献作者表示诚挚的感谢！本书在出版过程中，得到了经济科学出版社及其责任编辑的大力帮助，在此一并表示感谢！

由于本书体系庞大，涉及面比较广，更主要的是作者学识所限，该书的缺陷和遗漏恐难以避免，我们期待着理论界同行和广大读者对本书存在的疏漏和不足提出宝贵意见。

马磊　徐向艺
2008 年 7 月 10 日

目录

第1章 公司治理问题研究的基本框架 ………… 1
- 1.1 公司治理的内涵 ………… 1
- 1.2 公司治理与公司管理的比较 ………… 9
- 1.3 公司治理研究中的利益导向 ………… 14
- 1.4 公司治理的主体、客体及效率 ………… 17
- 1.5 公司治理机制 ………… 21
- 1.6 资本结构与公司治理 ………… 26
- 1.7 董事会与公司治理 ………… 31
- 1.8 公司治理模式的比较 ………… 34
- 参考文献 ………… 44

第2章 公司治理中的控制权安排 ………… 46
- 2.1 对控制权本质的探讨 ………… 46
- 2.2 对控制权配置的研究 ………… 59
- 2.3 对控制权收益的研究 ………… 68
- 2.4 对控制权转移的研究 ………… 80
- 2.5 本章评析和展望 ………… 85
- 参考文献 ………… 86

第3章 公司治理中的股东退出机制 …… 89

3.1 传统公司治理理论与股东退出机制的回顾与分析 …… 89

3.2 无效市场条件下的公司治理：公司治理的行为经济学视角 …… 101

3.3 股东直接退出机制：异议股东股份价值评估权 …… 110

参考文献 …… 123

第4章 高管变更与公司治理绩效 …… 126

4.1 高管变更的概念与作用 …… 126

4.2 高管变更与公司绩效 …… 128

4.3 公司内部治理与高管变更 …… 132

4.4 公司外部治理与高管变更 …… 140

4.5 高管变更与继任者来源 …… 143

4.6 高管变更与盈余管理 …… 145

4.7 高管变更与股东财富效应 …… 147

4.8 高管变更与高管团队稳定性 …… 150

4.9 本章评析与展望 …… 152

参考文献 …… 153

第5章 公司治理、自由现金流与企业投资行为 …… 156

5.1 企业投资与自由现金流之间关系的理论基础 …… 156

5.2 企业投资与自由现金流之间关系的实证研究 …… 158

5.3 中国上市公司投资与自由现金流敏感性研究 …… 165

5.4 股东—债权人冲突对企业投资行为的影响 …… 167

5.5 股东—经理人冲突对企业投资行为的影响 …… 173

5.6 大股东—中小股东冲突对企业投资行为的影响 …… 180

5.7 中国上市公司治理问题对企业投资行为的影响 …… 181

参考文献 …… 184

第6章 上市公司关联交易及其治理 ... 187
6.1 关联交易及相关概念的界定与分析 ... 187
6.2 关联交易的产生及国内外的确认 ... 193
6.3 关联交易产生的原因分析 ... 200
6.4 关联交易的影响分析 ... 205
6.5 关联交易的规范与治理 ... 210
6.6 本章评析与展望 ... 220
参考文献 ... 224

第7章 公司职业经理人综合评价体系研究 ... 227
7.1 职业经理人绩效评价与管理的理论研究 ... 228
7.2 职业经理人素质评价的理论研究 ... 241
7.3 职业经理人信用评价的理论研究 ... 255
7.4 本章评析与展望 ... 261
参考文献 ... 263

第 1 章

公司治理问题研究的基本框架

20世纪80年代以来,公司治理成为全球市场经济国家共同面对的问题。21世纪初出现的安然、世通等世界级大企业的财务丑闻和破产倒闭事件,更是在全球范围内掀起了一轮新的公司治理研究高潮。综观有关文献,可以发现学术界对于公司治理的研究已非常广泛,本章对国内外有关公司治理问题的研究背景和理论成果进行了介绍和评述,对当前公司治理前沿问题和研究进展进行了梳理,试图把目前头绪纷繁复杂的公司治理研究纳入一个系统的分析框架。

1.1 公司治理的内涵

"治理"(governance)是广泛应用于政治学、经济学、管理学领域内的一个术语,它来源于拉丁语"gubemare",意思是"统治"或"掌舵",在希腊语中与"舵手"是同义语。"公司治理"(Corporate Governance)作为一个概念,最早出现在经济学文献中的时间是20世纪80年代初,而"公司治理问题"的出现要早得多,亚当·斯密在《国富论》中就曾提到类似的问题,这可谓是公司治理问题的思想源头,但由于时代局限,他不可能对此做出深入的研究。①

企业的本质决定了"治理"的基本功能，"治理"应服务于企业的生存和成长。所以，企业制度演进过程也就是"治理"产生、发展的过程，因此，要想更深入地理解公司治理本质，关键是必须从企业制度演进的角度入手。

由于企业本质认识上的分歧，西方主流企业理论在研究企业制度演进方面有两种不同的派别，一是以威廉姆森为代表，主张从企业组织结构入手研究现代公司制度演进，认为资产专用性、外部性及等级分解原则等三个交易成本因素决定了企业制度向现代公司制度演进。二是以德姆塞茨为代表，强调产权理论和社会成本理论（也就是外部性理论）的应用，侧重于研究公司的制度关系，它所考察的是现代公司的出资者和公司代理人是如何演化成一种"新型的生产关系的"（现代公司制度）。上述两种观点都从企业的本质出发研究企业制度演进，威廉姆森侧重于用交易费用解释企业的纵向一体化，而德姆塞茨侧重于用产权外部性解释企业的横向一体化。他们从不同的角度涉及了企业的本质，具有一定的深刻性，但都难以令人信服地解释企业的本质，从而使他们对公司制度形成发展的解释也难免有失偏颇。②

1.1.1 公司制演进与"公司治理"的发展

企业制度类型主要包括业主制、合伙制、公司制三种。业主制、合伙制是最早的企业制度，现代企业制度即公司制度是在业主制、合伙制的基础上发展演进而来的。公司制的演进可大致分为三个阶段：③

第一阶段，16世纪末至17世纪初，荷兰、英国成立的特许贸易公司

---

① 亚当·斯密关于股份公司的经营情况曾有一段著名的论述："在钱财的处理上，股份公司的董事为他人尽力，而私人合伙公司的伙员，则纯粹是为自己打算。所以要想使股份公司董事们监视钱财用途像私人合伙公司伙员那样用意周到，那是很难做到的……疏忽和浪费，常为股份公司业务经营上多少难免的弊端。"显然，亚当·斯密已经意识到了公司治理要解决的一个核心问题——对经营者约束、监督与激励问题，即委托代理问题。
② 关于现代企业理论的局限性，哈特、席酉民等人都做过详细论述，可参见：a. 张海梅、钟庆才：《西方现有企业理论的局限性与思考》，载《广东社会科学》，2002年第2期，第18~22页。b. 姚小涛、席酉民、张静：《企业契约理论的局限性与企业边界的重新界定》，载《南开管理评论》，2002年第5期，第36~38页。
③ 吉林大学中国国有经济研究中心课题组：《治理效率：一个深化公司治理的新视角》，载《当代经济研究》，2002年第12期，第8~14页。

可谓是公司制的最早雏形，该组织由政府特许成立，具有法人地位，资本由募集而来，初步具备了董事会、股东会、经理等组织框架。

第二阶段，18世纪，一种更接近于现代公司制企业的"合股公司"出现了，该种企业组织虽然不具备法人地位和有限责任制度，但已具有可以筹集转移资本，所有者权益易于转让，经营连续性和由所有者代理人而不是所有者本人来管理等优点。在这两个阶段中，促使企业制度公司化的主要因素是：远洋航海贸易、殖民扩张以及地理大发现等为企业创造了诱人的盈利机会，而业务的巨大风险以及大规模的资本远远超过了血缘家庭所能承担的范围。所以，企业投资主体的多元化不可避免地成为这一阶段公司企业制度创新的最大特征。这时，虽然出现了所谓的经理人员，但其由兼职人员充任，只起到了资产代管人的作用，经营职能并不突出。

第三阶段，19世纪以后，工业革命的兴起，新技术层出不穷，市场范围空前扩大，社会分工、专业化日益加深，市场竞争更加激烈，在这一历史背景下，美国出现了典型的现代公司企业制度。钱德勒将之归于19世纪80年代开始的大规模生产和大规模销售的结合，随着企业规模的扩张以及与之相伴随的技术管理过程复杂化，导致了专职经理人员作用的增强。西部铁路成为美国第一家由专职支薪经理人员组成的正规管理系统运转的工商企业。以专职经理人员出现为主要标志的现代公司制度无疑成为企业制度发展演进史上的里程碑。

与传统的业主制企业相比，现代公司制企业一个显著的特征就是个人财产所有权与企业所有权的区别。[①] 在古典式的业主企业中，个人财产所有权就等同于企业所有权，企业主投入个人的资金、设备等形成企业的全部资产，进而拥有企业全部所有权，即剩余控制权、索取权。而对于现代公司企业而言，公司企业作为一个独立的法人实体存在，出资人的有限责任制度使个人财产所有权不同于企业所有权。个人财产所有权是企业存在的前提，企业所有权是个人之间产权交易的结果，公司制企业成为不同生产要素所有者之间契约的结合。严格说来，公司企业本身是没有"所有者"的，如詹森、麦克林就将公司企业称为一种"法律假设"。伴随着所有者的消失是企业契约主体的多元化，即企业利益相关者的多元化。根据不同生产要素产权的不同特征，周其仁将公司制企业视为"人力资本与非人力资本"的合约，人力资本与非人力资本结合形成一种团队生产或

---

① 张维迎：《所有制、治理结构及委托—代理关系》，载《经济研究》，1996年第9期。

长期合约的集合，资本的专用性积累和机会成本制约着任何一方的退出。在充满不确定性和风险的竞争的市场环境中，它们共同构成的专用性资源创造出一种集体产品或"组织租"（企业剩余），任何一方为参与了"组织租"的创造，承担索取企业剩余的风险。企业的契约性也意味着，在享有企业剩余控制权和索取权方面，不同产权主体都享有机会上的平等性、独立性。这样，企业的剩余控制权和剩余索取权的承担者由单一的企业主转移到了多元化的企业相关利益主体身上。按照"舵手、掌舵"的"治理"这一原始意义，就是说多元化主体共同参与到企业的重大决策中，共同决定企业的战略规划、重大事项安排，这无疑为企业高效的决策提供了最大可能。而要将这种可能性变为现实，客观上需要一整套制度安排来协调不同主体间的利益关系，整合不同生产要素的资源力，以提高企业决策的效率，保持企业长期持续的成长。这里所谓的一整套制度安排其实就是我们所关注的公司治理。

由此，我们可以认为，随着企业制度由古典式业主制企业演进到现代公司制企业，真正意义上的企业所有者模糊了，公司制企业成为不同生产要素产权主体之间契约的结合体，企业利益相关者的多元化使企业家和企业家职能分离，企业家职能由个人的企业家才能转化为治理制度的安排而得以强化，提高了企业决策的科学性和效率性，大大增强了企业抵抗风险和不确定性因素的能力。

1.1.2 "公司治理"的主要理论依据

一般而言，"公司治理"的理论依据主要有三个：[①]

第一个是所谓的"管家理论"。它是规范性的，建立在信托责任基础之上：公司（即股东大会）将责任和权力委托给董事，同时要求董事忠诚，并能及时对自己的行为提出合理的解释。这个理论的前提，是相信人人都是公正和诚实的，都是愿意为他人谋利益的。依照这个理论，"公司治理"被看作信托责任关系。

第二个是委托代理理论。它将企业看作是委托人和代理人之间的合同网络，股东是委托人，董事是代理人。代理人的行为是理性（或有限理

---

① 费方域：《什么是公司治理？》，载《上海经济研究》，1996 年第 5 期，第 36～39 页。

性）的，自我利益导向的，因此，需要用制衡机制来对抗潜在的权力滥用，用激励机制来使董事和经理为股东出力和谋利。依照这个理论，"公司治理"被看作委托代理关系。

第三个是产权理论。它认为所有权规定了公司的边界，是控制公司的权利的基础，这些权利包括提名和选举为股东利益管理企业的董事的权利；要求董事就企业资源的配置作出决策并给予解释的权利；任命独立审计师检验公司账务的准确性及对董事的报告和账目提出质疑的权利，等等。而对于公司资产运作和日常经营的控制权，则分别授予董事会和经理层掌握。依照这个理论，"公司治理"被看作是产权或控制关系。

1.1.3 不同角度的"公司治理"定义

1992年12月，英国伦敦证券交易所公司治理财务问题委员会发表了《卡德伯瑞报告》（Cadbury），揭开了全球加强公司治理运动的序幕。1997年亚洲金融危机的爆发，不仅使直接受到冲击的亚洲国家加强了金融监管，加快公司治理改革步伐，其他国家和许多国际组织，如国际银行、亚太经合组织等也纷纷加入到推动公司治理改革的运动中。21世纪初出现的美国安然、世通等大企业的财务丑闻和破产倒闭事件，使学术界掀起了一轮新的关注公司治理问题的高潮。但直至21世纪初期，公司治理还没有统一的定义。在此仅列出几种较有代表性的观点：

1. 根据公司治理的作用定义

伯利和米恩斯[1]以及詹森和麦克林[2]认为公司治理应致力于解决所有者与经营者之间的关系，公司治理的焦点在于使所有者与经营者的利益相一致。法马和詹森进一步提出，公司治理研究的是所有权与经营权分离情况下的代理人问题，其中心问题是如何降低代理成本。[3] 米勒具体指出公司治理需要解决以下委托代理问题：如何确知企业管理人员只取得为适当

---

[1] Berle and Means. The Modern Corporation and Private Property. New York: MacMillan, 1932.
[2] Jensen and Meckling. Theory of the Firm: Managerial Behavior, Agency Costs and Ownership Structure. Journal of Financial Economics, 1976 (3): pp. 305-360.
[3] Fama and Jensen. Separation of Ownership and Control. Journal of Law and Economics, 1983 (6): pp. 301-349.

的、盈利的项目所需的资金，而不是比实际所需的多；在经营管理中，经理人员应该遵循什么标准或准则；谁将裁决经理人员是否真正成功地使用公司的资源——如果证明不是如此，谁负责以更好的经理人员替换他们。[1] 施莱佛和维什尼认为公司治理要处理的是公司的资本供给者如何确保自己可以得到投资回报的途径问题，认为公司治理的中心课题是要保证资本供给者（包括股东和债权人）的利益。[2]

2. 根据公司治理问题存在的条件定义

奥利弗·哈特在《公司治理理论与启示》一文中提出了治理理论的分析框架。[3] 他认为，只要有以下两个条件存在，公司治理问题就必然在一个组织中产生：第一个条件是代理问题，确切地说是组织成员（可能是所有者、工人或消费者）之间存在利益冲突；第二个条件是交易费用之大使代理问题不可能通过合约解决。如果出现代理问题并且合约不完全，公司治理结构将至关重要，标准的委托代理人模型假定签订一份完全合约是没有费用的，然而，实际签订合约的费用可能很大，如果这些交易费用存在，所有的当事人不能签订完全的合约，而只能签订不完全合约；或者，若初始合约模棱两可，当新的情况出现，合约将被重新谈判，否则就引起法律争端。治理结构被看作一个决策机制，而这些决策在初始合约下没有明确地设定，更确切地说，治理结构分配公司非人力资本的剩余控制，即资产使用权如果没有在初始合约中详细设定的话，治理结构决定其将如何使用。由此可以看出，哈特是将代理问题和合约的不完全性作为公司治理存在的条件和理论基础。

3. 根据公司治理基本问题定义

科克伦和沃特克在《公司治理——文献回顾》一文中指出："公司治理问题包括高级管理阶层、股东、董事会和公司其他利益相关者相互作用

---

[1] Merton H. Miller. Do the M&M Propositions Apply to Banks?. Journal of Banking and Finance, 1995 (19): pp. 3-4.

[2] Shleifer and Vishny. A Survey of Corporate Governance. Journal of Finance, 1997 (6): pp. 737-783.

[3] Oliver Hart. Corporate Governance: Some Theory and Implications. The Economic Journal, 1995 (105): pp. 678-689.

中产生的具体问题。构成公司治理问题的核心是：（1）谁从公司决策层（高层管理者）的行动中受益；（2）谁应该从公司决策层（高层管理者）的行动中受益？当在'是什么'和'应该是什么'之间存在不一致时，一个公司的治理问题就会出现。"[1] 为了进一步解释公司治理中包含的问题，他们将公司治理分为四个要素，每个要素中的问题都是与高级管理阶层和其他主要的相关利益集团相互作用有关的"是什么"和"应该是什么"之间不一致引起的。具体来说，就是管理阶层有优先控制权，董事过分屈从于管理阶层，工人在企业管理上没有发言权，和政府注册过于宽容。对于这些问题，解决办法可以是加强股东的参与、重构董事会、扩大工人民主和严格政府管理。他们认为，理解公司治理中包含的问题，是回答公司治理是什么这一问题的一种方式。

4. 从制度安排的角度定义

英国牛津大学管理学院院长柯林·梅耶在他的《市场经济和过渡经济的企业治理机制》一文中，把公司治理定义为："公司赖以代表和服务于他的投资者的一种组织安排。它包括从董事会到执行经理人员激励计划的一切东西……公司治理的需求随市场经济中现代股份有限公司所有权和控制权相分离而产生。"

一个相对普遍的界定是1999年5月经济合作与发展组织（OECD）理事会在《公司治理结构原则》中给出的："公司治理结构是一种据以对工商公司进行管理和控制的体系。公司治理结构明确规定了公司的各个参与者的责任和权利分布，诸如，董事会、经理层、股东和其他利益相关者。并且清楚地说明了决策公司事务时所应遵循的规则和程序。同时，它还提供了一种结构，使之用以设置公司目标，也提供了达到这些目标和监控运营的手段。"

斯坦福大学的钱颖一教授也支持制度安排的观点，他认为："在经济学家看来，公司治理结构是一套制度安排，用以支配若干在企业中有重大利害关系的团体——投资者（股东和贷款人）、经理人员、职工之间的关系，并从这种联盟中实现经济利益。公司治理结构包括：（1）如何配置

---

[1] Cochran and Wartick. Corporate governance: A Review of the Literature. Morristown, NJ: Financial Executives Research Foundation, 1988.

和行使控制权；（2）如何监督和评价董事会、经理人员和职工；（3）如何设计和实施激励机制。"[1]

5. 从组织结构的角度定义

吴敬琏认为，"所谓公司治理结构，是指由所有者、董事会和高级执行人员即高级经理三者组成的一种组织结构。在这种结构中，上述三者之间形成一定的制衡关系。通过这一结构，所有者将自己的资产交由公司董事会托管；公司董事会是公司的决策机构，拥有对高级经理人员的聘用、奖惩和解雇权；高级经理人员受雇于董事会，组成在董事会领导下的执行机构，在董事会的授权范围内经营企业。要完善公司治理结构，就要明确划分股东、董事会、经理人员各自权利、责任和利益，从而形成三者之间的关系"。[2]

6. 从广义治理的角度定义

布莱尔在其著作《所有权与控制：面向21世纪的公司治理探索》中提出，"公司治理是指有关公司控制权和剩余索取权分配的一整套法律、文化和制度性安排，这些安排决定公司的目标，谁拥有公司，如何控制公司，风险和收益如何在公司的一系列组成人员，包括股东、债权人、职工、用户、供应商以及公司所在的社区之间分配等一系列问题"。[3] 这是目前被国内学者所广泛接受的一种定义。很多学者在此基础上提出了自己的见解，比如国内学者李维安和张维迎都认为公司治理有广义和狭义之分。

李维安认为，狭义的公司治理，是指所有者——主要是股东——对经营者的一种监督与制衡机制，即通过一种制度安排，来合理地配置所有者与经营者之间的权利与责任关系，其主要特点是通过股东大会、董事会、监事会及管理层所构成的公司治理结构的内部治理；广义的公司治理则是通过一套包括正式及非正式的制度来协调公司与所有利益相关者（股东、债权人、供应者、雇员、政府、社区）之间的利益关系，以保证公司决

---

[1] 青木昌彦、钱颖一：《转轨经济中的公司治理结构》，中国经济出版社1995年版。
[2] 吴敬琏：《现代公司与企业改革》，天津人民出版社1994年版。
[3] Margaret M. Blair and Bruce K. MacLaury. Ownership and Control: Rethinking Corporate Governance for the Twenty-first Century. Washington, D. C: Brookings Institute, 1995.

策的科学化，从而最终维护公司各方面的利益。①

张维迎认为，狭义的公司治理结构是指有关公司董事会的功能、结构、股东的权利等方面的制度安排；广义的公司治理，指有关公司控制权和剩余索取权分配的一整套法律、文化和制度性安排，这些安排决定公司的目标，谁在什么状态下实施控制，如何控制，风险和收益如何在不同企业成员之间分配这样一些问题，并认为广义的公司治理结构是企业所有权安排的具体化。②

7. 公司治理定义的归纳

从上面列出的这些定义可以看出，学者们对公司治理概念的理解至少包含以下五层含义：（1）公司治理问题的产生，根源于现代公司中所有权与经营权的分离以及由此所导致的委托—代理问题；（2）公司治理是一种合同关系。公司被看作是一组合同的联合体，这些合同治理着公司发生的交易，使得交易成本低于由市场组织这些交易时发生的交易成本。公司治理的安排，以公司法和公司章程（合同关系）为依据，用简约的方式（不完全合同）规范公司各利益相关者的关系，约束他们之间的交易，来实现公司交易成本的比较优势；（3）公司治理结构是由股东会、董事会、监事会、经理层等"物理层次"的组织架构，及联结上述组织架构的责权利划分、制衡关系和配套机制（决策、激励、约束机制等）等游戏规则构成的有机整体；（4）公司治理的关键在于明确而合理地配置公司股东、董事会、经理人员和其他利益相关者之间的权利、责任和利益，从而形成其有效的制衡关系；（5）公司治理的本质是对公司控制权和剩余索取权分配的一整套法律、文化和制度性安排。

1.2 公司治理与公司管理的比较

企业存在的理由在于它是一种创造财富的有效机制，治理和管理都是这种有效机制的重要组成部分，两者的有机结合构成了企业系统。随着企

---

① 李维安、武立东：《公司治理教程》，上海人民出版社2002年版。
② 张维迎：《所有制、治理结构与委托—代理关系》，载《经济研究》，1996年第9期。

业的发展，公司治理与管理会达到一个系统化的动态制度均衡。企业为了适应竞争日益激烈的市场环境，必须不断对其管理模式进行调整，这必然影响并受制于公司治理的模式，因此建立起公司治理与公司管理的综合分析框架就十分必要。①

1.2.1 企业的本质

要对公司治理与公司管理之间的关系进行分析，必须首先认识清楚企业的性质，因为公司治理与公司管理都是企业系统的组成部分，都是为企业系统的正确运营服务的。作为企业系统的两个层次，公司治理与公司管理都服从于企业的根本目的。

1. 历史上对于企业性质的四种认识

（1）马克思主义经济学对企业性质的认识。在《资本论》中，马克思从宏观的政治经济学角度揭示了企业的性质。他指出：企业一方面是分工协作的生产组织，是有别于市场的等级组织；另一方面，企业的性质又是一定社会经济关系或社会经济制度的载体与体现，所以企业是社会生产与社会经济关系的有机统一。马克思关于企业性质的社会生产力与社会经济关系统一论更多地从宏观的角度指出企业与市场、制度的相互关系，但是缺乏深入微观地剖析。

（2）新古典经济学对企业性质的认识。新古典经济学家将企业看作一个简单的"生产函数"，各项投入作为自变量，通过毫无成本地运用市场价格机制，依据"利润最大化"原则，获得产出。企业内部生产要素的差异、内外部契约关系在"生产函数"中都是被舍弃或者隐含的基本条件。新古典经济学关于企业性质的生产函数论指出了企业能够创造财富，但未能阐明企业是如何创造财富的。

（3）新制度经济学对企业性质的认识。以科斯、阿尔钦和德姆塞茨等为代表的学者通过对新古典经济学"企业黑箱论"交易无成本假设的

---

① 李鑫：《企业本质视角下的公司治理与管理》，载《改革》，2005年第11期，第79～83页。

质疑，开创了企业理论的契约学派。他们认为，企业在本质上是一组契约的组合，是一种节约交易费用的制度装置或契约安排；通过合理的内外部契约安排可以构建良好的约束激励机制，从而实现企业绩效的最大化。契约理论第一次深入企业的内部对企业本质进行研究。也正是从这个角度，公司治理和管理问题才得到真正的重视。[①]

（4）现代管理学对企业性质的认识。以普拉哈拉德和哈默为代表的管理学者认为，企业在本质上是各种资源与能力的集合，或是知识的仓库。企业绩效的源泉或决定因素在于培育、开发、扩散、整合、发挥和更新企业独特的难以模仿的资源、能力与知识。现代管理学关于企业性质的核心能力论更多地从管理的角度将企业看作一种财富创造的装置，这种装置能够将内在的能力和外在的资源转化为实实在在的财富，但未能分析企业与市场、制度的相互关系。

2. 企业与市场的关系

科斯、威廉姆森、阿尔钦、德姆塞茨、詹森及张五常等人都对企业与市场的关系做过阐述，[②] 归纳起来，企业与市场的关系可以概括为：（1）企业产生于市场，但又不同于市场。（2）企业与市场均是资源配置的方式，但企业是市场配置的再配置过程，市场配置的主要方式是价格机制，企业则主要依赖治理权威和管理权威。（3）企业与市场的本质区别在于，市场的功能在于配置资源，但企业不仅配置资源，而且对配置的资源进行利用，以创造财富。

企业与市场的本质差别在于企业能创造财富。各要素所有者之所以愿意签订契约组成企业，其根本出发点在于预期通过企业这种合约形式可以获得更大的回报，这一点仅仅通过市场是没有办法完成的。因为自发的市场机制本身不具备创造新财富的功能，否则就无法解释市场交易的等价性。只有当预期企业净财富增加值大于零时，企业才有存在的必要性和可能性，即只有当企业产生的管理收益足以弥补市场交易内部化所引发的治理成本和管理成本时，企业才会作为一种不同于市场的组织经济的方式。

[①] 关于企业本质理论的新发展，可参见裴红卫：《企业的本质：一个引入核心资本的分析框架》，载《财经理论与实践》，2003 年第 5 期，第 85~88 页。

[②] 黄桂田、李正全：《企业与市场：相关关系及其性质——一个基于回归古典的解析框架》，载《经济研究》，2002 年第 1 期，第 72~79 页。

1.2.2 公司治理与管理的区别与联系

公司治理是指有关公司控制权和剩余索取权分配的一整套法律、文化和制度性安排。企业管理是对组织的资源进行有效整合以达成组织既定目标与责任的动态创造性活动,其核心是对现实资源的有效整合。[1]

1. 公司治理与管理的区别

最早论及公司治理和公司管理关系的是特里科(R. I. Tricker)教授。他认为,公司管理就是运营公司,而公司治理则是确保这种运营处于正确的轨道上。[2] 肯尼斯·代顿(Kenneth N. Dayton)教授则将公司治理和公司管理的关系形象地比喻为一枚硬币的两面,彼此不能脱离对方而存在。代顿(Dayton)认为公司治理是董事会用来监督管理层的过程、结构和联系;公司管理则是管理人员确定目标以及实现目标所采取的行动。[3]

从终极目的看,公司治理和管理均是为了实现财富的有效创造,只是各自扮演不同层次的角色。公司治理模式主要考察的是构成公司的各相关利益主体之间责权利的划分,以及采取什么样的手段实现相互间的制衡,它是企业财富创造的基础和保障;公司管理则是在既定的治理模式下,管理者为实现公司的目标而采取的行动,这是财富创造的源泉和动力。公司治理与公司管理的具体区别如表1-1所示。

2. 公司治理与管理的联系纽带

公司治理与管理之间存在着紧密地联系,主要有四大纽带。

(1) 战略管理。公司治理与管理的基本联结点在于公司的战略管理,治理结构的各个层次融入整个战略管理的全过程。战略决策过程中,董事会和监事会充当治理主体的角色,而以总经理为首的经理班子充当了战略

---

[1] 芮明杰:《管理学:现代的观点》,上海人民出版社1999年版。
[2] R. I. Tricker. Corporate Governance. Gower publishing Company Limited, 1984.
[3] K. N. Dayton. Corporate Governance: the other Side of the Coin. Harvard Business Review, 1984 (5).

表1-1　　　　　　　　公司治理与公司管理的具体区别

	公司治理	公司管理
目标	实现相关利益主体责权利的平衡	实现公司的既定目标
导向	战略导向，规定公司的基本框架，确保管理处于正确的轨道上	任务导向，通过具体的管理操作完成公司任务
职能	监督、指导、确定责任体系	计划、组织、指挥、协调和控制
层级结构	企业的治理结构	企业内部的组织结构
实施基础	企业内外部的显性、隐性契约和市场机制	企业内部的行政权威关系
实施手段	内部治理机制、外部治理机制、相机治理机制	计划、组织、领导、控制、协调
政府的作用	政府通过制定相关法律、法规发挥重要作用	政府基本不干预具体管理过程
资本结构	体现股东、债权人的相对地位	反映公司的财务状况
股本结构	体现各股东的相对地位	反映所有者构成及对管理的影响

执行主体的角色。

（2）执行董事。如果将治理看作董事会的工作，将管理看作经理层的工作，那么执行董事则兼具二者职能。他们大多是公司内部的高层管理者，既参与治理又参与管理，并在自己所负责岗位具体执行董事会的决议。因此，在企业体系中，执行董事（高层管理者）是联系公司治理和管理的关键。首先，执行董事是企业的利益相关者。在公司治理结构中，高层管理者同其他利益相关者通过谈判达成各种合同，约定了各方的利益、责任和权利。与此同时，执行董事又是管理的主体，是企业中实施管理的主要行为人。管理者（尤其是制定战略的高层管理者）跨越了公司治理和管理两个范畴，成为这两者的传导中心。[①]

（3）组织结构。企业的组织结构将企业目标通过组织范式层层分解，是企业激励约束机制的载体，它用制度和体制的方式将公司治理与管理连为一体。为了适应竞争日益激烈的市场环境，企业会不断对其管理模式（包括组织结构）进行调整，这必然影响公司治理的模式。[②]

（4）企业文化。企业文化以无形的纽带将公司治理的各利益相关者

---

① 张宗：《论公司治理与公司管理——一枚硬币的两面》，载《管理论坛》，2002年第2期。
② 林志扬具体分析了企业治理结构与组织结构的区别、联系和影响机制。可参见林志扬：《从治理结构与组织结构互动的角度看企业的组织变革》，载《中国工业经济》，2003年第2期。

和公司管理的各个层面、职能联系在一起，使公司的运作统一于公司价值观的框架下，形成企业整体的经营理念。

1.2.3 公司治理与管理的系统整合

企业的根本性质在于它是一种创造财富的有效机制，治理和管理都是这种有效机制的组成部分，两者的结合构成了企业系统。公司治理与管理是相互制约和相互影响的，战略管理是两者的基本联结点，其目的是为了更好地实现财富创造过程中长期与短期利益的均衡。①

当企业发展到某个相对成熟阶段，公司治理与管理会达到一个动态的制度均衡，而引起治理和管理失衡的动力，主要来自它们之间的强相关部分——战略管理层次。治理与管理在战略层次的互动关系主要体现在：(1) 公司治理主体的形成及选择对战略导向具有决定性的作用。(2) 治理主体的安排将影响战略主体的动力。当治理主体与战略主体不一致时，战略主体在自身利益的驱使下，就有可能采取偏离治理主体的战略选择。(3) 战略从其与环境的关系上可以分为外向交易型战略和内向管理型战略。外向交易型战略可以达到局部调整治理结构的目的，内向管理型战略则是基础和保障。(4) 在组织结构上，治理结构作为一个整体构成企业管理的战略决策层。

公司治理和管理的作用机制可以概括为，在企业层次上，治理作为基本构架规定了管理的导向和原则；但在具体的操作层次上，管理的微观活动在日积月累的作用下，会对治理起到调整的作用。

1.3 公司治理研究中的利益导向

公司治理研究中的利益导向问题来源于"谁应拥有公司治理主导地位"的争论，一种观点认为股东是"正常状态下的企业所有者"，因此成为常态下的公司治理主体，与这种观点相对应，形成公司治理的"股东

---

① 吴淑琨：《公司治理和公司管理的系统化思考》，载《南京大学学报》，2001 年第 3 期。

治理模式"。另一种观点则认为利益相关者占据公司治理的主导地位，与之相对应，形成公司治理的"利益相关者治理模式"。

1.3.1 股东治理模式

股东治理模式把股东利益最大化作为公司的目标，认为实现股东回报最大化就实现了社会财富最大化。但是在如何实现这一目标上存在着两种观点。

第一种观点：金融模式论，也称金融市场理论。该理论认为，股东拥有公司，公司应按照股东的利益进行管理。通过政策激励和采取最大化短期股票价格的行为是为股东利益服务的最佳形式，公司的价值可以在金融市场上得到表现，或者说最大化股票的价值即等同于最大化公司财富创造，其理论基础是有效市场理论，即股票价格完全由金融市场决定并有效地反映该公司的所有相关信息。因此，金融模式派主张通过增加股东对公司的监督和影响改善公司治理。

第二种观点：市场短视论。该理论认为，金融市场是短视和缺乏耐性的，股东们并不了解自身的长期利益，在公司为长期利益进行投资时，股东们通常会倾向于卖出股票进而降低股票的价格。该理论认为，来自金融市场的短期压力迫使公司管理层在很多情况下将精力集中在短期业绩上，因此公司可能实际上在进行低业绩的操作，并导致牺牲了长期利益和竞争能力。罗伯特·哈耶斯和威廉姆·爱伯纳思指出美国公司正在遭受"竞争性短视"（Competitive Myopia）的损害，包括驱使经理过于沉重地倾注在以短期资本测量作为经理业绩评估准则的投资回报上。[1]

基于以上观点，市场短视理论提出了与金融市场理论截然相反的公司治理改革措施，即将改革方案集中在如何使经理人员从股东的压力中解放出来，包括替代性地通过阻止交易和鼓励长期持有股票来试图实现股东的利益等。但两者都认为股东的利益最大化可导致整个社会的利益最大化。

---

[1] Robert Hayes and William Abernathy. Managing Our Way to Economic Decline. Harvard Business Review, 1980 (4): pp. 67–77.

1.3.2 利益相关者治理模式

利益相关者理论的思想最早可以追溯到哈佛法学者杜德,他在1932年指出公司董事必须成为真正的受托人,他们不仅要代表股东的利益,而且也要代表其他利益主体如员工、消费者特别是社区的整体利益。1963年斯坦福研究所最先提出"利益相关者"的概念。之后,众多学者对"利益相关者"概念进行定义,[①] 按照米切尔(Mitchell, Agle and Wood)等人的归纳,利益相关者定义可以分为三个层次:第一层次,泛指所有受公司经营活动影响或者影响公司经营活动的自然人或社会团体,如弗里曼的定义:"利益相关者是能够影响一个组织目标的实现或者能够被组织实现目标过程影响的人。"第二层次,专指那些与公司有直接关系的自然人或社会团体,这样排除了政府、社会团体等,如纳斯的定义:"利益相关者是与企业有关系的人,他们使企业运营成为可能。"第三层次,特指在公司下了"赌注",其利益与公司利益紧密相关的自然人或社会团体,典型的如布莱尔的定义:"利益相关者是所有那些向企业贡献了专用性资产,以及作为既成结果已经处于风险投资状况的人或集团。"

这些概念从不同角度揭示了利益相关者的含义,我们认为,可以将利益相关者分为直接利益相关者和间接利益相关者,直接利益相关者就是"在企业中进行了一定的专用性投资,并承担了一定风险的个体和群体",没有他们的参与,公司就不能作为一个经营主体存续下去,如股东、经营者、职工、债权人、客户、供应商等;间接利益相关者指虽然不与公司发生直接商事关系,但客观上影响公司或受到公司影响,公司必须对其承担一定社会责任的利益主体,如社区、政府、社会团体、新闻媒介等。

利益相关者治理模式认为应把社会财富最大化作为公司治理的目标,而不应把更多的权利和控制权交给股东,应从股东的压力中将公司管理层解放出来,将更多的权利交给其他利益相关者,如职工、债权人或者(在某些场合还包括)供应商、消费者及公司所在的社区。其中,一个重

---

① 关于"利益相关者"的定义,有27种之多。详见陈宏辉、贾生华:《企业利益相关者三维分类的实证分析》,载《经济研究》,2004年第4期,第80~90页。

要的改革方案就是增加职工的所有权和职工对公司财产的控制权,赋予关键的相关利益者进入公司董事会。

布莱尔认为,在大多数现代公司中,股东只承担有限的责任,股东的风险可以通过投资多元化而化解,或选择退出,一部分剩余风险已经转移给了债权人及其他利益相关者。当股东不承担全部剩余风险时,不能由股东利益最大化推出社会财富最大化。布莱尔认为尽管股东获得全部剩余收益并承担全部剩余风险的股东治理模式假设存在缺陷,但如果那些监督和控制公司的人获得(部分的)剩余收益并承担(部分)剩余风险,以及那些分享剩余收益并承担剩余风险的人(利益相关者)被赋予监督权的话,股份公司可以实现社会财富的最大化。[①] 斯蒂格利茨认为公司有多个利益相关者,公司的目标不是追求公司价值最大化,而是满足多方利益相关者的不同需求,公司决策是多个利益相关者合力的结果。

利益相关者理论的研究,推动了公司治理理念的变化。它不再将公司治理问题局限于所有者与经营者之间的委托—代理关系,而是将公司治理看作一个由各利益相关者组成的系统。

1.4 公司治理的主体、客体及效率

公司是社会的公司,社会中公司广泛的利益相关者对公司的生存与发展都会产生不同程度的影响。由于利益相关者的利益与公司息息相关,公司必须体现他们的利益。

1.4.1 公司治理的主体与客体

公司不仅要追求股东的利益,而且要维护利益相关者的利益。为确保公司的繁荣与发展,股东及其代理人必须与员工、债权人、消费者、客

[①] Margaret M. Blair and Bruce K. MacLaury. Ownership and Control: Rethinking Corporate Governance for the Twenty-first Century. Washington, D. C: Brookings Institute, 1995.

户、供应商、社区密切合作。成功的公司既需要对外增强对用户和消费者的凝聚力，也需要对内调动职工的劳动积极性。因此，公司治理的主体不仅局限于股东，而是包括股东、债权人、雇员、顾客、供应商、政府、社区等在内的广大公司利益相关者。作为所有者，股东处于公司治理主体的核心。债权人（如银行）尽管不一定是公司的资产所有者，但它向公司发放贷款后，处于防范自身风险的考虑，要求对债务人的资本经营进行监督或参与治理，这种权利来自债权。根据产权内涵的逻辑延伸，仅仅具有人力资本的劳动者也应是产权主体，所以公司雇员通过提供人力资本而拥有了参与公司治理的权利。此外，由于消费者、供应商等其他利益相关者与公司之间存在程度不同的利益关系，这就为他们参与或影响公司治理提供了可能，但这种可能性变成现实性还需要其他条件，如利害关系的专用性、企业的制度环境等。值得指出的是，在完全竞争的市场环境中，公司治理主体各组成部分之间的关系是建立在合作基础上的平等、独立的关系，但从他们对公司治理客体的影响看，有着核心与外围的区分。[①]

　　公司治理客体就是指公司治理的对象及其范围。追述公司的产生，其主要根源在于因委托—代理而形成的一组契约关系，问题的关键在于这种契约关系具有不完备性与信息的不对称性，因而才产生了公司治理。所以公司治理实质在于股东等治理主体对公司经营者的监督与制衡，以解决因信息的不对称而产生的逆向选择和道德风险问题。在现实中所要具体解决的问题就是决定公司是否被恰当的决策与经营管理。从这个意义上讲，公司治理的对象有两重含义：第一，经营者，对其治理来自董事会，目标在于公司经营管理是否恰当，判断标准是公司的经营业绩；第二，董事会，对其治理来自股东及其他利益相关者，目标在于公司的重大战略决策是否恰当，判断标准是股东及其他利益相关者投资的回报率。公司治理对象的范围指的是公司治理的边界，即公司权力、责任以及治理活动的范围及程度。之所以提出公司治理的边界，是因为集团化是当今企业形态发展的一个典型特征。对于单体企业而言，其公司治理边界和企业的法人边界是一致的；由于企业集团是一个或多个企业法人组成的非法人的经济联合体，因此，企业集团的公司治理已超出公司法人边界的范畴，并延伸到公司实际能够实施控制的范围。

---

　　① 中国公司治理网. http：//www.cg.org.cn/theory/zltx/zltx-zthgt.asp。

1.4.2 公司治理效率

公司治理不单单是为治理而治理，治理的最终目标应是取得一定的治理效率，即企业应对不确定性、风险等方面的效率，以达到公司持续成长的目的。治理效率包含结构性效率和适应性效率两方面的含义。[①]

1. 结构性效率

结构性效率是治理制度的基础性效率，是因整体协调而产生的制度效率，它更强调制度组织的有效性，而不是突出 CEO 的个人能力。因此，没有道德风险、逆向选择的企业经营者并不必然意味着治理具备了结构性效率。否则，在治理效率方面，现代公司制企业可能还比不上所有者、经营者合一的新古典式的业主制企业。反过来，一家企业的成功也不能完全等同于经营者（或 CEO）的成功，而应是企业治理制度结构性效率的体现。

作为企业契约集合中的契约人，虽然每个契约主体在参与公司治理的权利方面都是平等、独立的，享有企业剩余控制权、索取权，但是，在有限理性、信息不对称等限制下，每一主体参与治理的相关知识、谈判技巧等方面并不同质，因此，治理中实际权利配置结果不是平均的。一般情况下，由于获取企业相关信息成本低以及资本专用性积累等优势，经理层往往成为治理中的主协调者。主协调者与其他成员之间是建立在共同利益基础上的合作关系，而不是科斯所称的"权威"。[②] 治理制度整体的协调不是来自于权力转移，而是各主体的角色和行为的转变，以及讨论公司政策、评价公司政策和制定公司政策等方式的积极性变化。

当然，强调治理的结构性效率带来的问题是：一旦要求治理为所有利益相关主体服务，结果却是对谁都没有负责。对于所有利益相关者来说，追求创造财富最大化的企业决策是不能实现帕累托最优的。但是，利益

---

① 公司治理效率的含义及其评价目前还是一个存在争议的问题，在此我们采用吉林大学中国国有经济研究中心课题组的意见。可参见吉林大学中国国有经济研究中心课题组：《治理效率：一个深化公司治理的新视角》，载《当代经济研究》，2002 年第 12 期，第 8～14 页。

② 张维迎：《企业理论与中国企业改革》，北京大学出版社 1995 年版。

相关者获得的收益来自于企业创造的剩余收益。在这一点上是具有共同利益的，而且，所获得的收益要大于利益相关者非企业团体状态下所获得的收益，就此而论，这也算是个人收益最大化的次优解。所以，共同利益激励约束着他们在治理中相互合作、协调，权利配置制约着他们"搭便车"等行为的发生。此外，企业决策还具有利益补偿、利益平衡机制，它能在利益相关者之间进行利益补偿，平衡利益相关者短期利益和长远利益之间的矛盾。因此，共同治理机制具备能够实现结构性效率的可能性。[1]

2. 适应性效率

诺斯将"适应性效率"定义为，"确定一个经济随时间演进的方式的各种规则；还要研究企业去获取知识、去学习、去诱发创新、去承担风险及所有创造力的活动以及去解决企业在不同时间的瓶颈的意愿"。适应性效率和结构性效率不是截然分开的，结构性效率是适应性效率的基础，不具有一定的结构性效率就不能取得一定的适应性效率的。相对于结构性效率，适应性效率是一种动态性效率，就公司治理而言，适应性效率包含两层内涵。

首先，适应性是指企业决策对企业内部、外部环境变化的适应性。对于具备一定结构性效率的企业而言，因决策失误而陷入危机，往往不是因为管理层的无能所致，而是由于决策形成中的个人主观性过强，或者由于决策执行时发生了不可预期的变化。所以，治理效率意味着企业在形成正确决策、纠正错误决策方面的效率。在决策形成的过程中，包括收集的相关信息的及时性、准确性；与决策相关知识的数量、质量是否满足高效率决策的需要；决策过程的开放性、民主性，具备预防、纠正错误决策的功能；在决策的执行过程中，包括企业决策出现偏差之前能否得以尽快纠正或终止。一般来说，从决策出现偏差、发现并向上层反馈信息、纠正措施的制定、执行，达到预期纠正的目的，这几个环节之间的时滞越短，失误决策的负面效果越小，则其治理的适应性效率越高。

其次，适应性效率还表现在企业治理结构对周围环境的适应性，包括

---

[1] 杨瑞龙、周业安：《企业共同治理机制的经济学分析》，经济科学出版社2000年版。

政策法律、技术、历史传统等环境因素。企业治理不仅应对环境的变化做出反应,而且,还应主动地去适应环境的变化。这就要求充分发挥相关利益主体的能动性、创造性。一般来说,企业治理模式依一个经济中技术条件、规模经济和法律框架的差别而异,也有路径相依的由来关系。既然不同的国家具有不同的文化背景,处于不同的经济发展阶段,因而在市场机制发育程度、资金水平上存在差别,则各自具有适宜的公司治理机制。所以公司治理模式是多样的、特殊的,而且处于不断的制度创新之中。[①] 这正是公司治理适应性效率的体现。

1.5 公司治理机制

所谓公司治理机制(Corporate Governance Mechanisms)指的是借助各种法律法规、政治文化环境以及市场竞争的自发选择,通过一系列企业外部和内部制度设计来降低企业代理成本、以实现权力制衡和科学决策的各种机制和安排的总称。按照机制设计或实施所利用资源的来源,一般将公司治理机制简单区分为内部治理与外部治理系统。

传统的公司治理大多基于分权与制衡而停留在公司治理结构的层面上,较多地注重对公司股东大会、董事会、监事会和高层经营者之间的制衡关系的研究。因此,公司治理可以说是侧重于公司的内部治理结构方面。但从科学决策的角度来看,治理结构远不能解决公司治理的所有问题,建立在决策科学观念上的公司治理不仅需要一套完备有效的公司治理结构,更需要若干具体的超越结构的治理机制。公司的有效运行和决策科学不仅需要通过股东大会、董事会和监事会发挥作用的内部监控机制,而且需要一系列通过证券市场、产品市场和经理市场来发挥作用的外部治理机制,如公司法、证券法、信息披露、会计准则、社会审计和社会舆论等。在 OECD 制定的《公司治理原则》中,已不单纯强调公司治理结构的概念和内容,而涉及到许多具体的治理机制。

---

① 林毅夫等:《现代企业制度的内涵与国有企业改革方向》,载《经济研究》,1997 年第 3 期。

1.5.1 内部治理机制

公司的内部治理是指公司的出资者为保障投资收益,就控制权在由出资者、董事会和高级经理层组成的内部结构之间的分配所达成的安排。公司的内部治理机制是直接通过股东大会、董事会和经理层等公司内部的决策和执行机构发生作用的,这也就是我国学者通常所称的公司治理结构。

1. 股东大会

按照《公司法》,在企业的正常经营状态下,股东是公司的最终所有者,对公司资产拥有终极控制权和剩余索取权。股东大会是公司的权力机构,股东通过股东大会行使自己的审议权和投票权,维护自己的法定权益。从决策的动议、批准、执行和监督四个步骤来看,股东大会拥有批准和监督的权力,行使相应的职能。股东通过股东大会对公司的合并、分立解散和清算等重大事项拥有决议权。但在英美等国家,由于股东的高度分散化,使得股东通过股东大会行使权力的成本很高,股东对经理的有效监督是通过董事会这一内部治理机制,以及通过控制权市场的代理权争夺这一外部治理机制来实现的。

2. 董事会

在公司的内部治理机制中,董事会是由股东选举产生的,作为股东的代表行使对经理的监督和控制,并批准有关企业的重大决策。在极端的情况下,董事会可以撤换公司的主要执行官和公司管理层的其他成员。在公司治理结构中,股东大会和董事会之间是信托关系,董事是股东的受托人,承担受托责任。董事有执行董事和非执行董事,前者是公司内部的管理人员,后者是公司外部人员;在法人股东占主导地位的时候,大法人股东会派出自己的代表担当持股公司的董事。一旦董事会受托来经营公司,就成为公司的法定代表,正常情况下股东不得干预董事会的工作。由于很难指望执行董事对自己进行监督,而非执行董事在公司中没有重大的财务利益,并且他们都是同时担任很多公司董事的忙人,甚至有些董事还是由公司经理人推荐的，出于这些考虑，他们对经理进行有效监督的动机和能力就会大打折扣，所以董事会在治理结构中的作用比理论上的效果要差一些。如果股东对董事会领导下的公司治理绩效不满意，可以在股票市场上卖出股票，即所谓的"用脚投票"；另外的一种选择是发起或响应控制权市场上的代理权争夺，转让股权并使之集中，改选董事会，并对管理层进行更换。

3. 经理层

在公司的治理结构中，经理层是公司的经营者，和董事会之间是委托—代理的关系。经理由董事会聘任，对董事会负责，拥有上述四个决策步骤中的动议和执行的职能，拥有聘任经理层其他各级经理、主持公司的生产经营管理工作、组织实施董事会决议、组织实施公司年度经营计划和投资方案等多项权力。在实际经济运行中，由于股东大会和董事会作用机制的残缺，经理层实际拥有的权力比《公司法》中规定的权力要多。所以也就需要各个市场提供对经理的激励和约束。

在现代公司中，一个防范和解决经理人"偷懒"、内部交易（Self-Dealing）等机会主义行为的重要机制是，与经理人签订薪酬计划（激励）合约，来协调经理人与投资者的利益。所谓的薪酬计划（激励）合约是通过在董事会与经理人之间订立的隐性或显性合约，来实现的将经理人报酬（年薪、股权或期权等）建立在企业业绩等可证实的指标上，从而使经理人在一定程度上，按照投资者的利益行事的一种激励手段。它可以采取年薪、奖金、股权、股票期权（Stock Options）等多种形式。

从上面对公司内部治理机制的考察来看，尽管股东、董事会和经理层之间存在着相互制衡的关系，为公司制度的运作奠定了基础，但现代公司委托—代理问题不能仅靠内部治理机制来解决，必须要有通过市场的外部治理机制来达到公司治理的目标。

1.5.2 外部治理机制

公司的外部治理就是公司的出资者（股东和债权人）通过市场体系对经营者进行控制，以确保出资者收益的方式。从发达市场经济国家的经验来看，这些市场至少包括由产品和要素市场、经理人市场、资本市场、控制权市场等市场构成的一个市场体系。公司的外部治理机制是通过市场的外部制约而发生作用的，包括产品和要素市场的竞争、经理人市场的竞争、融资结构、控制权争夺和敌意接管。

1. 产品和要素市场的竞争

在市场经济条件下，市场评判是监督和约束经理层的主要依据，竞争机制为对经理层进行监督和约束提供了基础。有一个开放的、没有进入退出壁垒和地区分割的竞争性产品和要素市场上，不同的产品和要素在由各自的稀缺程度决定的市场价格的引导下，会在不同的企业和产业之间自由流动，在不同的企业之间、行业之间、产业之间直至整个社会范围内就会形成一个平均的成本水平和利润水平。这样，各个企业的利润水平就会成为一个能够反映企业经营状况的充分信息指标。而企业的经营状况在竞争的市场条件下，又是有管理层的能力、责任心和经营行为决定的，出资者只要把单个企业的盈利水平与这个行业的平均利润水平相比照，就可以判断管理层是否称职和尽职尽责。可见，充分竞争的产品和要素市场的存在，有助于克服所有权和经营权分离下的信息不对称，从而为解决代理人问题提供了可靠的信息支持。

2. 经理人市场的竞争

竞争的经理市场意味着经理人员能够在企业间和企业的不同岗位上根据自身的条件自由流动，并且由市场决定他们的价格，也就是他们的薪金水平。在这样的市场上，经理是否被雇佣就不会是由行政命令决定；经理的提升或降职也只能由他们的经营能力和业绩决定，而不是由上级主管部门来决定。在市场竞争中被证明有能力和对出资者负责任的经理人员，就会被高薪雇佣，且在经理市场上建立他们很好的声誉，提高他们人力资本的价值；相反，那些经营不好的经理人员薪金会被降低，甚至会被替换以致失业，他们在经理市场上的声誉也会降低甚至留下劣名，他们的人力资本的价值就会贬值。由于经理人员所经营企业的业绩好坏与否决定了他们在经理市场上的价格和就业机会，因而经理人员会追求对出资者有利的经营和管理，以提高企业的获利水平和企业价值；同时，对卓越经营和管理的追求，使得经理人员在两权分离下与出资者之间激励相容，有利于解决代理人问题。

3. 股票市场的竞争

竞争的股票市场，对企业特别是股份制企业的治理来说是很重要的。这有两方面的意义。首先，股份制的意义毕竟在于融资和分散风险。但它产生的效果，既可以是通过增强资产流动性提高资金对产业的选择敏感程度，也可以是通过及时反映企业经营业绩发挥对经理人员的监督作用，即通过股票的价格的变动，对企业的经理人员提供一个逐渐的压力，而不至于仅仅对经营者采取唯一的非此即彼的惩罚。其次，股票市场的竞争使得代理权争夺战成为可能。这指的是，由于董事会成员可能并不能很好地履行其监督之职，如果他们的表现足够差，股东可以通过代理权争夺战撤换这些董事；持不同意见的股东提出一个候选人名单以抵抗管理层的名单，并努力说服其他的股东对他们的候选人投赞成票。通常，当有机构投资者作为大股东时，通过股票市场进行的代理权争夺改进公司治理的可能性就会大一些和经常一些。

4. 信贷市场的竞争

信贷市场对公司治理的意义在于它为债权人有效地参与公司治理提供了一个可利用的场所和渠道，这就是融资结构的治理。具体地说，就是由公司的负债选择所提供的。如果一个公司选择了负债，由于经理至少不得不偿还债务，那么这就对管理层的无效率形成了限制，因此负债可以作为约束或承诺的工具。债权人在企业正常经营的状态下拥有现金流所有权，当企业经营管理不善时，债权人对企业的资产就拥有所有权。从这个角度来说，企业的所有权只是一种状态依存所有权，也正是所有权的这一依存性才使得出资者都能够有参与治理的动机和能力。为使债务成为约束的有效资源，它必须有一个合适的破产程序来支持，即在违约拖欠时必须有一个合适的惩罚，如果破产程序对管理层来说是软性的，就破坏了债务的约束或惩戒作用。就约束管理层来说，债务可能是比其他普通激励计划更为有效的工具。因为如果经理不能按照事先签订的债务契约偿还债权人的债务，债权人就可以强迫他们放弃控制权，这就是债务治理机制的有效性。

5. 控制权市场的竞争

控制权市场的竞争为敌意接管这种公司治理机制提供了可能。当一个企业由于经营管理不善，其市场价值低于实际价值时，公司外部的并购者（或称为袭击者）就会在投资银行或其他金融中介的帮助下，通过资本市场或金融市场对企业发起敌意接管行动，在接管成功以后通过更换管理层改善经营的绩效，实现企业的真正价值，并从中获利。无论是董事会的监督还是代理权争夺战，都是治理主体承担了改进治理的成本，但只分享到收益的一部分；而敌意接管允许那些发现公司经营业绩表现不足的人或组织得到全部收益，因此从理论上说，敌意接管是约束管理层的更为有力的机制。

1.6 资本结构与公司治理

学者们对公司资本结构与治理效率间关系的研究，可以归结为四个方面：代理理论框架下资本结构与治理效率的研究、交易成本框架下资本结构与治理效率的研究、竞争环境框架下资本结构与治理效率的研究、对不同治理系统下债权人作用的比较分析。[①]

1.6.1 代理理论框架下资本结构与治理效率

詹森和麦克林（Jensen and Meckling）认为，资本结构是由代理成本所决定，资本结构决策是为了以最佳的方式将债务的正反两方面的效应相互抵消而做出的。债务合约通过减少经理随心所欲自由使用现金流量的数目，减少经理为自己谋利的机会（比如津贴等），从而减少自由现金流量的代理成本。但是，在有限责任的保护下，债务合约使得股东具有了将资

---

① 于东智、谷立日：《国外有关公司治理问题的研究综述》，载《烟台师范学院学报》，2002年第3期，第100~107页。

金投向高风险项目的次优选择动机。债务的存在通过三个方面导致债务代理成本的产生：一是债券会对企业投资决策产生影响，进而可能导致机会财富损失；二是债券持有人或债权人会提出诸如未来债券发行、流动资本维持等限制的条款，进而增加企业的运行成本；三是因债务的存在而产生的破产与重组成本。当公司的负债率为零时，公司经理对资产的自由支配权最小，经理的积极性最低，所以权益资本的代理费用最高；而当引入负债时，会降低权益资本的代理费用，虽然债务资本的代理费用也会随之上升，但是适度的负债率会使降低权益资本的代理费用超出上升的债务资本的代理费用，进而可以使总代理费用最低。

法马（Fama）认为，债务对企业经理的约束作用来自于银行的监督和严厉的债务条款，[①] 债权人（尤其是大债权人）专业化的监督可以减少股东的监督工作，并使监督更有效。阿訇和伯尔顿（Aghion and Bolton）从剩余控制权配置的角度说明了负债对代理成本的影响。他们认为，股权融资将企业资产的剩余控制权配置给股东。进行债权融资时，如果能按规定偿还债务，则剩余控制权配置给企业经理；如果不能按规定偿还债务，剩余控制权则将配置给债权人。因而负债可以通过剩余控制权来影响代理成本。伯格夫（Berglof）应用不完全契约框架的分析方法，将资本结构视为一种治理传导机制进行了研究。与给定标准的股权和债务契约的代理理论相反，不完全契约分析方法就为什么首选这些措施提出疑问并进行了解答。标准的债务合约条款指出，如果公司绩效达到了"极端"的界限标准（比如破产），那么由债权人对公司进行控制是很合理的。因此，在经营状况好的时候由管理者控制资产而在状况不佳时由债权人接管控制权则会很有效率。哈特（Hart）再一次指出，在股权分散的现代公司尤其是上市公司中，由于小股东在对企业的监督中"搭便车"，会引起股权约束不严和内部人控制的问题，但适度负债就可以缓解这个问题，因为负债的破产机制给企业经理带来了新的约束。

梅耶和马伊路夫认为，投资者对公司内部情况及公司投资项目的了解，往往不如公司内部控制者。若公司实行股权融资，由于股市投资者的信息不对称，公司只能以低于实际价值的价格发行股票。这样会使原有股

---

① 于东智、谷立日：《国外有关公司治理问题的研究综述》，载《烟台师范学院学报》，2002 年第 3 期，第 100～107 页。

东的利益受到损害,因而公司不愿采用发行股票的方式筹集资金。① 因此,迈尔斯指出,公司融资存在一种"融资优序理论"(Pecking Order Theory),即公司存在内部自有资金情况下,往往先使用自有资金,然后才会使用低风险的债务融资,而发行股票则是最后的选择。

融资结构在公司收购兼并或控制权的争夺中也发挥着重要的作用。詹森在1986年指出,债务迫使控制者承诺在未来支付现金流量,因而是对控制者的控制及其利益形式的约束。格雷斯曼和哈特(Grossman and Hart)认为不还债将使债权人剥夺管理层的控制权,实现控制权从管理层到债权人的转移。阿洪—博尔顿模型解释了为何典型的债务契约是与破产机制相联系的,而股权契约是同保持清偿能力前提下的公司经营权相联系的。② 伊斯布鲁克、弗拉克、梅耶(Easterbrook、Fluck、Myers)提出了红利的委托—代理模型,认为红利是为了威胁管理层而派发的。张维迎认为公司的融资结构与公司控制权及所有权的转移有紧密联系,公司所有权是一种状态依存所有权(State-Contingent Ownership),并不必然属于股东所有。正是在这个意义上,布莱尔(Blair)认为,将股东视为公司所有者是一种误导。

代理理论关于资本结构的观点是债务为外部投资者提供的保护要多于股东。但是,在股权分散的情况下,债权强于股权的事实(通过法律手段为单个债权人提供保护)并不能得出债权的特性是具有更强的控制力这一结论。在股权集中的情况下,股权有能力对所有公司行为施加实质性的控制,这与债权是不同的,债权只能对债务合约所涉及的、有限的领域进行控制。

1.6.2 交易成本框架下资本结构与治理效率

威廉姆森利用资产专用性来考察融资决策。他认为,债务与股权不仅仅是不同的融资方式,更重要的是,它们是两种可供选择的治理结构。债务治理发挥作用主要通过债务合约中的固定条款来实现,而股权治理则赋

---

① Myers S. and Majluf N., Corporate Financing and Investment Decisions when Firms Have Information that Investors Do Not Have. Journal of Financial Economics, 1984 (13): pp. 187 – 221.

② 参见:(A) Aghion P. and P. Bolton. An Incomplete Contract Approach to Financial Contracting. Review of Economic Studies, 1992 (59): pp. 473 – 493. (B) Aghion P. and J. Tirole. Formal and Real Authority in Organizations. Journal of Political Economy, 1997 (105): pp. 1 – 29.

予经营者更多的随心所欲。一个项目是采用债务融资还是使用股权融资，主要由资产的性质决定。如果该项目的资产是可重新利用的资产，则使用债务融资，若该项目的资产是不可重新利用的资产，则使用股权融资的可能性较大。

梅耶（Myers）对资本结构理论作了简要的概括和评述：（1）替换理论。（2）融资优序理论。（3）自由现金流理论。（4）MM 定理。[①] 他认为上述每一种理论均只反映了某一方面的情况，而不是一个一般性的理解，他提出应考虑人力资本与金融资本共同投资的资本结构。[②]

1.6.3　竞争环境框架下资本结构与治理效率

布莱德利（Bradley）等发现，公司财务杠杆系数变量的 54% 能用行业分类来加以解释，即行业效应对资本结构有着显著的影响。塞斯和克劳克（Thies and Klock）对制造业公司的资本结构进行了纵向研究，他们得到如下结论：避税动机鼓励了债务的使用，破产和代理成本限制了债务的使用，信息不对称加大了债权人的约束作用。琛（Chung）检验了营运风险与资产特性之间的联系。他发现产品市场的不确定性与财务杠杆系数负相关，即处于市场不确定性较低行业中的公司（比如处于公用事业行业的公司），它们的资本结构中将有相对更高水平的债务。巴顿和戈登（Barton and Gordon）的研究发现，在环境变量和依赖于公司其他战略决策的资本结构决策之间存在着联系。他们认为经理层的决策选择是影响资本结构决策的一个要素。巴拉克利斯纳和费克（Balakrishnan and Fox）检验了公司专有特征、行业特征与资本结构之间的联系。他们发现，公司的专有特征（R&D、广告费、折旧、增长机会和风险）能够解释资本结构变量的 52%。

泰勒和劳（Taylor and Lowe）的研究也支持公司的专有特征在解释资本结构时是一个重要变量的发现。他们推断对于执行单一主营业务和与之

---

① 莫迪利安尼和米勒（Modiglianni. F. and Miller. M. H.）于 1958 年提出了 MM 定理：不存在破产风险和对利息交付税收补贴时，企业的市场价值与资本结构无关。他们认为，在有效的证券市场上，由于市场套利过程的存在，理性的投资者能够实现个人债务杠杆与企业债务杠杆之间的替代，最终公司市场价值和投资者收益是不变的。MM 定理的最大缺陷在于把市场看成是完全有效的。

② Myers S., The Capital Structure Puzzle. Journal of Finance, 1984（39）: pp. 575 - 592.

相关的多元化战略公司而言，资本市场能基于预期现金流评估公司的债务和权益的价值。同时，他们推断对于更多元化（主营业务较多且不相关）的公司而言，资本市场在判定负债和权益价值时的作用是很弱的。换句话说，市场缺乏充分足够的知识，一些公司内部特征限制了市场对公司资产正确定价的能力。科赫哈和黑特（Kochhar and Hitt）通过检验公司主营业务多元化的程度与财务战略之间的联系延伸了此类研究。他们发现对于执行相关多元化战略的公司而言，权益融资是更好的；债务融资对于执行不相关多元化战略的公司是更适合的。他们的研究包括了一些重要的外生变量，比如破产风险，他们还证明了资本结构的选择会影响公司的战略选择。[1]

1.6.4 对不同治理系统下债权人作用的比较分析

鲍罗斯（Prowse）以美国和日本为研究对象对不同的治理系统下股权与债权之间的关系进行了分析。他发现，与美国相比，股东和债权人之间的代理问题在日本得到了更大程度上的缓解。在美国禁止债权人持有股权，而在日本，金融机构可以持有接受其提供贷款的公司的大部分股份。美国公司的债务比率与公司进行高风险、次优投资的可能性存在着负相关的关系，而在日本公司中则不存在这种关系。鲍罗斯还观察到美国的体系是更多地利用破产机制来解决债务的代理成本问题，而日本则主要采用债权人和债务人契约这一更接近微调的方式。[2]

梅斯和米勒（Macey and Miller）对德国、日本和美国的商业银行在公司治理中的作用进行了比较分析。他们证明了强有力的银行会阻碍股权持有者承担风险，并损害社会利益，进而妨碍了健康的资本市场的发展。他们的观点对传统观点提出了挑战。[3] 他们认为最有效的模型是由几个相互制衡的大型股东对现任的管理者进行责任监督，而银行则应在控制道德

---

[1] Simerly Li. Environmental Dynamism, Capital Structure and Performance: A Theoretical Integration and an Empirical Test. Strategic Management Journal, 2000 (4): pp. 31–38.
[2] Prowse Stephen. Institutional Investment Patterns and Corporate Financial Behavior in the United States and Japan. Journal of Financial Economics, 1990 (27): pp. 43–66.
[3] 在这之前，人们通常认为，日本的主银行体系和德国的全能银行体系有助于公司制定对社会最有益的决策。

困境方面最大限度地发挥其相对优势。[1]

苏茨（Stulz）指出为防止债务人失职，债权人不需要像股东那样采取联合行动，因而能更有效地得到法律保护。LLSV[2]用法律规则的特点和执法质量两个指标研究表明，投资者保护越弱的国家，资本市场越不发达。美国对投资者的法律保护最好，因此企业以股权融资为主，股票市场发达；日本和德国重视对债权人的法律保护，所以企业以债券融资为主，债务市场发达。他们认为企业的融资决策与该国的法律环境等因素有很大关系。

在国内，张春霖提出要监控国有企业的内部人，也要重视债权人在公司治理中的作用。张昌彩认为我国企业的融资具有"内源融资"的性质，银行与企业是同源的，他们的委托人都是国家，这导致了企业的高负债。张维迎指出我国银行对企业的债券实际上是政府对企业的股权，国有企业资本结构的真正问题是投资主体的错位。

1.7 董事会与公司治理

董事会在公司治理中起着不可或缺的作用，对于董事会特征与公司治理效率之间的关系，学者们主要从三个方面展开研究：关于董事会结构的研究；关于董事会规模的研究；关于董事会与管理者关系的研究。[3]

1.7.1 关于董事会结构

特里科（Tricker）认为董事会的结构是董事会真正有效发挥作用的基础，它关系到公司的权利平衡问题，直接决定了董事会的绩效及其在公司事务中的责任承担。他以英国为例，将董事会成员划分为执行董事与非执

---

[1] Shleiferand Vishny: A Survey of Corporate Governance. The Journal of Finance, 1997 (2): pp. 737－745.
[2] 四位经济学家 Laporta R.、Lopez de Silanes F.、Shleifer A.、Vishny R. W. 的首位字母合称。
[3] 于东智、谷立日：《国外有关公司治理问题的研究综述》，载《烟台师范学院学报（哲社版）》，2002年第3期，第100～107页。

行董事。哈特认为，原则上董事会对管理者起着很重要的作用，但实际效果值得怀疑。因为董事会由执行董事与非执行董事构成，前者是经理人员，后者是外部人。一方面，执行董事不可能自我监督；另一方面，非执行董事（外部董事）也不可能做好监督工作。原因在于：（1）经济利益不大，所以积极性不高；（2）兼职太多，没有时间；（3）希望被继续留任，不愿得罪管理层。[1] 凯德伯里委员会（Cadbury）因此提出了改变董事会结构的建议。丹尼斯和沙林（Denis and Sarin）以美国上市公司为例，对董事会的结构作了动态研究，指出公司所有权结构的变化会导致其董事会结构的变化，公司首席执行官的变化、股票价格的情况及面临收购威胁的情况也会导致董事会结构的变化。他们将董事会成员划分为内部董事、关联董事和独立董事，认为上市公司董事会结构的变化比人们想象的要频繁得多。[2]

一些学者认为独立董事更有利于公司治理效率的提升。比如，相对于独立董事来说，内部董事很少会对首席执行官（CEO）提出异议，因为CEO对他们的职务有重大的影响。内外部董事的利益冲突使得内部董事（包括CEO）有动机维护超过市场水平的报酬或超额在职消费；在公司绩效下降之后，相对于内部董事的任命而言，独立董事的任命数增长，这表明独立董事被认为更有助于公司绩效的改善。一些关于公司股价对于董事会决策反应的经验研究表明，美国市场对外部董事比例占优势的董事会的决策反应更好，市场对内部人控制的董事会的决策表示怀疑。一些研究还表明，独立董事的比例与激励报酬计划的使用正相关，独立董事更可能采取决策替换具有较差绩效的CEO。比如，姆然（Mehran）发现具有更多独立董事的美国公司实行了更多的以股票期权为基础的报酬计划；威斯巴赫（Weisbach）发现如果独立董事具有投票控制权，具有较差经营绩效的CEO更可能被撤换；布维克（Borokhovich）等的研究表明，独立董事比内部董事更可能做出由来自公司外部的经理人员替换具有较差绩效CEO的决策。当情况需要时，独立董事更情愿支持公司政策的重要变化。

对此持相反观点的学者则认为，独立董事在公司治理中可能不比内部董事更为有效。一些学者指出，美国公司的CEO经常决定着董事的提名

---

[1] Oliver Hart. Corporate Governance: Some Theory and Implications. The Economic Journal, 1995, 105 (430): pp. 678 – 689.

[2] Denis David J. and Atulya Sarin. Ownership and Board Structure in Publicly Traded Corporations. Journal of Financial Economics, 1999 (52): pp. 187 – 223.

过程，这样，CEO 就可以提名支持自己决策的独立董事。公司之间相互兼任的董事关系也会减少独立董事的独立性。如果 CEO 兼任公司董事，独立董事可能害怕报复而决定不去弹劾 CEO。董事会在制定合理的报酬水平上是无效的，因为独立董事由 CEO 提名，并且可以被 CEO 撤换。董事会成员经常是由 CEO 所提名的报酬咨询专家，这可能导致报酬合约对于公司而言可能不是最优的。厄玛克（Yermack）发现在独立董事的比例与公司绩效之间不存在联系。比哈盖特和布莱克（Bhagat and Black）发现来自美国证券市场的数据并不支持独立董事影响未来公司绩效的观点。[①]

1.7.2 关于董事会规模

最早提出应限制董事会规模的是利普敦和劳斯赫（Lipton and Lorsch），他们认为，当董事会的规模超过 10 人时，协调和沟通所带来的损失会超过因人数增加所带来的收益，董事会因而会变得缺乏效率，也更容易为公司经理所控制。厄玛克（Yermack）利用《福布斯》杂志 1984～1991 年间公布的美国 500 家最大公众公司的数据，得出董事会规模越大，则公司绩效越差的结论。总之，现有国外文献倾向于认为董事会的规模超过某一临界点人数之后与公司绩效之间具有负相关性。[②]

1.7.3 关于董事会与管理者关系

梅斯（Mace）对法律赋予董事会的职能与现实中董事会实际作用发挥进行了比较，结果发现了理论与实际的差别。丹布和尤伯（Denble and Neubore）调查发现董事会作用与角色发挥因各公司实际情况的不同而不同。

关于董事长与 CEO 两职分离或合一问题，学者们进行了大量的实证研究，但却得出了相互矛盾的结果。伯格和史密斯（Berg and Smith）以《财富》杂志 200 家公司为研究样本进行了研究，结果表明：两职合一与投资报酬率（ROI）负相关，与净资产收益率（ROE）和股价的变化无

[①] Klein. Firm Performance and Committee Structure. Journal of Law and Economics, 1998（4）：pp. 275－280.

[②] 对于这一临界点人数具体为多少，存在分歧，有人认为 7，有人认为 9，还有人认为 11。

关。他们进一步的分析表明，两职合一在一些行业中与公司绩效正相关。查干缇（Chaganti）等发现，美国零售业中的公司是否破产与两职合一并没有相关性。瑞纳和道尔顿（Rechner and Dalton）选用《财富》杂志500家公司中在多年间具有稳定治理结构的公司作为样本进行了研究。他们发现，两职合一公司的股票边际收益率较高，但不具统计显著性。他们对相同样本公司的后续研究发现，两职合一与净资产收益率、投资收益率和边际利润负相关。[①] 与之相反，唐纳德森和戴维斯（Donaldson and Davis）指出，两职合一公司的股东收益率更高，尽管不具有统计上的显著性。卡纳拉和卢巴汀（Cannella and Lubatkin），玛利特和费勒（Mallette and Fowler）分别在两篇非专题性研究的论文中指出，两职合一与净资产收益率具有弱的正相关性。一些学者在对领导权结构与公司绩效之间的关系进行研究时，引入了环境变量的考虑。比如，博伊德（Boyd）在引入环境变量的基础上，对两职设置与公司绩效之间的关系进行了检验，结果表明：对于处在高度变化行业中的公司而言，两职合一与经营绩效正相关；对于处在动态性较弱行业中的公司而言，两职合一与经营绩效负相关。[②]

吴淑琨、席西民利用我国上市公司的数据发现，现阶段我国上市公司两职合一或分离与公司绩效之间并没有显著联系，仅发现公司规模与两职状态之间具有正相关性。尼克斯（Nikos）检验了董事会的行为强度（用董事会的会议次数加以表示）与公司绩效之间的联系，并指出董事会行为的强度是一个可以选择的、与公司价值具有相关性的董事会特征。除此之外，一些研究还指出，董事的名誉资本和报酬计划也会影响董事们的行为。[③]

1.8 公司治理模式的比较

公司治理模式是企业制度长期发展演变的结果，受社会政治、经济、法律和历史文化等诸多因素的影响。随着社会的发展，影响公司治理模式

[①] Rechner and Dalton. CEO Quality and Organizational Performance: A Longitudinal Analysis. Strategic Management Journal, 1991 (3): pp. 155–157.
[②] Baliga, Moyer and Rao. CEO Quality and Firm Performance: What's the Fuss?. Strategic Management Journal, 1996 (1): pp. 41–50.
[③] Nikos Vafeas. Board Meeting Frequency and Firm Performance. Journal of Financial Economics, 1999 (1): pp. 113–125.

的各种因素也在不断地发展变化，这就决定了公司治理模式也相应发生着演变。在世界经济一体化的浪潮下，对各国公司治理模式进行分类、比较各种公司治理模式的差异及其原因、探求是否存在最优治理模式、研究治理模式是否具有趋同化倾向逐渐成为国内外学者关注的热点问题。

1.8.1 公司治理模式的分类与比较

关于世界范围内的公司治理模式，典型的分类是莫兰德的"二分法"：即以美国、英国和加拿大等国为代表的市场导向型（Market-Oriented）模式和以德、日等国为代表的网络导向型（Network-Oriented）模式。[1] 前者又被称为股东治理模式，由于这种制度对于公司信息的披露有着严格要求，也常被称为"以信息披露为基础的制度"。后者突出银行在公司治理中的核心地位，法律法规经常禁止"投机性"活动而不是坚持严格的信息披露，主要借助主银行或全能银行的外部化相机治理机制与不同利益主体共同参与的内部治理机构，被认为更接近利益相关者治理模式。关于这两种模式的业绩，并没有实证数据和理论分析说明哪一种更优。莫兰德的研究表明，从长期发展趋势看，由于产品和金融市场的全球化趋势，上述两类模式似乎逐渐趋同。在美国，金融机构作为重要股东的作用正逐渐增强；而在日本，主银行体制的中心作用正在削减。伯尔顿（Bolton）等人指出，两种模式都能很好地适应其运行的环境及公司的特点，在英美模式下，投资者要求更高的市场流动性、更低的控制成本和更低的二级市场交易费用；德日模式的要求则相反。[2] 两种模式的详细对比见表 1－2。

1998 年，LLSV[3] 使用 49 个国家和地区的数据区分出四种传统法律体系来帮助解释不同的公司治理模式，他们将全球公司治理模式分为盎格鲁—撒克逊模式（包括美国、英国及前英殖民地）、法国模式（包括法国、西班牙、葡萄牙殖民地影响范围）、德国模式（包括中欧和日本）和斯堪的纳维亚模式（主要包括北欧国家）四种类型。[4]

---

[1] Moerland. Corporate Ownership and Control Structures: An International CoMparison. Review of Industry Organization, 1995, (10): pp. 443－464.
[2] 曹廷求：《近二十年围绕公司治理的主要争议及其启示》，载《山西财经大学学报》，2002 年第 3 期。
[3] 经济学家 Laporta R.、Lopez de Silanes F.、Shleifer A.、Vishny R. W. 的首字母合称。
[4] 关于各种公司治理模式的分类结果可以参见 berglof（1997）的总结性评述。

表1-2　　　　　　市场导向型与网络导向型治理模式的比较

特　征	市场导向型	网络导向型
主要分布	英美	欧洲大陆及东亚
所有权	分散	集中
金融市场	发达	不发达
控制权市场	活跃	不活跃
流通性	高	低
透明度	高	低
银行体系	银企分离	主银行/全能银行
股东关系	不紧密	紧密
外部市场	起重要作用	—
董事会	—	有更大约束力
经理市场	外部市场/薪金补偿制	内部经理人员流动
职工专用性技能	不利	有利
信息使用	广泛信息	有限信息
优点	存在着一种对绩效不良管理者进行替代的持续威胁，以最具生产性的方式来重新配置稀缺资源，有利于股东利益和经济发展。	(1) 存在通过战略投资者干预而起作用的紧密的直接控制机制，可在不改变所有权的情况下，在组织内部加以纠正；(2) 股东与债权人关系内部化，代理问题较少或更具解决性；(3) 可能因破产而发生的成本很低。
缺点	(1) 经理人员的短期行为；(2) 抵制成本；(3) 建立企业帝国的行为。	(1) 某些不易通过直接监督加以纠正的管理失误会长期存在；(2) 证券市场不发达并可能由此引致两个后果：证券资本的流动性不强；外部投资者可能缺乏信息。

资料来源：Moerland, P. W. Corporate Ownership and Control Structures: an International Comparison. Review of Industry Organization, 1995 (10): pp. 443-464.

克拉森斯（Claessens）等人考察了9个东亚经济实体中的近3 000家公司样本，发现东亚模式出现了新的代理问题，即大股东对小股东的利益侵犯，并且总结了东亚企业的共同特征。克汗（Khan）将其概括为两个方面：一是大多数东亚企业被家族所控制；二是家族控制常常通过股权金字塔、横向持股以及一股一票规则的偏离等方式而得以加强。他将东亚家族企业的公司治理制度视为与市场导向型和银行导向型平行的一种新的制度类型。

另外还有一些学者研究了转轨经济模式。这种模式主要存在于俄罗斯和中东欧等转轨经济国家，他们的共同特点是都存在数量众多、规模庞大的国有企业需要进行重组，同时又继承了原有较为混乱的法律体系。在这些国家中，公司治理最突出的问题是内部人控制，而内部人控制最典型的国家就是俄罗斯。由于企业内部人持有多数股份，所以，企业内部人利益得到了强有力的体现，经理层事实上依法掌握了企业的控股权。[①] 内部人员（一般为经理层，波兰则为工人）把持或控制公司的多数股份后，成为了新的"所有者"。他所代表的就是他自己或本集团的利益，而不是普通股东的利益。库和洛布特（Cull and Robret），舒特和克莱门茨（Schutte and Clemens）对捷克的研究表明，捷克私有化企业中，经理利用手中的权力，在所有者实际缺位的条件下，大量侵吞企业资产，形成所谓的严重"掏空"（Tunneling）问题，这是制约捷克私有化企业迅速得到重建的重要因素。

陈佳贵、黄群慧从股权结构、内部治理机制、外部治理机制三个角度将我国不同所有制企业划分为三类治理模式，即政府主导型治理模式、家族主导型治理模式和法人主导型治理模式。[②] 这三类治理模式的典型特征见表1-3。

表1-3　　　　　　我国企业三类治理模式的典型特征描述

模式 项目	政府主导型治理模式	家族主导型治理模式	法人主导型治理模式
企业所有制类型与股权结构	·主要是国有及国有控股企业，也包括少量集体企业 ·股权结构的特点是高度集中控制	·主要存在于私营企业和部分集体企业中 ·股权主要集中于家族成员手中	·主要存在于法人控股的公司制企业中 ·股权相对集中
内部治理	·以内部人控制为特征 ·董事会的决策职能与经理的执行职能不能分离 ·中小股东决策参与程度低 ·有效的经营管理者的激励约束机制欠缺 ·企业各权力组织之间关系复杂	·企业主个人决策或家族成员内部决策为主 ·经营管理人员的来源具有封闭性或家族化的特征 ·重视对管理人员的报酬激励	·法人股东积极参与董事会决策 ·内部治理机制较有效 ·比较重视对管理人员的报酬激励 ·通过其董事会的相应席位而拥有撤换经营管理者的权力

---

① 青木昌彦、钱颖一：《转轨经济中的公司治理结构》，中国经济出版社1995年版。
② 陈佳贵、黄群慧：《我国不同所有制企业治理结构的比较与改善》，载《中国工业经济》，2001年第7期，第23~30页。

续表

模式\项目	政府主导型治理模式	家族主导型治理模式	法人主导型治理模式
外部治理	·经营管理人员的任命权 ·对企业重大决策的审批权 ·对经营管理者的外部监督约束权 ·兼并、收购和接管等市场机制很少发挥作用	·很少依靠外部市场机制的作用 ·产品市场、资本市场和劳动力市场的竞争对整个家族企业有巨大压力	·较少依靠外部市场机制的作用，但比政府主导型治理模式对外部市场机制的依靠程度要大

资料来源：陈佳贵、黄群慧：《我国不同所有制企业治理结构的比较与改善》，载《中国工业经济》，2001年第7期，第23~30页。

对于是否存在最优公司治理模式问题，张维迎认为，最优公司治理结构应当是一种状态依存控制权结构，即控制权应当与自然状态相关，不同状态下企业应当由不同的利益要求者控制。如当企业业绩优良时，外部人应当少干预企业事务以作为对经理的奖励，而业绩欠佳时，外部人应当加强对企业的干预以作为对经理的惩罚；当企业业绩优良时，股东应当拥有对企业的控制权，当企业处境艰难时，债权人应当拥有企业的控制权，因为在干预企业方面股东比债权人更为消极被动，更为心慈手软。[①]

林毅夫等认为，从现代西方发达国家的公司治理模式，以及具体的对于控制权的监督机制比较来看，任何一种现有的公司内部治理模式都不能无条件地应用于所有的公司经营环境中，也没有一种包医百病的监督机制可以单独起作用。一般来说，公司内部治理结构的方式，依经济环境中技术条件、规模经济和法律框架的差别而异，也有路径相依的由来关系。既然不同的国家具有不同的文化背景，处于不同的经济发展阶段，因而在市场机制发育程度上、资金水平上存在差别，则各自具有适宜的公司内部治理结构。因此，公司内部治理模式和具体的监督机制是多样的，而且处于不断的创新之中。但竞争的市场环境却是可以确定的，永远是两权分离下形成有效的企业制度的前提条件。[②]

①　张维迎：《企业理论与中国企业改革》，北京大学出版社1999年版，第108页。
②　林毅夫等：《充分信息与国有企业改革》，上海三联书店、上海人民出版社1997年版，第82页。

吴敬琏则认为，各国公司制度既有共同的规范，又因各国市场经济模式不同而具有自己的特点。这主要表现在各有特色的公司治理结构上。而一个好的公司治理结构需要具备以下的性质：第一，所有权与控制权在业主与经理人员之间的适度分离，以便经营者有充分的自主权以实现有效的管理；第二，企业领导人应当充分了解股东、职工和社会公众对公司的期望，并有充分的动力去努力实现这种期望；第三，公司的股东，特别是大股东应当掌握关于公司运作的充分信息，同时握有充分的权力和手段，能在经理人员未能实现自己的愿望时采取果断行动进行干预。[1]

范福春认为，理想状况下的法人治理结构应是在产权明晰的基础上责权明确、相互制衡、相互协调的关系。这种状态的具体体现就是股东大会、董事会、监事会和经理在分工明确、责权清楚的基础上各司其职、各负其责、各展其能，股东大会行使公司的最高权力；董事会行使经营决策权，监事会行使监督权，董事会、监事会共同对股东大会负责；经理行使执行权，对董事会负责的相互依存、相互制约的机制，以实现公司的目标和确保股东的权益。[2]

从总体上来看，各种公司治理模式所体现出来的经济效率难分优劣。以英美模式、日德模式以及在东南亚国家和地区中盛行的家族控制型模式为例：英美模式既有20世纪60年代和90年代的辉煌，也有20世纪70年代的危机，特别是2001年以来接连不断涌现出的安然公司、世通公司、施乐公司的假账丑闻更是使人们对其公司治理效率产生怀疑；日德模式在20世纪70年代后显现出其稳定性的优势，但日本20世纪80年代后经济泡沫的破灭给其蒙上了一层难以挥去的阴影；东南亚家族控制型模式曾经造就了"东南亚奇迹"，但20世纪末的金融危机却使其暴露出诸多严重的缺陷。

因此，我们认为，不同的公司治理模式是在特定的政治、经济、法制、文化、历史等环境综合影响下长期演进的结果。同一种模式在不同的环境下可能有不同的作用，没有放之四海而皆准的公司治理模式，这一点对于我国公司治理理论研究和公司治理实践具有特别重要的意义。

---

[1] 吴敬琏：《现代公司与企业改革》，天津人民出版社1994年版，第215页。
[2] 范福春：《上市公司法人治理结构的现状与规范化》，中国经济出版社1997年版，第165页。

1.8.2 全球公司治理演化：趋同还是多样化？

在日益高涨的全球化浪潮中，对公司治理模式的演进趋势的争论，日渐成为比较公司治理学派的核心问题，目前主要分为两派，一派认为全球公司治理模式将趋同化，另一派则认为公司治理模式将继续多样化。①

1. 支持公司治理模式将趋同化的观点

赞同公司治理模式将趋同化的学者们又有四种不同观点：趋同于股东中心型模式的观点；趋同于利益相关者模式的观点；趋同于混合模式的观点；趋同于未知模式的观点。

趋同于股东中心型模式的观点。研究公司治理问题的早期学者们认为股东中心型的英美模式比其他模式更为有效，更为现代，将成为未来的主流模式。这种模式的主要特征是股权分散、对股东强有力的法律保障、对其他利益相关者的漠视、极少依赖于银行融资、并购市场运作活跃。从第二次世界大战结束以后直到20世纪70年代，美国公司都主导了世界，人们也相信英美模式将会成为全世界的最佳实践。尽管这种模式实际上在20世纪60年代末期以后就开始受到多方面的批评，但还是有许多学者认为其治理效率最佳。

趋同于利益相关者模式的观点。这种观点以弗里曼（Freeman）、多纳德逊（Donaldson）、布莱尔（Blair）、米切尔（Mitchell）为代表，他们认为，任何一个公司的发展都离不开各种利益相关者的投入或参与，企业的经营决策和公司治理架构中必须要考虑他们的利益，并给予他们相应的发言权，否则他们就会威胁撤出其投资，从而影响企业的生存和发展。从全球各种公司治理模式实际运作方式来看，日本和德国的公司治理模式更加接近于利益相关者模式。正是由于日本和德国经济在第二次世界大战结束后的废墟上迅速崛起，并在20世纪70年代以后的相对长时期内保持强大的竞争优势，才导致许多经济学家认为利益相关者模式比股东至上模式更有

---

① 贾生华、陈宏辉：《全球化背景下公司治理模式的演进趋势分析》，载《中国工业经济》，2003年第1期，第78~86页。

生命力，也是各种公司治理模式趋同的方向。值得指出的是，在国内许多学者于20世纪90年代还在将"资本雇佣劳动"奉行为绝对的"主流企业理论"的时候，利益相关者理论早已成为西方经济学界和管理学界炙手可热的话题，只不过由于多方面的原因尚未引起我国学者的普遍重视而已。[①]

趋同于混合模式的观点。持这种观点的学者认为一种结合股东至上模式和利益相关者模式特征的混合模式将会最有生命力。1998年，由来自美国、法国、英国、德国和日本的六位著名管理人员撰写的《OECD全球公司治理的报告》认为，全球公司治理模式趋同的结果不是英美模式，也不是日德模式，而是股东至上模式和利益相关者模式的一种调和与折中。这种观点实际上是建立在这样一种前提之下的：没有一种模式在公司治理的每一方面都是最优的，相互之间的取长补短才可能使治理效率得以提高。同时，持这种观点的学者普遍都认同以下两点：一方面，一个国家或者企业选择哪种具有效率的治理方式，最终是由市场力量来决定的；另一方面，这种选择具有路径依赖性，因此取长补短的混合模式也许更有生命力。

趋同于未知模式的观点。持此观点的学者认为，要想预测出哪一种模式将最终占优是一件极度困难的事。美国学者马修·贝舍普（Matthew Bishop）于1994年在《经济学家》杂志上撰文承认，预测公司治理模式的趋势可能是一件棘手的活。这些学者一方面认为"没有哪一种模式天生就是最佳的，讨论是否有哪一种治理制度是内在的就优于其他模式是徒劳无益的"[②]；另一方面又认为各种公司治理模式在全球化的影响下必将趋同，只是不清楚究竟是哪一种模式将会最终占优。经济学家查克哈姆在仔细分析了不同国家之间公司治理模式的差异后认为，最佳的或最有效的模式最终将会在世界范围内流行开来，只是究竟是趋同于哪一种模式不得而知。

2. 反对趋同论的观点

与上述支持公司治理模式将趋同化的观点相反，一些学者分别从法律角度、制度角度、政治角度指出全球公司治理模式不可能趋同化。

---

① 中国人民大学杨瑞龙教授对此现象的看法是：许多人认为利益相关者理论是西方近年来开始流行的一种企业治理结构观，这是一种误解，或者说是缺乏文献的结果（杨瑞龙、周业安，2001）。笔者认为更主要的原因在于1995年以后我国许多学者都被吸引到"主流企业理论"的研究之中去了，以至于对同期西方企业理论的最新进展持一种漠视和怀疑的态度。

② Organization for Economic Cooperation and Development. Corporate Governance Environments in OECD Countries. February 1, 1995.

反对趋同论的法律观点。这种观点从法律的角度指出,某国的公司法不仅仅与社会习俗密切有关,而且与其他的法律如银行法、劳工法、税法、竞争法紧密相关。世界上不同国家的法律和管制体系的演进方式具有路径依赖性,具有抵制变革的天性。LLSV 认为,世界上公司治理模式的多样性从根本上来讲是源自于股东试图克服法律对投资者保护的不足。①因此,相对于普通法系国家而言,那些法律传统对投资者保护相对较弱的国家和地区(如德国、斯堪的纳维亚地区、法国等)就拥有较高的股权集中度。美国哥伦比亚大学法律学教授罗(M. Roe)的研究也表明,美国公司治理模式源自于这样一种特定的立法传统倾向:限制银行的活动、给予管理层对工人的控制特权、对交叉持股所获得的分红进行征税、对同一产业中的企业之间的合谋制定严格的限制条件。与此相反,德国和日本却拥有一套不同的法律体系和管制方法,它们更加支持各个层次之间广泛的合作关系。因此,美国公司治理模式并非是必然的,其他的模式也是受欢迎的,并不存在着趋同;选择公司治理模式,必须考虑现有的法律传统。

反对趋同论的制度观点。有一些学者从制度的生成与演化规律出发,认为一个国家的公司治理制度并不会脱离其他的制度特征而孤立存在的,试图从理论上抽象地确定出最佳的公司治理模式是徒劳无益的。这种观点最基本的分析思路是将公司治理看成是一种制度性安排,认为在一个国家实行的公司治理安排必然会有利于这个国家及其企业形成特定的竞争优势,否则这种制度难以长久。事实上,不同的公司治理模式的确使得许多国家与公司在全球经济活动中脱颖而出。例如,德国的教育和产业制度的主要特征包括二元学徒体系、管理层与工会的充分合作、二元董事会结构安排、注重实践过程,这使得德国企业在高质量、技术密集型产业中出类拔萃。法国的精英工程教育制度以及公私混合经营模式也已经使其企业在需要规模效应的技术领域,如高速列车、卫星发射火箭、核电生产中表现优异。② 日本公司的治理依赖于由会社组织(Keiretsu)所提供的紧密稳定的多层次联系,从而在世界范围内赢得了广泛的竞争优势。而美

---

① 参见:(A) Laporta R., Lopez de Silanes F., Shleifer A. and Vishny R. W., Corporate Ownership around the World. Journal of Finance, 1999 (54): pp. 471 – 517. (B) Laporta R., Lopez de Silanes F., Shleifer A. and Vishny R. W., Law and Finance. Journal of Political Ecnomy, 1998 (106): pp. 1113 – 1155.

② Ziegler. J. N., Institutions, Elites and Technological Change in France and Germany. World Politics, 1995 (47): pp. 341 – 372.

国文化则注重个人主义、创新精神,其产品和服务在员工技能、知识运用或者风险资本方面具有很高的密集度,而由资本市场驱动、以股东利益为中心的公司治理模式无疑最适于这种文化和制度背景。对亚洲、拉丁美洲的新兴工业化国家的研究也同样发现,由于其文化、习俗、制度的差异,这些国家公司治理模式的多样化分布随着时间的推移日渐增长。

反对趋同论的政治观点。这种观点认为,各种不同类型的公司治理模式的形成与各国政治团体利益争斗息息相关。历史证据表明,20世纪50年代,德国与法国面临着马歇尔计划及其顾问们施加的压力,但是德国与法国的政客、实业家与工人领袖通过有效的政治活动抵制了美国公司治理模式。即使在美国,公司治理的演变也往往伴随着政治斗争。[①] 20世纪90年代,许多管理学家、经济学家、法律专家赞美英美模式,但另有许多机构投资者与经济学家又认为这种体制存在很大的问题。持这两种观点的专家学者发生了激烈的争论,并上升到政治斗争的高度。同时,对于既定公司治理模式的调整往往会引发一系列连锁反应,最后不得不陷入一种政治僵局。

面对全球化日益高涨的浪潮,各国在公司治理的某些维度上进行微调是极有可能的;但根据20世纪80年代初到90年代末的发展趋势来看,在可以预见的未来时间里,各种类型的公司治理模式的总体趋同是不可能的。虽然全球化的浪潮使国家与国家之间的联系越来越紧密,但这并不意味着各种不同类型的公司治理模式将会趋同。从本质上来讲,任何制度安排,包括公司治理制度的安排,都是特定国家的政治、法律、经济、历史、文化等环境因素的产物。各种类型的公司治理模式之所以能够长期共存,其原因恰好是它们能够最好地适应各自的环境特征,从而平衡了各种利益相关者的利益要求。我国在选择公司治理模式时决不能刻意模仿和盲目照搬,只有很好地适应我国政治、法律、经济、历史、文化等环境因素的公司治理模式才可能发挥最佳治理效率。

---

① 例如克林顿政府在1993年曾经发起过一次旨在调整工人与管理人员关系的会议,但最终归于失败。那次会议本来是要推进劳工政策的现代化,以允许更多的员工参与企业活动,克服既有治理模式所产生的越来越多的利益冲突。但是,与会的员工代表、工会组织、管理人员、法律专家都反对对现有公司治理体系进行激烈的变更,最后只是形成了一些妥协性的意见,政治僵局仍在继续。

参 考 文 献

一、中文部分

1. 吴敬琏：《现代公司与企业改革》，天津人民出版社 1994 年版。
2. 青木昌彦、钱颖一：《转轨经济中的公司治理结构》，中国经济出版社 1995 年版。
3. 张维迎：《企业理论与中国企业改革》，北京大学出版社 1999 年版。
4. 中国（海南）改革发展研究院：《中国公司治理结构》，外文出版社 1999 年版。
5. 田志龙：《经营者监督与激励：公司治理的理论与实践》，中国发展出版社 1999 年版。
6. 杨瑞龙、周业安：《企业共同治理机制的经济学分析》，经济科学出版社 2000 年版。
7. 李维安、武立东：《公司治理教程》，上海人民出版社 2002 年版。
8. 费方域：《什么是公司治理？》，载《上海经济研究》，1996 年第 5 期，第 36~39 页。
9. 郑红亮、王凤彬：《中国公司治理结构改革研究：一个理论综述》，载《管理世界》，2000 年第 3 期，第 119~125 页。
10. 段强：《转轨时期国有企业公司治理结构研究综述》，载《新视野》，2001 年第 6 期，第 57~59 页。
11. 徐晓阳、范永武：《财务会计信息与公司治理——一项以管理报酬契约为中心的研究综述》，载《当代财经》，2001 年第 6 期，第 63~66 页。
12. 陈佳贵、黄群慧：《我国不同所有制企业治理结构的比较与改善》，载《中国工业经济》，2001 年第 7 期，第 23~30 页。
13. 于东智、谷立日：《国外有关公司治理问题的研究综述》，载《烟台师范学院学报》，2002 年第 3 期，第 100~107 页。
14. 李鑫：《企业本质视角下的公司治理与管理》，载《改革》，2005 年第 11 期，第 79~83 页。
15. 刘兴强：《国有上市公司的集团控制及其治理》，载《中国工业经济》，2002 年第 3 期，第 64~69 页。
16. 姚小涛、席酉民、张静：《企业契约理论的局限性与企业边界的重新界定》，载《南开管理评论》，2002 年第 5 期，第 36~38 页。
17. 吉林大学中国国有经济研究中心课题组：《治理效率：一个深化公司治理的新视角》，载《当代经济研究》，2002 年第 12 期，第 8~14 页。
18. 贾生华、陈宏辉：《全球化背景下公司治理模式的演进趋势分析》，载《中国工业经济》，2003 年第 1 期，第 78~86 页。

19. 吴斌、翁恺宁：《基于控制权收益的大股东与公司治理关系分析：文献综述》，载《世界经济文汇》，2003年第2期，第71~80页。

20. 陈宏辉、贾生华：《企业利益相关者三维分类的实证分析》，载《经济研究》，2004年第4期，第80~90页。

二、英文部分

1. Jensen and Meckling. Rights and Production Functions: An Application of Labor-managed Firms and Co-determination. Journal of Business, 1979 (52): pp. 469 – 506.

2. Fama and Jensen. Separation of Ownership and Control. Journal of Law and Economics, 1983 (6): pp. 301 – 349.

3. Cochran and Wartick. Corporate Governance: A Review of the Literature. Morristown, NJ: Financial Executives Research Foundation, 1988.

4. Boycko, Shleifer and Vishny. Voucher Privatization, Journal of Financial Economics, 1994, (35): pp. 249 – 266.

5. Margaret M. Blair and Bruce K. MacLaury. Ownership and control: Rethinking Corporate Governance for the Twenty-first Century. Washington, D. C: Brookings Institute, 1995.

6. Merton H. Miller. Do the M&M Propositions Apply to Banks?. Journal of Banking and Finance, 1995 (19): pp. 3 – 4.

7. Moerland. Corporate Ownership and Control Structures: An International Comparison. Review of Industry Organization, 1995 (10): pp. 443 – 464.

8. Oliver Hart. Corporate Governance: Some Theory and Implications. The Economic Journal, 1995, 105 (430): pp. 678 – 689.

9. Shleifer and Vishny. A Survey of Corporate Governance. Journal of Finance, 1997 (6): pp. 737 – 783.

10. Crutchley et al. Agency Problems and the Simultaneity of Financial Decision Making, the Role of Institutional Ownership. International Review of Financial Analysis, 1999 (3): pp. 177 – 180.

11. Jones D. C. and N. Mygind. The Nature and Determinants of Ownership Changes after Privatization: Evidence from Estonia. Journal of Comparative Economics, 1999, 27 (3): pp. 422 – 441.

12. Estrin and Rosevear. Enterprise Performance and Corporate Governance in Ukraine. Journal of Comparative Economics, 1999, 27 (3): pp. 442 – 458.

13. Estrin and Rosevear. Enterprise Performance and Ownership: the Case of Ukraine. European Economic Review, 1999 (43): pp. 1125 – 1136.

14. Thomsen and Pedersen. Ownership Structure and Economic Performance in the Largest European Companies. Strategic Management Journal, 2000 (21): pp. 689 – 695.

第 2 章

公司治理中的控制权安排

在竞争的市场环境下,公司治理的有效性与否是决定公司绩效的重要因素,其内容的关键是符合权责一致的权利责任安排,而如何配置和行使控制权决定了公司治理的其他方面,是研究公司治理的重中之重。如何合理配置上市公司控制权并有效促使控制权转移是提高公司绩效,保护投资者利益的关键问题。本章分别对控制权的本质属性、控制权的初始配置、控制权收益以及控制权市场转移等相关研究进行概括梳理,旨在将公司控制权问题纳入一个系统性的分析框架。

2.1 对控制权本质的探讨

2.1.1 现有控制权概念阐述

控制权的概念比较模糊,难以界定,且难以度量[1]。尽管相关的理论文献提出了许多的控制权的定义但始终未能有趋于一致的和公认的明确定义;关于什么是控制权,从不同的角度出发有着不同的界定。

---

[1] 朱弈锟:《公司控制权配置论——制度与效率分析》,经济管理出版社 2001 年版。

在正式的法律文件中，例如，美国1933年的《证券法》和1934年的《证券交易法》对"控制"一词的定义是："'控制'指的是直接或间接地具有指挥或引导某人的管理和政策方向的权力，而不论是通过具有表决权的证券所有、合同或其他方式。"[1] 可以说法学角度的控制权定义主要来源于对公司股份及投票权的持有，根据持有股份额的不同来区分不同的控制权形态。

就控制的依据来说，控制包括法律上的控制和事实上的控制。[2] 法律上的控制是指基于法律的直接规定或基于法律提供的一些制度设计而形成的对公司的决定性的影响，主要有法律允许非股东对公司的控制，如政府对公司的控制和相关利益人对公司的控制，董事会中有相关利益人的代表和其他不授予股权却能够使雇员方便地参加决策的安排[3]，依法对公司的接管或清算，通过征集投票代理权取得控制，通过一些合同安排（特许权协议、许可证协议、分销协议以及企业经营合同）取得控制权等情形。而事实上的控制就是基于一些事实上存在的因素而产生的控制，如多数控股及持有半数以上的表决权、家族亲属关系、共同股东、共同董事或共同高级管理人员等。简诺和曾格尔斯、泰诺尔（Rajan and Zingales、Tirole）等也按此标准将企业的控制权按正式控制权和实际控制权进行区分。[4] 阿訇和泰诺尔（Ahgion and Tirole）（1997）、泰诺尔（Tirole）（2001）放弃了抽象意义上的剩余控制权的概念，将企业控制权划分为法定控制权和事实控制权。法定控制权来源于企业合约和社会契约，即物质资本所有权，是合约明文界定的所有权归属；法定控制权也可以是通过具体的企业合约安排分配给特定的主体，如董事会、股东大会甚至是经理人。事实控制权则无法通过明文的形式加以确定，取决于信息和成本优劣，也就是说，法定控制权能否有效实施基于法定控制权主体对信息的掌握程度和对成本的

---

[1] The Securities Act of 1933, Rule 405.
The Securities Exchange Act of 1934, Rule 126 - 2.
[2] 殷召良：《公司控制权法律问题研究》，法律出版社2001年版。
[3] Margaret M. Blair, Ownership and Control: Rethinking Corporate Governance for the Twenty-first Century, 1995: p. 330.
[4] 由于Rajan、Zingales等学者在对企业权力的创造性研究中引入了"关键性资源"的概念，并以此概念来否定Hart等学者所认为的权力来自于实物资产所有权的观点，使得Tirole也对原有的"资本强权观"进行了一定的休正，明确意识到那些拥有信息和知识优势的代理人掌握着实际运作企业资源的实际控制权，且实际控制权的配置也应该与信息和知识的分布相对称，但他也同时强调，这种权力和空间会受到投资人的正式控制权的约束，即来自于投资人的正式控制权依然凌驾于代理人的实际控制权之上（吴晓求主笔：《中国上市公司：资本结构与公司治理》，中国人民大学出版社2003年版，第162~163页）。

考虑，在企业的运行过程中，信息和成本劣势决定事实控制权一般被经理人实际掌控。

在企业理论中，控制权一词主要有两个来源：一是出自伯利和米恩斯（Berle and Means）的《现代企业与私有财产》，他们对"控制权"的经典定义为："所谓与所有权相分离的控制权，是指无论是通过行使法定权利还是通过施加压力，在事实上所拥有的选择董事会成员或其多数成员的权力。"他们认为控制权是指影响公司董事会组成及其政策制定的能力，它与所有权相对应，在股权分散意义上的"两权分离"命题中得到解说。二是出自产权理论的"不完全合约理论"中的剩余控制权[①]，这一概念大致可以理解为我们常说的公司所有权，即谁拥有公司；但哪些是特指的控制权，哪些是剩余的控制权，在现实中是很难界定的，因此杨瑞龙、周业安认为比较现实的态度是把剩余控制权定义为企业的重要决策权[②]。

20世纪70年代开始，德姆塞茨和阿尔钦（Demsetz and Alchian）（1972）把企业作为各种利益主体所结成的团队生产单位来进行研究，认为现代企业的控制权，是股东和经营者相互分享所有权和利益相互协调的制度。随后，詹森和麦克林（Jensen and Meckling）（1976）从契约理论出发，主张在企业内部通过委托代理制度将经营决策权转让给经营者，所有者则拥有对经营者的监督权，并以绩效度量和奖惩等措施来约束和激励经营者。[③] 进入20世纪80年代，法马和詹森（Fama and Jensen，1983）则假设企业的决策经营功能与剩余风险承担功能的分离将导致决策经营与决策控制的分离，从而将决策权细分为经营决策权和决策控制权，这两种权力在企业组织内部是以契约结构加以分离的，即将决策的认可和监控与决策的提议和执行分离开来。

可见，正如爱默森（Emerson）所说，从事控制行为的能力与它们实际的具体实施并不是一回事，这是一种"拥有"权力与"行使"权力的

[①] 该理论从企业的合约性和合约的不完全性出发来理解所有权关系，并认为企业所有权的核心是剩余权。剩余权包括剩余索取权和剩余控制权，但哈特指出，剩余索取权可能不是一个非常健全的或有用的概念，如在一个双方都是剩余索取者的利润分享合同中，如果利润不能证实，那么剩余收益怎样分配就是不清楚的（Hart，1995）。也正因如此，Grossman 和 Hart 将剩余索取权直接定义为企业的所有权。

[②] 许多战略性的重大决策权往往在公司法和公司章程中都做了明确的指定，如聘退经理的权力、合并和清算、重大投资权等，为了避免因概念内涵的含糊性所引起的混乱，比较现实的态度是把剩余控制权定义为企业的重要决策权（杨瑞龙、周业安，1997）。

[③] 基于这种认识，Jensen 在1992年为《新帕尔格雷夫货币金融大辞典》"公司控制权市场"词条所著的解释中，将公司控制权定义为"对高层经理人员的聘用、开除和确定高层经理工资的权力"，与此是一脉相承的。

区别①；许多企业理论对于控制权概念的理解，并没有区分这种差别，使得"拥有"控制权与"行使"控制权之间的差别，即实际控制权与潜在控制权之间的差别，被忽略了。阿訇和泰诺尔（1997）对企业控制权的划分是继承了韦伯的合理的控制权（Rational Authority）与法定的控制权（Legal Authority）的划分。实际上，这样一种控制权的划分在一个方面也反映了拥有权力与行使权力之间的差别。虽然阿訇（Aghion）等人并没有明确地区分这些概念之间的差别，但名义控制权的概念在隐含意义上具有权力的能力的含义。我国学者刘磊、万迪昉②基于拥有权力与行使权力的区别以及剩余控制权的概念，将企业的控制权划分为核心控制权与一般控制权③，而这两类控制权实际是对剩余控制权的更进一步的划分。

我国理论界对于企业理论的分析，源于对我国国有企业改革问题的关注和研究，在分析企业改革的过程中，首先使用的是企业所有权与经营权的概念。钱颖一（1989）较早把现代企业理论引入国内，④他比较了"两权分离"的含义："在市场经济中，它指的是企业的所有权与控制权的分离；在中国，它指的是国有企业的所有权和经营权的分离。经营权只是控制权中的一小部分，两者之间有重大区别。"并简单比较了控制权的类型："具体地说，特定控制权指可以通过契约授予经理的经营权，包括日常的生产、销售、雇佣等权利。而剩余控制权往往包括战略性的重大决策，如任命和解雇经理，决定经理报酬，决定重大投资、合并和拍卖等等。"⑤

在探讨企业所有权内涵、外延的基础上，随着契约分析方法的引进，

---

① Emerson, Richard M., *Power—Dependence Relations*, American Sociological Review, 1962 (27): pp. 31 - 32.
② 刘磊、万迪昉：《企业中的核心控制权与一般控制权》，载《中国工业经济》，2004 年第 2 期，第 68~76 页。
③ 他们认为：核心控制权是指，企业的控制权力中能够控制和影响其他控制权的控制权，是控制控制权的控制权。其行使并不直接具体地影响企业的运行，而是间接地通过对其他控制权的控制与影响，改变这些控制权的形式状态，进而间接地改变企业的行为。核心控制权强调的是一种权力的能力，是一个具有意向性的概念，其在一般控制权之上控制与影响着一般控制权的行使。核心控制权具体形式的结果是实现一般控制权的转移。一般控制权则是指企业权力中受核心控制权控制和影响的控制权，它的行使能够产生具体的企业行为，直接地影响企业的运行。（刘磊，万迪昉：《企业中的核心控制权与一般控制权》，载《中国工业经济》，2004 年第 2 期，第 68~76 页。）
④ 在此之前，"控制权"主要出现在介绍国外大公司的发展变化和跨国公司内部控制的有关文献中。
⑤ 钱颖一：《企业理论》，载《现代经济学前沿专题》（第一集），商务印书馆 1989 年版，第 24 页。

张维迎（1995）先后把企业所有权定义为"剩余索取权和控制权"、"剩余索取权和剩余控制权"，把其中的"控制权"界定为"大体上说是选择和监督其他代理人的权利"和"当一个信号被显示时决定什么行为的权威"。[①]

李笠农（2001）则从所有权的经济学和法学概念的比较，指出所有权的基本内容是以占有权为基础的控制权和收益权。所谓控制权，就是权利主体可以将其意志自由地施加于某物，而同时又排斥他人对同物实施同种行为的权利，受益权就是排他性地获得某物所能给人带来的利益的权利。而控制关系和收益关系，控制权和收益权的关系，是手段和目的的关系。从经济意义上看，占有关系的本质不是控制关系，而是收益关系；所有权的本质不是控制权，而是收益权。而且，财产所有者的收益权是他用其对财产的控制权"生产"或者"交换"来的，而不是来自于法律的授予。对于各国法律往往把所有权界定为控制权，李笠农（2001）指出：法律基于其本身特殊的社会职能，必须而且只需将所有权定义为控制权，而无须并且也没有能力过问所有者能否和如何由财产受益的问题。换句话说，法律对于权利关系的界定，主要是从界定人们相互作用的边界着手，法学从意志关系的角度看问题，从而把占有关系理解为一种控制关系，把所有权理解为控制权；但是经济学从利益关系出发，因而更倾向于把占有关系理解为收益关系，把所有权理解为收益权。

年志远（2003）认为，企业所有权应界定为剩余索取权和控制权，企业所有权有三种表现形式：即经营者企业所有权、股东企业所有权和生产者企业所有权。在内涵上，这三种企业所有权既有联系又有区别[②]。通过引入两个新概念——明晰控制权和参与控制权，对其内涵进行重新界定：经营者企业所有权中含有剩余控制权，股东企业所有权中含有明晰控制权，生产者企业所有权中含有参与控制权。新界定的企业所有权概念中的控制权可以有三种解释：一是指由股东拥有的明晰控制权；二是指由经营者拥有的剩余控制权；三是指由生产者拥有的参与控制权。剩余索取权与明晰控制权构成股东企业所有权；剩余索取权与剩余控制权构成经营者企业所有权；剩余索取权与参与控制权构成生产者企业所有权。

从上述理论界关于控制权概念的主要观点中可以看出，对于控制权自

---

① 有必要指出的是，张维迎（1995）并没有严格区别控制权和剩余控制权。
② 三者的联系是，都含有剩余索取权要素；三者的区别是，"控制权"的性质不同。

身的定义的分歧源于关于所有权,尤其是企业所有权的定义的分歧。对于后者的分歧源于人们对于两组概念的分歧:所有权和产权;所有权和企业所有权。对于这两组概念,尤其是前者,我国研究者的分歧更为突出,因为正是在我国学者倾向于用所有权的权能、职能分解来推动我国国有企业改革的阶段,产权概念随着新制度经济学进入人们的视野,产权最直观的解释就是权利束,从而权能集合和权利束的关系就引发了人们的争论,至今也没有定论。胡晓阳(2005)认为:权利是调整人们行为和相互关系的规范,所有权和产权是界定人们权利的不同方式,所有权是一种排他性的界定,而产权是某一方面的具体界定。换句话说,所有权界定的是剩余的权利,产权界定的是明晰的权利;对于所有权来说,重要的不是它具体包含什么,而是它通过排斥实现了独占,而产权概念最重要的功能是界定了行为边界。对于所有权和企业所有权的概念差异,从生产的角度,关键在于企业剩余,从正式制度的角度,关键在于企业法人制度;企业的出现,需要企业组织生产出现超过要素市场交易价格的剩余,而且企业可以进行剩余的积累和扩大再生产,而企业法人制度保证了企业进行剩余积累和扩大再生产的过程不会因为部分参与者的推出而停止。因此,所有权和企业所有权不是同一个概念,企业所有权不是资源所有者对于资源的所有权,而是一部分资源所有者对资源组合所产生的剩余的索取权,以及为保障索取权的有效而进行的监督和决策的权利。与之相应,企业控制权是对企业可以运用的资源进行配置的支配权和决策权。

2.1.2 控制权相关概念辨析

1. 控制权与所有权

控制权与所有权是相互依赖、紧密联系在一起的。在重视私权的时代,所有权是绝对权,当所有者行使其所有权[①]而投资设立公司的时候,所有者就是公司的经营控制者,实行对公司的全面控制,即在古典企业中,所有权的四项权能集中于出资者个人手中。随着科技和企业制度的

[①] 今天看来,由于投资者主体多元化和投资者出资方式的多样化,说投资者行使所有权进行投资已非常不准确。比如,公司等法人企业和非法人组织用知识产权投资、用债权投资等。

发展，企业所有权的权能发生了分离，而控制权的来源实质上是出资者所有权的部分让渡，出资者让渡该部分权力是为了更好地获得所有权收益；另一方面，控制权的享有者在行使控制权的同时也会为自己带来收益。由于经济人的有限理性、信息的不对称、监督约束的困难等因素共同作用的结果就有可能使控制权持有者为自己的控制权收益最大化而不顾其控制权源泉提供者——出资者的利益；这是合理进行企业控制权配置和控制权体系建构所面对的问题，也是控制权和所有权复杂关系的内核所在。

随着 20 世纪 80 年代以来公司治理理论的提出及对其进行的系统性研究，有关所有权和控制权的理论研究更加深入；企业所有权与控制权的配置，是企业理论尤其是公司治理理论所研究的核心问题。公司法人的"所有权"公认的可以分成两部分权利：剩余收益索取权和公司控制权。[1]所有权在公司控制方面仅仅表现为在公司股东会上的表决权，而剩余索取权[2]则是所有权的根本表现，谁拥有这一权利就是企业的所有者。尽管出现了管理层对公司的决策、管理、监督等权力（即控制权）日趋扩大的现象，但所有权作为控制权的基础与源泉[3]的地位仍然没有动摇[4]。同时，我们应该注意到，所有权虽然是获得控制权的基础，但所有权与控制权并非一一对应关系，控制权往往大于或小于所有权。换句话说，公司所有权与控制权之间呈非对称关系[5]。

控制权本质上是所有权的实现手段[6]，所有权只提供了获得收益的可能性，而要把这种可能性转变为现实，则需要借助控制权来完成。公司控制权来源于所有权并超越了所有权，但毕竟是所有权权能的部分内容，因此公司控制权的行使在某种程度上必须受到所有权的制约[7]。

---

[1] Magaret M. Blair, Ownership and Control: Rethinking Corporate Governance for the Twenty-first Century. 1995: pp. 29 – 35.
[2] 剩余索取权是指扣除其他要素所有者的报酬后的剩余取得权，也就是剩余利润的取得权。
[3] 注意不是唯一的基础，因为控制权除了来源于所有权之外还可以来源于法律的授权和合同的安排。
[4] 玛格丽特·M·布莱尔：《所有权与控制——面向 21 世纪的公司治理探索》，中国社会科学出版社 1999 年版。
[5] 朱羿锟 (2001) 以传统的表决权为控制权的度量方式将所有权与控制权之间非对称关系划分为四种情形：所有权分散，表决权（控制权度量的数量化形式）分散型；所有权分散，表决权集中型；所有权集中，表决权分散型；所有权集中，表决权分散型。
[6] 所谓实现手段，是指获得收益的具体途径。
[7] 正因为此，有些学者提出了股东的"终极控制权"的概念。

2. 控制权与经营权

伯利和米恩斯（Berle and Means）从企业所有与企业经营相分离的角度出发，将美国企业的控制形态分为五种：（1）全部控制：即经营者拥有企业全部或几乎全部的股权（80%以上），并依股权行使控制权；这时企业所有权与经营权完整地结合在一起，这种企业属于传统的企业模式，即古典单一业主制企业。（2）多数控制：即经营者拥有企业过半数的股权并依股权行使控制权。这是所有权与经营权分离的初步，也就是说少数股东尽管拥有所有权，但已丧失了对公司的控制权。（3）法律方式的控制：即经营者未拥有过半数的股权，但通过某些法律设计，控制过半数的表决权，从而控制公司经营。所谓法律设计包括使用委托书，发行无表决权股或多重表决权股，设立表决信托，组织金字塔形的企业集团等。这时，所有权与经营权已有相当程度的分离。（4）少数控股：即经营者拥有少数股权（通常在20%以下），而公司股权相当分散，通过吸收小股东的表决权，汇集成为控制公司的力量。（5）纯粹经营者控制：经营者拥有的股权微不足道，原本无法控制公司，但由于公司股权十分零散，没有任何人或任何团体持有的股权足以控制公司或对经营者的地位具有有力的威胁，经营者因而得以控制公司。[1] 这一所有权与经营权的分离过程，正如马克思所描述的："股份有限公司这种制度，一般地说也有一种趋势，就是管理劳动的行为作为一种职能，越来越同自有资本或借入资本的所有权相分离，从而使实际执行职能的人转化为单纯的管理，即别人的资本的管理人；而资本所有者则转化为单纯的所有者，即单纯的货币资本家。"[2]

现实意义上许多人认为控制权就是经营权，都是由经理人员掌握，这种情况是由于"内部人控制"的出现而产生的混乱；严格说来，两者有着根本性的差异。经营权是由经理人员实行的权利，主要涉及公司日常经营性决策的决定，如选择供货商、解雇和聘任职工、扩大车间规模、营销、任命中层管理人员、制定工业标准、制定预算等。按照产权学派法马和詹森（Fama and Jensen）的标准，经营权等同于"决策管理权"，也即

---

[1] Adolph A. Berle., Gardiner C. Means, Modern Corporation and Private Property. 1968: pp. 66-84.
[2] 马克思：《资本论》（第三卷），人民出版社1975年版，第436~439页。

"特定控制权";而控制权是要通过董事会来行使的,通常是具有战略意义的权利内容,如投融资、选择经理人员、企业的并购、破产、售卖资产、改变投票规则等,属于"决策控制权",也即"剩余控制权"。[①] 因此,控制权和经营权不属于同一个层面的权利,经营权在本质上是一种从属权利,它服从于公司控制权,在一个正常规范的公司权力系统中,公司经营权始终处于委托—代理链的末端,是公司控制的最终目标,控制权是根本的,经营权是从属的。

3. 控制权与剩余控制权

剩余控制权的概念是在不完全合同理论的基础上发展起来的,正是有了合同的不完全性,才有了剩余控制权的存在空间。格雷斯曼和哈特(Grossman and Hart,1986)最早明确提出"剩余控制权"的概念,并用剩余控制权来定义企业所有权即产权,认为产权是剩余控制权形式的资产使用权。当合约权利不可能完全明确规定时,由一方购买所有未曾明确的剩余权利是最优的,所有权是对剩余控制权的购买。哈特和摩尔(Hart and Moore)(1990)进一步把企业的契约性控制权分为特定控制权和剩余控制权。特定控制权是指那种能在事前通过合约加以明确确定的权力,即在契约中明确规定,哪一方契约当事人在什么情况下可以具备何种权利并如何使用权力即经营决策权;剩余控制权则是指初始合约未规定或未说明的情况下,未来或然事件的控制权或资源使用的决策权。哈特(Hart,1995)认为剩余控制权是资产所有者"可以按任何不与先前的合同、习惯或法律相违背的方式决定资产所有用法的权利"。实际上,剩余控制权概念是对格雷斯曼和哈特(Grossman and Hart)早期关于企业剩余索取权理论的补充。

GHM[②] 指出信息不对称和正交易成本决定了合约的不完全性,合约缔约过程不可能在事前完全界定各种或然事件并制定相应对策;因此,企业治理过程中必须赋予某一当事人拥有"剩余控制权",并指出,合约界定和执行的范围越小,剩余控制权就越重要。按照 GHM 理论的分析框架,合同的不完全性导致了剩余控制权问题,即在合同未明确规定的情况

[①] Fama & Jensen. Separation of Ownership and Control. Journal of Law and Economics,1983,Vol. 26.

[②] Grossman、Hart 和 Moore 的统称。

下的权力归属和行使问题。剩余控制权是为了克服企业可能面临的种种不确定性而设计的，如果没有不确定性，剩余控制权和剩余索取权是不必要的。可以说，剩余控制权是一种克服不确定性的装置。

但是哈特（Hart）等人的控制权理论并没有对所有权和控制权进行区分，而是把所有权定义成可实施的控制权①，因此，在 GHM 文献中剩余控制权和控制权两个概念经常混用，从而阻碍了我们对两者的认识②。并且哈特（Hart）等人的控制权理论表面上是建立在不完全合约的基础上，但实质却是将完全合约作为假定，假设当事人完全意识到事后再谈判的高昂成本和被敲竹杠的风险，以净收入最大化来安排所有权结构，这样就使得控制权变得无足轻重（Maskin and Tirole，1997）。

2.1.3 对控制权性质的分析

1. 控制权来源的多维性特征

从历史和现实的角度看，控制权的基本来源包括财产所有权、知识、信息、传统习俗和超经济强制。控股可以带来控制权，但不必然带来控制权；控制权可以通过控股来实现，但也可以通过表决权争夺或其他方式（譬如租赁、订约和代理等）来实现③。股权并非公司控制权结构中唯一的一种权力来源，除股权、债权等物质资本的权力外，还有人力资本的权力及其他种类的权力。当然，在各种"控制权结构"中权力分布并不均匀④。

在信息经济和知识经济发展的前提下，知识资源和人力资本的作用空前提高，新经济和全球竞争要求的不再是简单的以股权控制为纽带形成的

---

① 不完全合同理论把剩余控制权看作产权的本质，但他们对于剩余控制权的内涵和外延的界定十分模糊，以至于 Hart 等人自己也不得不承认"（我们）并不区分合同规定的控制权与剩余控制权，而且在事实上剩余控制权等同于完全控制权"（Hart and Moore，1999）。
② 按照 Hart 和 Moore（1990）关于特定控制权和剩余控制权的定义，人们一般认为投资者拥有剩余控制权，经营者拥有特定控制权。然而 Kaplan 和 Stromberg（1998）等人的实证研究则提出了相反的证据，投资者的控制权不应该是一个绝对意义上的抽象概念，因为它有明确的外延或范围——以控制当事人所承担的风险为限，并且也以此为条件。因此，投资者拥有的也许不是剩余控制权，而是明确控制权，而企业经营者的经营权才是剩余控制权。
③ 高愈湘：《中国上市公司控制权市场研究》，中国经济出版社 2004 年版。
④ 王彬：《公司的控制权结构》，复旦大学出版社 1999 年版。

股权控制体系，而是以股权控制、长期合同、企业契约、战略联盟等多种形式共同构成的控制网络，控制权已经超出了所有权的边界，得到了拓展。由于企业竞争能力是共同知识和私人知识的积累，企业控制权安排应是资本雇佣劳动和劳动雇佣资本同时并存，有时甚至是劳动雇佣资本占统治地位，拥有专门知识和关键信息的企业参与者应当分享企业的控制权配置。

2. 控制权的可分割性特征

控制权具有可分割的特点，不同的相关利益者具有不同层次和不同权限的控制权，而且不同的控制权可以发生转化。我国学者熊道伟提出："企业控制权是经营控制权、监督控制权和操作控制权的组合，是由一系列对有关企业各项资源的使用、安排、转让、分配、监督和约束等现实权利和潜在权利组成的控制权束或控制权集合，它们构成一个企业控制权体系"[①]。近年来，公司治理理论提出并讨论了公司治理中利益相关者的地位和作用，我们有理由认为，公司控制权的基础和来源在于公司和利益相关者之间的契约关系，由于公司和各利益相关者之间所签订的契约关系不同，从而导致利益相关者对公司的控制权不同，企业控制权的安排应当充分考虑各相关利益者的利益，相关利益者应该拥有企业一定的控制权。

但同时，我们也应该看到，各个利益相关者在公司治理中所拥有的权利不同，所起的作用也不同：股东是公司的发起人，是公司治理的原始动力；企业管理者拥有公司经营控制权，是公司治理的关键；雇员是公司的劳动力资源；债权人是公司发展的资金提供者；供应商是公司产业链中的供应链；顾客是公司生存和发展的外部依赖者；政府是公司税收政策的制定者。基于利益相关者的共同利益，他们应共同拥有公司共同的权利，但各利益相关者在公司治理中所起的作用不同，在公司治理中的参与度也不同，因此他们所拥有的控制权权重也应有所不同。因此，我们必须对不同性质的利益相关主体加以区分，分别确定其控制权的权重指标，考虑不同利益相关者对公司治理不同方面的影响，避免笼统、空泛；同时，要以尽可能量化的指标来衡量不同的利益相关者的控制权问题，增加其权重指标

---

① 熊道伟：《现代企业控制权研究》，西南财经大学出版社2004年版。

体系的可操作性①。

3. 控制权的动态性特征

企业控制权不仅能在股东之间转移，而且能在股东、债权人、管理者、职工之间游走②。在企业正常经营条件下，股东是公司主要所有者，享有公司控制权，有权决定公司控制权安排；当企业经营出现债务危机时，债权人将根据企业契约接管企业，享有公司的实际控制权，有权决定公司控制权安排。债务危机的临界点是公司控制权安排在股东和债权人之间转换的临界点。所以说，公司控制权实际上是一种"状态依从"的控制权③。

▶ 2.1.4 简要评论

现代企业理论始于 20 世纪 30 年代，其奠基之作，一是 1932 年伯利和米恩斯（Berle and Means）的著作《现代公司和私有财产》；二是 1937 年科斯（Coase）的论文《企业的性质》，而它们同样是企业控制权研究的真正起点。虽然他们研究的出发点不同，但他们同样触及到企业的控制权这一关键问题，具有理论发端的重要价值。可见，现代企业理论从诞生之日起便强调企业中控制权的重要性，可以说"控制权"是理解企业制度的一个核心变量。但是，就像任何一个看似简单的概念容易被忽视一

---

① 这方面的研究可参见南开大学"公司治理评价体系中的利益相关者指标"的相关研究成果。
② Agrawal and Knoeber（1996）在一份研究中共考虑了 7 种机制对控制权的影响：内部人持股、董事会的外部代表、债务政策、争夺公司控制权的市场活动、机构持股、大股东持股以及管理者劳动力市场。（See Agrawal, Anup and Charles R. Knoeber, Firm Performance and Mechanisms to Control Agency Problems between Managers and Shareholders, Journal of Financial and Quantitative Analysis, 31, September 1996, pp. 377 – 397）。而实际的情况可能更为复杂，譬如青木昌彦所说的内部人控制问题，或原南斯拉夫企业的工会自治，控制权显然是在经理层或工会（职工）手中。（参见青木昌彦、钱颖一编：《转轨经济中的公司治理结构——内部人控制和银行的作用》，中国经济出版社 1995 年版，第 14~28 页）。而李菊菊（2001）在其博士论文中对控制权的分析主要从产品市场、经理、股东、职工和公司控制权市场等方面入手，也反映出了控制权对不同状态的依存。（参见李菊菊著：《美国现代企业的控制权机制研究》，南开大学博士论文，2001 年 5 月）。
③ 公司控制权的状态依存是指企业经营处于不同的状态条件下，不同的利益相关者要求公司所有权安排的支配权的表现。当企业经营出现危机时，企业契约各方都会从自身的利益角度，去争夺公司的控制权。

样,"控制权"这个重要的概念长时间被人们当作直接或暗含的研究前提,而不是研究的对象本身;或者说企业中的控制权变量只作为解释其他变量的外生变量,而这一变量本身却没有得到合理解释。

企业控制权含义的界定,随着企业资产权力的控制结构由简单向复杂演化而变得愈益困难。正如格雷斯曼和哈特(Grossman and Hart)所指出的,在企业这种复杂的产权结构中,存在一些比较难以明确界定的控制权[1]。如果要明确界定诸如此类的控制权,必须花费在所有的契约方看来都不合算的交易费用;因此,以经济理性来看,在事前的契约中,并不对它们进行明确的规定。也就是说,企业控制权概念在企业理论早期文献述及企业性质、交易成本、契约结构和制度安排之前已被预先的确定了,并且在研究过程中更多地对此概念的内涵和外延加以回避。20 世纪 80 年代初到 90 年代末,学术界尽管出现了诸如"决策控制权"[2]、"剩余控制权"、"资本结构控制权"以及"控制权回报"[3] 等新概念,但它们大多是从企业某一局部的契约视角来运用的,与整体性意义上的企业控制权概念有本质上的区别。现代企业理论创始人科斯(Coarse)也认为,企业控制权概念可以"在一个通常完全不同于独立的签约者的方式上使用[4]",也就是可以由管理的结构来加以整体性的规定。但他没有进一步展开此项研究。

随着股份公司的发展、企业股权分散化、企业的实际运营由职业经理人掌握,企业控制权问题逐渐引起人们的关注和研究,企业控制权的配置和转移也日益成为研究公司治理机制的核心和关键,如何合理配置企业控制权并促使控制权的高效率转移,也成为提高企业绩效、保护投资者利益的关键问题[5]。然而,控制权本身是一个内涵和外延都比较宽泛的概念;因此,在讨论企业控制权相关问题之前,对控制权的本质进行分析是有益的;清晰地界定企业控制权的内涵及其外延是控制权相关研究进一步展开的必要前提。

---

[1] Grossman, S. and Hart, O., The Costs and Benefits of Ownership: A Theory of Vertical and Lateral Integration, Journal of Political Economy, 1986: p. 94.
[2] Fama, E. and Jensen, M, *Separation of Ownership and Control*, Journal of Law and Economics, 1983, Vol. 26.
[3] 周其仁:《"控制权回报"和企业家控制的企业》,载《经济研究》,1997 年第 5 期。
[4] Werin, L. and Wijkander, H.:《契约经济学》,经济科学出版社,第 95 页。
[5] 熊道伟:《现代企业控制权研究》,西南财经大学出版社 2004 年版。

2.2 对控制权配置的研究

2.2.1 股东控制论

格雷斯曼和哈特（Grossman and Hart，1986）、哈特和摩尔（Hart and Moore，1990）的控制权理论建立在不受财富约束假定之上，认为控制权天然地归非人力资本所有者所有。哈特（Hart）等人的控制权理论表面上是建立在不完全合约的基础上，实质却是将完全合约作为假定，当事人完全意识到事后再谈判的高昂成本和被敲竹杠的风险，以净收入最大化来安排所有权结构，这样就使得控制权配置变得无足轻重（Maskin and Tirole，1997）。哈特（Hart）等人实际上是把所有权定义成可实施的控制权。

普特曼（Putterman，1993）提出终极控制权（Ultimate Control Rights）的概念，并认为尽管存在所谓的所有与控制的分离，但终极控制权始终必须由股东拥有。拉波塔、斯兰和施莱弗（La Porta，Silane and Shleifer，1999）研究了27个发达经济体的所有权结构，以20%为界对拥有最终控制权的股东进行分类，发现除英、美、日等少数国家外，大多数国家和地区的大公司由家族和国家控制。

拉波塔（La Porta，1998）[1] 对49个国家和地区最大10家公司所有权和控制权研究表明，不论是发达国家还是发展中国家，公司控制权集中度均较高。对公司的终极控制者进行研究还显示，即使在绝大多数发达国家，公司所有权较大程度上控制在家族和国家手中，这些终极控制者集中所有权的方式通常包括金字塔结构、背离一股一票制度、交叉持股、公司董事或经营者与控股家族具有亲缘关系等。

董秀良、高飞（2002）通过对我国上市公司控制权结构进行分析，指出上市公司控制权结构呈现出向控股股东高度集中的状况，这种状况使得"三权"分立—制衡的公司治理机制弱化。其结果是大股东以损害其他股东和上市公司利益来追求其控制权收益的动机得到加强，公司行为被

---

[1] La Porta, Lopez-de-Silanes and Schleifer, 1998.: Law and Finance, Journal of Political Economy. 106, pp. 1113 – 1155.

扭曲。因此，应对公司权力机关重新构造，从而达到对公司控制权结构的优化是改善公司治理结构的关键。

▶ 2.2.2 经理控制论

伯利和米恩斯（Berle and Means，1932）在《现代公司与私有财产》一书中，首次明确提出了公司所有权与控制权相分离的论点，认为在所有权已经充分细分的公司，企业管理者拥有的所有权即使微不足道，但事实上已经掌握了公司控制权，并将这种控制称为经营控制（Management Control），并提出，企业管理者控制权的增大，存在着损害公司资本所有者利益的危险。这个观点第一次全面系统地论述了现代公司制下所有权控制方式的革命性变化，揭示了公司控制权配置的特点，即现代资本主义大公司已完全操纵在经理阶层的手中。

钱德勒（Chandler，1977）在其著作《看得见的手——美国企业的管理革命》一书中，对所有权与控制权分离的命题，从经济史上加以论证。并提出，在现代企业中，由于公司的股权分散化加剧，以及大公司由专职的企业管理者经营管理，使这些拥有企业管理知识并拥有企业管理信息的企业管理者实际拥有了公司控制权。

格雷斯曼和哈特、洪姆斯特、威尔逊（Grossman and Hart、Holmstrom、Wilson）等认为所有者和经营者之间代理问题的关键不仅在于经营者努力不足，而更在于经营者扩大控制权的冲动，因此问题的关键不仅在于设计适应的激励机制，而更在于设计能使不当行为的经营者交出控制权的治理结构。

法马和詹森（Fama and Jensen，1983）立足于个体决策能力和风险态度的差异，以及初始财富水平和决策能力在个体间的不对称分布，指出："决策功能与风险承担功能存在的分离，部分原因是因为经营与风险承担分业化所产生的好处，还因为有一种普遍有效的方法可控制决策功能与风险承担功能分离而产生的代理问题。"[1] 在法马和詹森看来，剩余索取者（股东）同时也是风险承担者，剩余风险承担与决策经营的分离导致了决

---

[1] 法马、詹森：《所有权与控制权的分离》，载《所有权、控制权与激励：代理经济学文选编》，上海三联书店、上海人民出版社 1997 年版，第 167 页。

策经营与决策控制的分离。当决策经营者不是主要的剩余索取者时，就有可能偏离剩余索取者的利益，产生代理问题。一般意义上的和企业经营有关的控制权实际上由代理人掌握，而剩余风险承担者即拥有剩余索取权者掌握决策控制权。

与强调资产专用性的观点不同的是，周其仁（1997）通过对浙江横店集团产权制度安排变迁的实证分析，突出了企业家能力的重要性，得出"企业家的能力界定企业控制权"的结论。

黄群慧（2000）从现代企业职业企业家的激励约束角度探讨了企业家控制权的理论内涵、运作机理和市场配置，认为把控制权作为企业家的激励约束因素，就是把企业控制权授予与否、授予后控制权的制约程度作为对企业家努力程度和贡献大小的相应回报，认为企业家控制权激励约束机制是一种动态调整企业家控制权的决策机制。

朱心来、和丕禅（2002）认为，控制权安排是风险企业所有权结构的中心特征。在风险资本融资时，存在信息不对称和逆向选择问题。创业家向风险资本家转移的控制权是显示其类型的信号，这是一个不完全信息动态博弈问题。拥有控制权的风险资本家会根据事后的信息决定是否对风险企业进行干预。如果双方事前信息不对称程度较低或者事后风险资本家得到的信息质量较高，相机控制权安排是最优的；反之，风险资本家应该得到全部控制权。如果在企业运行时得到的信息质量较差，或者事前信息不对称程度高，只存在唯一准分离均衡或混合均衡。

史玉伟、和丕禅（2002）认为，企业控制权安排是企业治理的重要内容，所有权与经营权的分离使经营者事实上掌握了企业的全部决策权。代理问题的存在虽然对所有者的最大化利益形成一定的影响，但就企业治理来说，经营者掌握企业控制权却是一项有效率的制度安排。史玉伟、和丕禅（2003）通过对控制权内涵及配置分析，以及对已有的控制权的分析，认为在股份公司中，存在一个契约控制权的授权过程，即作为财产所有者的股东，把本应由其拥有的契约控制权在保留必要权能的基础上，其余绝大部分授予了董事会，而董事会在保留一部分权能之后，又把一部分授予了经营层，但最终的控制权仍由财产所有者的股东享有。[①]

[①] 股东的这种控制权在公司治理中表现为直接或间接地拥有一个企业半数以上（或数额较大）的具有表决权的股份，借此来决定公司董事人选，进而决定公司的经营方针，并在公司的经营活动中，对盈余进行分配等方面的权力。这种权力对大股东来说，表现为股东大会上的表决权，称之为"现实控制权"；对小股东来说，表现为在股票市场上股票买卖行为，即"用脚投票"行为，称之为"潜在控制权"。

胡晓阳（2005）认为，有效率的控制权安排应该把企业家和企业其他要素投入者之间的代理成本降到最低。①

2.2.3 利益相关者控制论

阿肖和伯尔顿（Aghion and Bolton，1992）提出了"控制权相机转移"的思想。认为企业控制权不仅能在股东之间转移，而且能在股东、债权人、管理者、职工之间游走。在企业正常经营条件下，股东是公司主要所有者，享有公司控制权，有权决定公司控制权安排；当企业经营出现债务危机时，债权人将根据企业契约接管企业，享有公司的实际控制权，有权决定公司控制权安排。债务危机的临界点是公司控制权安排在股东和债权人之间转换的临界点。

底特庞特和泰诺尔（Dewatripont and Tirole，1994）、伯格罗和泰顿（Berglof and Thadden，1994）在阿肖和伯尔顿（Aghion and Bolton，1992）的基础上引入了债权人，集中关注控制权和现金流权的最佳配置。底特庞特和泰诺尔（Dewatripont and Tirole，1994）同时指出，单一债券安排下的控制权相机选择仅仅促使债权人在企业状态不好时实施控制，却无法在企业状态或业绩良好时发挥作用。为减少代理成本和提高企业业绩，应该引入外部股权投资者，在企业状态良好的情况下实施控制权。伯格罗和泰顿（Berglof and Thadden，1994）则注意到长期和短期债券的不同作用，认为最好让短期债权人获得控制权。而我国学者孙铮（2005）则认为，长短期债券的选择和结构安排，在新型国家特别是转轨国家中，是企业基于制度约束（市场化约束）选择的结果。

琛、斯格和泰克（Chan，Siegel and Thakor，1990）、伯格夫（Berg-olf，1994）、荷玛林和威斯巴赫（Hermalin and Weisbach，1998）等通过研究可转换证券如何实现不同状态下的控制权配置问题，拓展了控制权配置的证券设计理论。卡普兰和斯托波格（Kaplan and Stromberg，2000）调查研究表明，企业融资包括优先股、可转换证券和多层级普通股的证券融

---

① 胡晓阳（2005）认为，与企业所有权安排更多考虑企业各个参与主体的参与约束和激励相容有所不同的是，企业控制权安排直接作用于企业资源配置的实际过程和企业绩效，因此，企业控制权安排的首要问题是效率导向，即控制权应该尽可能向平常所说的企业家靠拢；在企业家个人财富不足的条件下，企业家可能出现损害其他要素主体的机会主义行为，因此，控制权的安排和企业风险承受者的风险控制机制应该相一致。

资组合可以实现任何形式的控制权配置,即在企业合约形成初期,投资者拥有全部控制权,随着公司业绩信号改善,诸如达到中等及以上水平时,一些外部投资者将有优先控制权的股票转换成普通股,参与分享企业剩余索取权。

斯蒂格利茨(Stigliz,1999)讨论了两种代表性的公司控制权观点——股东中心理论和利益相关者理论,在分析转轨经济国家公司治理结构的问题后指出股东中心论忽略除股东外其他利益相关者的权益,不适用于转轨经济;简单的私有化不能建立有效公司治理机制,只有具备健全的金融体系和严格的法律制度才能使公司实现价值最大化。

张衔、黄善明(2001)从"剩余"的基本含义——人力资本所有者创造价值的行为入手,通过分析员工人力资本的自然性与社会属性,得出结论:企业员工不仅在事实上拥有对其人力资本的剩余控制,而且会通过各种渠道进行剩余索取,而不论这种权利是否在正式的企业治理结构当中得到体现。因此,必然对现有的企业治理结构进行创新,确立员工在企业产权安排中的应有地位。

刘大可(2003)通过一个简单的"三人企业"博弈模型提出,在一个专用性人力资本与非专用性人力资本共存的企业中,不管专用性人力资本的专用程度如何,出资者与专用性人力资本拥有者共同分享企业控制权是一种有效率的制度安排;而不具有任何专用性人力资本的普通雇员,只可能获取由外部劳动力市场决定的合同工资,不可能参与企业控制权的分享。

林浚清、黄祖辉(2003)讨论了有效相机治理机制下公司控制权随公司绩效和经营状态的变化而发生的转移和重新配置。随着公司绩效的恶化,公司控制权将沿着所有者主权、债权人主权和破产清算的方向演进。[①]

刘红娟、唐齐鸣(2004)深入分析了作为公司治理效率基础的内部控制权配置,不仅考虑到了股东的投票权及顺延的控制权特征,还注意到了人力资本带来的控制权。并从总体上考察了股东、董事会和经理层的控制权配置状态及权力主体之间的关系,对公司控制权配置状况与治理机制之间的关系作了较为深入地诠释。刘红娟(2006)认为,风险制造人与

---

① 这种演进的前提条件是产权的明确界定和公司化改造,并需要一个竞争性的市场体系和完善的金融体系作为其外部制度条件。我国目前还存在许多阻碍控制权转移和有效的公司相继致力实现的制度安排,这需要进行系统地消除和优化。

风险承担人应该对应；决策控制权与决策管理权应该分离；通过完善控制权机制可以构建高效的公司治理自适应体系。

李振华、王浣尘（2004）采用完全信息动态博弈研究了公司治理中公司控制权内部分配模型，在理论上分析并得出了公司控制权在股东、经理和员工三者之间进行分配的可能最优解，为解决现代公司治理中，由于两权分离后所造成的企业经理内部人控制、专有性人力资本承担风险却没有控制权导致的投入不足等弊端提供了一条思路。

刘磊、万迪昉（2004）将企业的控制权划分为核心控制权与一般控制权[①]，并分别探讨了这两类控制权的配置关系，认为企业契约中核心控制权的配置是基于对权力外部性风险的控制，而一般控制权的配置则是基于核心控制权行使的边际收益与边际成本的均衡。

赵鸣雷、陈俊芳和赵晓容（2004）分析了虚拟企业这一类特殊的企业控制权安排，认为由于虚拟企业特殊的信息结构特征，导致盟主企业和伙伴企业之间存在严重的委托—代理问题。其中，双边激励是一个主要的道德风险问题，而控制权结构的安排有助于激励两者为虚拟企业倾注努力。据此，建立了虚拟企业控制权与双边激励问题的关系模型，从解决激励盟主企业、伙伴企业为虚拟企业做出努力的双边激励问题出发，确定最优的虚拟企业控制权结构。

安实、王健和何琳（2004）认为，控制权分配问题逐渐成为关系到风险投资项目成败的关键，通过构造风险企业家和风险资本家的效用函数分析风险企业家和风险资本家的目标函数和约束条件，建立了控制权分配模型并设计了相应的算法。该模型求解可以实现风险资本家和企业家的期望效用最大化，按照最优解分配控制权则能够在保证投资人利益的同时最大限度地促进风险企业成长。

颜光华、沈磊和蒋士成（2005）认为，资产专用性和专有性是资产的二重性，资产专有性才是企业控制权的源泉，企业内部控制权在物质资本所有者与人力资本所有者之间分配取决于两者资产的专有性强弱，而不同资产所有者对企业控制权的实现形式取决于其资产拥有者行使控制权所获得收益和付出的成本大小。

---

① 刘磊、万迪昉（2004）认为，核心控制权是指，企业的控制权力中能够控制和影响其他控制权的控制权，是控制控制权的控制权。其行使并不直接具体地影响企业的运行，而是间接地通过对其他控制权的控制与影响，改变这些控制权的形式状态，进而间接地改变企业的行为，强调的是一种权力的能力。而一般控制权则是指企业权力中受核心控制权控制和影响的控制权，其行使能够产生具体的企业行为，直接地影响企业的运行。

吴照云、黎军民（2005）认为，为了达到最优企业控制权安排，从规范的角度分析，就必须按照资源对企业的贡献程度来对企业控制权进行配置。

李自杰、陈晨（2005）通过考察杉杉集团产权制度的变迁，认为理解企业权力的关键在于了解企业权力的来源，企业权力的来源是对于关键性资源的控制能力，理解对企业关键性资源的控制能力是理解企业控制权安排的关键。

2.2.4 关系型控制模式与市场型控制模式

在上市公司中，从19世纪中期开始，世界范围内公司控制权的配置模式就已形成关系型和市场型两大类。关系型控制模式也称为组织型控制模式，主要存在于欧洲大陆法系国家和东南亚地区的国家，如法国、德国、日本、韩国、印度尼西亚等。日本的股份集中度虽然低于欧洲，但法人相互持股情况普遍，日本学者奥村宏称其为"法人资本主义"。① 在这些国家，公司的股份集中度高，大宗持股关系比较稳定，公司之间、公司的股东之间存在千丝万缕的联系，公司之间相互持股情况较为普遍，甚至金融企业和制造企业之间相互持股，形成了所谓的全能银行和主办银行现象，造成控制权集中度比所有权集中度高，透明度低，中小股东权益保护机制薄弱。市场型控制模式也称为公开型控制模式，主要由英、美国家采用，其股份的分散程度很高，持有公司股份10%或者更低些就可以是大股东，公司的股份流动快，公司外部市场监控资源丰富，围绕公司控制权的争夺战频繁发生，甚至常常发生恶意收购。关系型控制模式和市场型控制模式的比较见表2-1。

20世纪80年代以来，英、美国家的公司所有权集中度实际上已经发生了很明显的改变。欧洲大陆借鉴了英、美国家市场监控上市公司的经验，而英、美国家则通过股份的集中开始恢复大股东的控制权地位。

---

① 奥村宏认为，日本不再是由个人、家庭、机构投资者作为大股东即资本家支配公司的时代，而是变成了一个由法人作为大股东的资本主义国家。奥村宏特别强调，法人不同于机构投资者，因为机构投资者的背后存在真正的所有者（受益人），而法人则是以自己的利益取向持股，是"没有个人资本家的资本主义"。机构投资者持有的是收益证券，而法人持有的是支配股份，各自持有的出发点不一样。参见［日］奥村宏：《股份制向何处去：法人资本主义的命运》，张承耀译，中国计划出版社1996年版，第154页。

表 2-1　　　　　　　关系型控制模式和市场型控制模式比较

国别 项目	德　国	日　本	美　国
经营者报酬	居中	低	高
董事会	理事会与监事会分离	主要为内部董事	主要为外部董事
所有权	集中度高：家族、银行和公司持股较多	集中度较高：公司法人和银行持股多，经营者持股少	非常分散
透明度	低	低	高
资本市场	流通性低	比较具有流通性	流通性非常高
控制权市场	微弱	微弱	非常活跃
银行体系	全能银行	主办银行制	银企分离

资料来源：Steve N. Kaplan：Corporate Governance Performance：Comparison of Germany, Japan and the U. S. in Donald Chew ed. , Studies on International Corporate Finance and Governance Systems, Oxford University Press, 1997, p. 252.

王彬（1999）探讨了公司控制权结构的差异情形、决定因素及完善控制权结构的方法。将公司的控制权结构分为股权分散型和集中型两大类。认为，分散型的公司控制权结构的最大问题是公司所有权与控制权分离引起的代理问题。对于这一冲突问题的解决，公司控制权市场起了很大的作用。集中性的公司控制权结构的主要矛盾是控制股东的权力放大效应引起的公司利益相关者之间的利益矛盾，解决这一矛盾，依赖于有关法律的建立。

朱羿锟（2001）从制度和效益的角度对公司控制权的配置进行了分析。通过对所有权与控制权的配置关系的研究，指出所有权与控制权有四种非对称关系模型。并认为在金融市场与控制权的配置关系中，公司控制模式可分为市场型控制模式和关系型控制模式。在市场型控制机制下，公司股份流通性大，控制权市场非常活跃。在关系型控制机制下，公司股份市场流通性甚低，有利于公司采取长期发展战略，控制权市场不活跃。提出应重塑公司权力结构，增强股东大会和董事会控制的有效性。

袁云淘、王峰虎（2003）把依据分工的技术效率形成的剩余控制权称为潜在剩余控制权，把依据现有制度形成的剩余控制权称为形式剩余控制权。认为，由于在短期和长期内制度对分工的技术效率的影响不同，对经济效率实现所起的作用不同，可以将潜在剩余控制权与形式剩余控制权的相互关系划分为短期内的静态配置关系和长期内的动态配置关系，前者可称为剩余控制权的静态配置，后者可称为剩余控制权的动态配置。

瞿宝忠（2003）认为公司控制权配置的治理创新必须与全球化的资

源配置机会及效率竞争大背景相协调,他以法律制度确认的权力依据为基础,构建了公司控制权配置的综合模型,分析了由模型得出的基础性组合模式及其特征,并从效率与垄断、效率与竞争以及效率与代理等视角对基本组合模式进行了探讨和选择,为公司控制权的配置改革提供了一个基本框架。

2.2.5 简要评论

在企业内部,企业控制权配置决定着资源配置,而资源配置决定着企业效率,因此控制权的配置是企业至关重要的问题。在传统企业形式中,企业的产权是以企业成立时法定货币资产的出资为标志和起点的,即出资方以各自出资多少拥有企业产权,而经理、技术人员等只是出资方的雇佣劳动者。劳动者按工作量取得相应的报酬,并不拥有企业的产权,也就没有对企业的控制权。在这种产权构造中,货币资本是主动方,而劳动力处于一种被动的、受支配的地位。但是在现代经济中,技术越来越多地体现出"属人"的特性,技术不再像以前那样仅仅凝结在企业物质资本(如生产设备)中,而是更多地储存在企业技术人员的头脑中。这使得技术人员已不仅仅是企业雇用的高素质劳动者,更是一个资本的载体——人力资本,由核心技术人员和企业家构成的人力资本,成为企业的一种新的生产要素。

从各国的现实情况可以发现,控股权不再等于控制权,也就是说,控制权并没有都配置给持有高比例股份的物质资本所有者。在知识经济时代的今天,对知识和信息的掌握为其所有者带来在公司决策上难以替代的影响力,即人力资本形成的控制权。此外,随着对企业社会责任的关注,各利益相关者参与企业控制权配置问题得到越来越多的关注。相关研究提出,企业中控制权的根本来源是联合生产过程中投入的资源,谁掌握了对企业生存、发展至关重要的"关键性资源",谁就应该掌握企业的控制权,在企业效用最大化的前提下,企业控制权的配置是由资源本身的特性决定的。控制权配置问题与企业的经营效率密切相关,因此,对于控制权配置如何能够真正实现权力的制衡、维护投资者利益、提高企业组织效率,以及如何对待新型企业的人力资本及利益相关者的控制权等问题的研究更有待于进一步地深化。

2.3 对控制权收益的研究

2.3.1 对控制权收益的理论研究

公司控制权是否具有实质的经济价值？经济理论对这一问题的回答经历了从无到有的发展过程。1932年伯利和米恩斯（Berle and Mens）提出了著名的所有权与控制权分离理论，同时他们认为，在公司股权结构极度分散的情况下，股东普遍具有"免费搭车"行为，股东无法有效地发挥监督管理层的功能，因此控制权并无实质的经济价值。由于伯利和米恩斯（Berle and Mens）在控制控制权研究上具有开创性的领导作用，受其结论的影响，在相当长的时间里，传统的公司治理理论将研究重点锁定在资产的索取权部分，而对控制权的经济价值研究则一直不加重视。然而，从20世纪80年代末起，随着公司治理研究范围的扩展，大量的研究发现，除美国、英国、加拿大等少数国家外，大部分国家和地区的公司都具有集中的所有权结构。在这种情况下，大股东对公司的控制使投票权产生了经济价值，即控制权收益的经济价值。

对控制权收益的正式研究是从格雷斯曼和哈特（Grossman and Hart, 1986）开始的。格雷斯曼和哈特（1988）在研究公司投票权和现金流权利的最优分配时，将公司的价值分为两部分：一部分是股东所得到的股息流量的现值（即控制权的共享收益，Public Benefits of Control），如企业利润；另一部分是经营者所享有的私人利益（称之为控制权的私有收益，Private Benefits of Control）。在公司控制权收益的概念提出以后，西方发达国家的经济学者对公司控制权收益进行了深入的研究，并对其进行了不同的界定。阿訇和伯尔顿（Aghion and Bolton, 1992）认为，企业的货币收益按照正式的所有权安排在所有者之间分配，控制权收益则只能由掌握控制权的经理享有，控制权收益是指经营者非利润外的所有收入及从企业开支的消费；认为对控制性股东来说，控制权收益更多地表现为一种精神享受。

施莱弗和威施尼（Shleifer and Vishny, 1997）认为，控制权收益可分为货币性收益与非货币性收益，前者通常指"控制性股东通过剥夺的方式转移资产"，如关联交易、操纵股价等，后者则指"控制性股东在经营过程中过度在职消费、个人偏好等闲暇享受"。简而言之，控制权收益由控制性股东独享，它没有按股权比例在所有股东中分配。

拉波塔等（La Porta et al.，1999，2000a，2000b）围绕着控股股东所能从公司中攫取的私有收益的数量展开对投资者保护及其对金融市场的发展的影响的研究[①]。

曾格尔斯（Zingales，1995）指出，如果大股东对公司具有强有力的控制，那么将阻碍来自外部的控制权竞争，从而更有可能使大股东更容易、更大胆地攫取私有利益。迪克和曾格尔斯（Dyck and Zingales，2001）将控制权收益定义为公司中只能由控制性股东享有而中小股东不能分享的利益。并认为，在法律法规等制度环境的层面上，对中小股东等相关利益者权利的法律保护越完善，则控制性股东获取控制权收益的成本和难度都将增加，此时控制权收益也越小。迪克和曾格尔斯（Dyck and Zingales，2003a）以及内拿华（Nenova，2002）还探讨了影响控制权私有收益的因素。

别布丘克（Bebchuk，1999）证明控制权私有收益的规模是影响一个公司所有权结构安排的主要因素，它是导致大多数国家的上市公司普遍拥有一个控制性股东的主要原因。当私有收益规模较大时，大股东就会选择掌握公司的控制权，并且倾向于采用能使其所有权和现金流权相分离的所有权安排。因为这种所有权安排能够使得控股股东在只拥有公司一小部分所有权的情况下，可以控制整个公司的资源。当其攫取私有收益的行为导致公司价值下降时，控股股东只需承受与其自身所有权比例相应的损失，但是却可以独自享受控制权带来的全部收益，此时控股股东有动机也有能力掠夺公司资源，攫取控制权私有收益。

与国外公司控制权收益概念由主流经济学家提出所不同，国内经济学家们并没有对控制权收益给予明确的定义，但他们在国有企业产权制度的改革中，从不同的侧面对控制权收益进行了阐述。

周其仁（1997）较早运用控制权收益解释国有企业经营者行为，他认为正是由于控制权具有货币和非货币收益，才对公司控制权的主体——企

---

① 他们假设并验证了具备更好的少数股权保护的法律体系与金融市场的发达程度正相关，因为更好的投资者保护可以抑制大股东对于少数股权股东的掠夺，减少控制权的私有收益。

业经营者产生了激励机制,他将控制权收益的非货币部分看作是"控制权回报",认为企业控制权构成对企业家努力和贡献的一种回报。在一定条件下,"控制权收益"有利于企业经营目标的实现。

张维迎(1998)则提出了一个"控制权损失不可补偿性"的概念,他将企业收益分解为控制权收益和货币收益两部分,认为在公有制条件下,控制权收益由在职经理或相关的政府官员占有,货币收益归与"全体人民",尽管在职经理和官员对货币收益拥有相当的事实上的占有权,但这种事实上的占有只能通过控制权来实现,失去了控制权,就失去了一切,而不仅仅是控制权收益。张维迎的"控制权损失不可补偿性"实际上是从另一个角度论证了公司控制收益的存在。[①]

徐宁、谭安杰(2003)认为,企业控制权收益已成为中国上市公司高管的首要激励因素。在没有清晰原始契约的条件下,由控制权收益所决定的自我隐性激励机制会产生管理层过度自利行为,这些行为正在被资本化。其根本原因是在产权改革瓶颈背景下,企业家市场不正常的供求关系。

洪功翔(2001)对不同体制下企业经理人员控制权收益作了比较,指出在我国,由于我们没有建立起对国有企业经理人员有效的激励和约束机制,从而导致国有企业经理人员产生追求过度的在职消费、采取种种手段谋取非法收入等机会主义行为。要想解决国有企业经理人员的机会主义行为普遍化问题,就必须通过更深层次的制度建设和政策调整相结合,建立起对国有企业经理人员的激励和约束机制。

2.3.2 对控制权收益的实证研究

尽管控制权具有价值这一概念的重要性早已深入人心,但对这一隐性收益的大小很难采用直接的方法来进行测量。即使在前述的拉波塔(La Porta)等人的研究中,控制权的私有收益的存在和规模也仅是得到间接的验证。不难理解,一方面,正是本质上的隐性使得这种收益难于被观察,更难以得到可靠的量化;另一方面,如果这种收益可以被方便地举

---

① 张维迎认为,公有制经济中的重复建设和兼并障碍来自经理控制权损失的不可补偿性和控制权收益的不可有偿转让性,并提出只有从根本上改革产权制度,使得经理的个人收益与企业收益更为对应,才能更好地推进有效率的兼并的发生。

证，则非控股股东将可以轻易地阻止来自控股股东的掠夺。因此可以说，控制权的私有收益具有内在的难以度量性。

中国香港学者白重恩等（2002）指出，大股东从中小股东那里获取财富的一系列活动都是通过挖隧道（Tunneling）的形式来进行的，即是一种在地下进行的、企图不予人知的行为，其数量和程度都无文字记载，更无法量化。这正如迪克和曾格尔斯（Dyck and Zingales，2001）所言，控制性股东一般在获取公司资源为自己的利益服务这一行为不易被证实时才这么做。换句话说，如果这些收益很容易被量化，那么这些收益就不是控制权私有收益，因为外部股东会在法庭上对这些收益提出要求权。因此，要直接计量控制权私有收益是很困难的，只能采用间接的方法对其进行估计。简单地说，因为控制性股份的卖方出让的并非单纯的财产利益，而且还包括根据自身利益处理公司事务的权利。所以控制性股东通常要求在正常股份的基础上，对由其掌握的股份进行加价，这种加价就是出卖公司控制权的溢价，即控制权私有收益。而买方（受让方）则力求保证其从交易中获得的利益与其支出相符，至少也不能低于其支付的价码，为此，他要么通过提高经营管理水平，降低代理成本，并从中收益（共享收益），要么通过掠夺公司财产或侵犯少数股东利益（私有收益）等方式来弥补其为控制权股份支付的溢价。如果整个股票市场比较成熟，包括严格的信息披露制度、管理层有效的监督、完善的中小股东法律保护制度等，且控制性股东也有经营能力，那么他们就会努力去获取共享收益。如果不完全具备上述条件，那么正如格然维斯特和尼尔森（Gronqvist and Nilsson，2001）所言，控制性股东就具有掠夺其他股东的激励和能力。他们就会全力去获取控制权私有收益来弥补他们所支付的溢价[①]。此时就可以利用控制权股份的溢价来间接估计控制权私有收益的大小，而格雷斯曼（Grossman，1989）的研究已经证明高溢价与控制权私有收益是一致的。

纵观现有的研究文献可以发现，目前为止，国内外学者主要通过以下四种间接的方法来测量控制权性的私有收益。

[①] 黄福广和齐寅峰（2001）认为控制权收益产生的重要根源是资本市场欠发达和信息不对称，以及对小股东利益保护的法律法规不健全。董秀良和高飞（2002）认为控制性股东不努力提高共享收益而专注于获取控制权收益的根源在于：剩余索取权与控制权不匹配；控制权高度集中使得控股股东拥有了大大超过现金流权利的控制权；监督机制的弱化。

1. 投票权溢价法（Voting Premium）

这一方法由斯利、麦柯柯尔和麦克森（Lease, McConnell and Mikelson, 1983）提出, 适用于测算发行具有差别投票权股票的公司控制权收益。因为基于传统财务理论的看法, 具有相同剩余索取权的股票价格应该相同, 如果具有相同剩余索取权, 但具有不同投票权的股票价格有所不同, 那么其价格差额就反映了控制权价值。这种方法要求所研究的公司存在至少两种具有不同投票权（Voting Right）的股票, 这样, 一份投票权的价值就可以通过这些具有不同投票权的股票的价差计算出来（DeAngelo and DeAngelo, 1985）。即使股权转让发生在非控股股东之间, 这一价差（即一份投票权的价值）也可以反映如果发生控制权争夺时, 一个普通股东出售投票权所能预期的价格。因此, 这一投票权的价值可以用来估计控制权的隐性利益（Zingales, 1994, 1995a）。

斯利、麦柯柯尔和麦克森（1983）建立了一个包括30家美国上市公司数据的数据库, 这些公司在1940~1978年间的某些时候至少拥有两类公开交易的普通股股票, 这两类股票只在投票权上有区别而对公司现金流的权利完全相同。他们把这些公司分为三类：第一类是拥有两种普通股的公司（没有优先股）, 其中一种有完全的投票权来选择公司董事会成员；第二类是拥有两种普通股的公司（没有优先股）, 两种均有选择公司董事会成员的投票权, 但是一种权利大于另外一种；第三类是拥有两种普通股和一种优先股的公司, 两种均有选择公司董事会成员的投票权。然后计算了三类公司中与投票权较小的普通股相比有优先投票权的普通股的溢价（以检验期内每家公司每月最后一个交易日内的股价为计算依据）, 计算结果为没有优先股的两类公司的平均溢价是5.44%, 因为不同股票有相同的现金流权利, 所以有投票权股票所具有的高溢价就证明了在美国公众公司中控制权的价值, 即控制权收益的水平。[①]

利维（Levy, 1982）通过研究投票权股票相对于无投票权股票的转让溢价分析了以色列股票市场上投票权较大的股票的溢价。利维的数据包括

[①] Lease R., J. McConnell, W. Mikkelson. The Market Value of Differential Voting Rights in Closely Held Corporation. Journal of Business, 1984 (57): pp. 443-467.

1981年上半年在以色列股票市场上市的25家公司,这些公司至少有两种股票,两种股票的现金流量权利完全相同,而投票权不同。他的研究显示,投票权较大的一类股票的平均溢价是45.5%。对有的公司来说,投票的溢价高于100%。此外,Levy根据他自己列出的投票权排名,考察了样本公司间平均投票权溢价的关系,他的结论是,投票权差异越大,投票溢价越大。[1]

伯格斯托和瑞德维斯特(Bergstrom and Rydqvist,1990)对瑞典公司也进行了类似研究,但未发现存在明显的公司控制权隐性利益;曾格尔斯(Zingales,1994)通过研究米兰证券交易所上市公司的投票权股票相对于无投票权股票的转让溢价,发现意大利公司控制权的隐性收益大约为公司股票市价的16%~37%;曾格尔斯(Zingales,1995)通过对美国上市公司不同投票权股票的价差进行研究,发现美国上市公司的投票权股票相对于无投票权股票,可以取得大约3.02%的控制权溢价收益;在欧洲大陆国家和许多发展中国家,由于上市公司所有权结构往往高度集中,小股东利益受法律保护程度相对较弱,公司控制权溢价相对较高;史密斯和阿莫卡杜(Smith and Amoako-Adu,1995)利用多伦多证交所上市公司的数据进行了类似研究,发现在存在接管可能性的情况下,上市公司具有投票权的股票大约可以获得4.17%的溢价。此外,昆茨和艾顾(Kunz and Angle,1998)对瑞典,常和科姆(Chung and Kim,1999)对韩国以及豪斯(Hauser,2002)对以色列等国的股市研究均发现,高投票权股票的价格要高于低(无)投票权股票的价格,这表明确实存在着控制权收益,并可以估算其价值;内拿华(Nenova,2003)则检验了18个国家中发行差别投票权股票的661家公司发现,控制权价值最低的是丹麦,其价值为零,最高的是墨西哥,其价值达到了50%。

2. 大宗股权转让溢价法

大宗股权转让溢价法(Block Premium)是由巴克利和洪德内斯(Barclay and Holderness)于1989年开创的,他们认为:当控制权发生转移时,受让方为获取控制权支付的每股价格与宣布控制权转移后的第一个

---

[1] Levy, Harm. Economic Valuation of Voting Power of Common Stock. Journal of Finance, 1982 (38): pp. 79 – 93.

交易日的收盘价之差（股权转让溢价）即是控制权私有收益的良好估计值。作者考察了1978~1982年间发生在纽约股票交易市场（NYSE）和美国股票交易市场（AMEX）市场上转让比例在5%以上的大宗股票交易，发现这些大宗交易的转让价格与公告后的股票市价相比有明显的溢价，平均为20%，并且与公司规模和业绩成正比，此溢价反映了大宗股权持有者由于投票权而获得的控制权私有收益。

迪克和曾格尔斯（Dyck and Zingales, 2004）在其研究中对这一方法进行了进一步的应用，他们以39个国家和地区发生于1990~2000年的412笔控制权发生转移的大宗股权交易为样本计算控制权的私有收益，结果是大宗股权的转让价格平均高出公告后市价的14%，在法律监管落后、资本市场不发达的国家，溢价更可高达65%。并且一国的资本市场越不发达，所有权越集中，控制权的收益就越大；对少数股东权益的法律保护越高，则控制权的收益也越低。迪克和曾格尔斯（Dyck and Zingales, 2004）不仅计算出39个国家和地区的控制权的私有收益的水平，更进一步考察并检验了控制权的私有收益的决定因素。迪克和曾格尔斯运用博弈论的视角，将争夺控制权的竞争、劳动力压力、道德准则以及公共舆论压力和强制性公司税等因素增加到解释变量中，详细地考察了治理结构、法律环境之外的制度安排对于控制权的私有收益的大小所起的决定作用，这也正是其研究相对于前人的突破之处。

巴克利和洪德内斯（Barclay and Holderness, 1989）以及迪克和曾格尔斯（2004）指出大宗股权转让溢价之所以能够反映出控制权私有收益是因为，当控制权转让双方进行谈判决定大宗股权转让价格时，受让方会考虑两个方面的收益：一部分是根据持股比例可以获得预期的现金流（如股利、资本利得等），这部分预期的现金流能从目标公司股票的市场价格反映出来；另一部分是控股股东通过拥有控制权可以取得的利益，这部分利益是小股东无法享有的，因此这部分利益只在控制权转让交易价格中体现，而无法从目标公司的市场价格反映出来。所以，控制权转让交易的价格相对于股票市场价格的溢价可以反映出控制权受让方对控制权私有收益的预期。

阿塔纳斯（Atanasov, 2005）估计了保加利亚上市公司的大宗股权转让中的控制权私有收益，结果发现了惊人的溢价水平，大宗股权转让价格竟然是公开交易市场价格的10倍。

唐宗明和蒋位（2002）对此方法进行变通，通过计算大宗股权转让价格与每股净资产之间的差额,来测算我国上市公司的控制权溢价水平。唐宗明和蒋位以1999~2001年间沪深两市88家上市公司共90项大宗国有股和法人股转让事件作为样本,以转让价格的溢价作为度量大股东侵害小股东利益的指标,研究结果表明,控制权的价格与大股东可能从控制权中获得的收益呈正相关关系,平均控制权溢价近30%,并且公司规模越小,透明度越低,中小股东利益受侵害程度就越高。该研究指出,由于上市公司信息披露不完全,大股东侵害程度有可能被低估,如上市公司为关联公司提供贷款担保的信息,在股权转让时购买方就有可能不知道,而担保会给上市公司带来潜在的财务风险。[①] 他们的研究则将大宗股权转让价格与公司净资产之间的差价等同于公司控制权的私有收益,然而,在其研究样本中,只有一半的股权交易涉及控股股东的变更,其中转让股份占总股本比例最低的仅为1%,显然在这些股权交易中,其转让溢价不完全属于公司控制权的私有收益。此外,由于股权转让公司的净资产收益率存在较大差异,因此,其股权转让价格与净资产账面值之间的差额,更有可能是各公司净资产收益能力差异的反映,而非公司控制权的私有收益。

姚先国和汪炜(2003)也在此方法的基础上构建了适合测量中国资本市场的控制权私有收益的模型:CP = (TP - NA)/NA - EP;该模型扣除了投资者对目标企业增长率的合理预期(EP),其中,CP表示控制权私有收益,TP表示存在控制权转移的大宗股权转让价格,NA表示被转让股份的每股净资产,EP表示投资者对目标企业增长率的合理预期。

余明桂、夏新平和潘红波(2006)对1998~2004年间发生的54起非流通股协议转让事件测算了控制权私有收益。并采用了两个指标来度量控制权私有收益,第一个指标是协议转让的每股价格相对于每股净资产的溢价,第二个指标是协议转让的溢价总值与企业净资产的比率。

林朝南、刘星和郝颖(2006)通过进一步改进此方法,对中国上市公司控制权私利的行业特征进行了实证研究。其研究结果表明,中国上市公司的控制权私利具有行业特征,且行业跨度越大,控制权私利的差异就越显著;并且在行业影响因素中,固定资产比重和行业垄断程度对控制权私利的影响,与理论上的作用机理基本相符,但同发达国家的经验结论存在差异。

---

① 唐宗明、蒋位:《中国上市公司大股东侵害度实证分析》,载《经济研究》,2002年第4期,第44~50页。

3. 交易价格差价法 (Price difference premium)

这种方法由赫诺娜、瑟瑞和沙佩若（Hanouna, Sarin and Shapiro, 2002）提出，以控制性股权交易价格和小额股权交易价格的差额来衡量控制权价值。他们对西方七国在 1986~2000 年间发生的 9566 宗收购案例进行分析，根据产业类别和交易时间将控制性股权交易和小额股票交易进行配对发现，控制性股权交易价格平均比小额股权交易价格高出 18% 左右。该方法适用于测算同时发生控制性股权交易和小额股权交易公司的控制权收益的价值。

叶康涛（2003）通过分析我国上市公司非流通股转让交易中，控股股份与非控股股份在转让价格上的价差，对我国上市公司控制权的隐性收益水平进行直接测算，并在此基础上，通过研究影响非流通股转让价格的有关因素，进一步探讨我国公司控制权隐性收益的决定因素。研究结果表明，我国上市公司控制权的隐性收益约为流通股市价的 4%，相当于非控股股东的非流通股转让价格的 28%。这一数值要高于美国、加拿大、瑞典等国公司控制权隐性收益的研究结果，而与意大利等国证券市场的研究结果较为接近。研究还表明，控股股东对公司的控制力越强，则公司控制权的隐性收益便越高；公司流通股规模越大，则公司控制权的隐性收益便越低；同时，公司负债并不能成为约束大股东掠夺行为的有效工具[1]。然而，其研究最大不足在于，他并未阐明为什么不同公司间的股权转让价差就是控制权的私有收益，为什么这一价差不是由不同交易的特征和不同公司的资产质量等差异造成的。此外，其研究将发生第一大股东变更作为控制权转移的标识，虽然这一处理看似比前人方法有所改进，然而并未对这一标识的有效性做任何量化检验，而这样的检验又是必要的，因为这一标识至少忽略了作为公司第一大股东的受让人收购其他股东股权以加强其控股地位的情况。

施东辉（2003）沿袭并发展了赫诺娜、瑟瑞和沙佩若提出的方法，以配对后的控制性股权交易和小额股权交易的价格差额来估算我国上市公司控制权价值，并探讨控制权价值的影响因素。研究结果显示，我国上市

---

[1] 叶康涛：《公司控制权的隐性收益——来自中国非流通股转让市场的研究》，载《经济科学》，2003 年第 5 期，第 61~69 页。

公司的控制权价值平均为24%左右，即：具有控制权的股份的价值比不具有控制权的股份的价值高出24%，这一水平略高于国际水平；公司盈利状况和现金流动性对控制权价值具有正向影响，而控制权竞争程度则对控制权价值具有负面影响。

4. 超额累计收益率法

这种方法是由中国香港学者白重恩等（2002）研究中国公司时提出的，适用于测算ST公司的控制权收益。他们发现对于中国股票市场中的ST公司而言，在某一个公司被宣布ST前后的累积超常收益率（CAR），就是控制权收益的良好的测量指标，并认为这种方法与巴克利和洪德内斯（Barclay and Holderness，1989）和内拿华（Nenova，1999）的方法是一致的。他们认为在一家上市公司被宣布为ST之后，上市公司的控制性股东为了保住壳资源往往会频繁运作，企图改善上市公司的财务状况，这些努力自然就会反映到上扬的股价当中。为此他们考察了1998~1999年被宣布为ST的50只股票的价格变动情况，发现ST公司22个月的平均累积非正常收益高达29%，并且控制权的价值与第一大股东的持股比例及其他大股东的持股集中度成正比。他们的研究认为，ST公司股价的超常收益反映了大股东为保住上市资格，在改进业绩方面所做的努力，从而反映了上市资格对大股东的价值，他们认为这种价值就是公司控制权的私有收益。然而，有关公司上市行为的研究文献表明，上市资格对大股东的价值，不仅体现在可借此获取隐性利益，还包括其他同样重要的收益，如分散风险、满足企业发展资金需要、降低资本成本、提高资产流动性、获取外部监督以及品牌效应等（Zingales，1995b）。因此，简单地将上市资格的价值归结为公司控制权的私有收益将高估其水平。

刘睿智、王向阳（2003）采用此方法用ST公告日后1个月到24个月的平均累计超额收益率，测算出我国控制权私有收益的规模高达56.73%，显示我国拥有控制权的大股东对其他股东的侵害非常严重。同时指出降低我国控制权私有收益的措施，除了要进一步建立健全我国的法律制度、完善上市公司信息披露机制之外，还需要进一步完善公司治理结构、改革一级市场发行制度。

5. 现有计量方法评价

纵观现有文献，学者们从各个角度加以实证研究，试图找到度量控制权收益的大小的适合的方法，并取得了相当的进展。但国外学者的研究主要集中在发达国家或资本市场相对发达的国家，在这些国家中并不存在国有股和国有法人股的情况，因此，他们对控制权私有收益的度量只是根据全流通的前提进行研究，而较少考虑中国资本市场的具体情况。

第一种投票权差异的控制权收益方法计算得出的是当出现投票权差异时每一股股票的控制权价值。但这一方法运用的前提是上市公司要发行具有二元股权结构（Dual-Class）的股票。但是由于我国上市公司不发行这类股票，因此通过测算投票权溢价来测度控制权收益的方法无法运用于中国的研究。

第二种大宗股权转让溢价法计算得出的是当出现大宗股权转移时，股权转让价格相对于转让后股票市场价格之间的溢价。由于目前我国上市公司的股权结构存在分置——流通股与非流通股并存，非流通股的股东由于所持的股份比例大，往往具有公司的实际控制权，因此涉及到控制权转让的股票交易大多为非流通股的转让交易。但是由于非流通股不能上市公开交易，因此与流通股之间存在巨大的非流通性折价，这样一来，就无法通过比较非流通股的转让价格与目标公司股票的市场价格来测度控制权收益。唐宗明和蒋位（2002）的研究中将大宗股权转让价格与公司净资产之间的差价等同于公司控制权的隐性收益，然而，在其研究样本中，只有一半的股权交易涉及控股股东的变更，其中转让股份占总股本比例最低的仅为1%，显然在这些股权交易中，其转让溢价不可能属于公司控制权的隐性收益。此外，由于股权转让公司的净资产收益率存在较大差异，因此，其股权转让价格与净资产账面值之间的差额，更有可能是各公司净资产收益能力差异的反映，而非公司控制权的隐性收益。即：我国大宗股权交易主要是针对国家股和法人股，由于国家股和法人股的非流通性，其价格远远低于流通股的价格。股权转让溢价基于每股净资产考虑，这与国外基于流通股市价溢价的含义本质不同。如果转让价格和流通股市价相比，大部分转让只能是折价转让。可见，我国上市公司拥有控制权的股东持有的股份往往是非流通股，由于市场分割，流通股与非流通股之间存在巨大的价格差异，不具备可比性，因此在中国无法直接运用大宗股权转让溢价法来测度控制权收益。

第三种以控制性股权交易价格和小额股权交易价格的差额来衡量控制权价值的方法比之前两种有了一定的改进之处，但使用这种方法测度在样本的容量上会受到一定的限制，因为能在一年内同时发生小额股权交易和控制权交易的公司比较少。叶康涛（2003）在其研究中没有对控制权交易和小额股权交易进行"一一配对"，因此控制权交易价格与作为基准价格的小额股权交易价格均有可能受到其他因素的影响，并且其方法不能对单个公司的控制权价值进行测算，只能测算整体样本的控制权价值。而施东辉（2004）虽对控制权交易和小额股权交易进行了"一一配对"，但其样本容量有限，只选出了35个符合配对条件的样本。

而第四种，中国香港学者白重恩等的研究在研究方法和变量选取上都存在一定的不足。他们的研究认为，ST公司股价的超常收益反映了大股东为保住上市资格，在改进业绩方面所做的努力，从而反映了上市资格对大股东的价值，他们认为这种价值就是公司控制权的隐性收益。但是简单地将上市资格对大股东的价值等同于控制权私利可能会高估控制权收益的水平，因为公司拥有上市资格不仅为控股股东带来收益，同样也会为中小股东带来收益。

☛ 2.3.3 简要评析

如果控制权意味着能够通过侵害小股东利益为自己谋求私利，市场就会对控制权进行定价。这样，当企业的投票权出现差异及企业的所有权结构发生变化或出现兼并、收购等涉及控制权转移事件时，控制权的价值就会反应在企业股票价格中或以某种方式影响股票价格的变动，通过观测这些股份的交易价格变化就可以从中测算控制权的价格，从而间接了解大股东对小股东的侵害度。西方学者提出了多种理论，试图解释控制权溢价的来源、分享及中小股东保护等问题。然而从目前出现的各种理论看，还没有一种理论能够完全概括控制权收益现象，有些理论还需通过实践检验，有待进一步完善。

2.4 对控制权转移的研究

2.4.1 对控制权转移的理论研究

1965年，美国学者亨利·曼宁发表论文首次提出了公司控制权市场的理论，为当时正在兴起的公司治理运动另辟蹊径。公司控制市场理论的基础是公司经营者的经营效率与股票市场价格的关系。这一理论首先肯定一个有效的证券市场的存在，在这个有效的证券市场中，公司的经营效率会真实地反映在股票的价格上。

詹森（Jensen，1993）等认为，当公司经营恶化，对社会资源造成浪费，而公司内部机制又无力解决这一问题时，通过公司并购，可以迫使公司管理者提高经营绩效和资源的利用效率。利用并购方式改善公司经营绩效，从而优化资源配置，其有效性在很大程度上依赖于发达完善的公司控制权市场。公司控制权市场的成熟程度，取决于其中的定价机制对"控制权"资产的配置功能。公司控制权市场定价机制的市场化程度越高，从而对控制权资产的配置效率越高，公司控制权市场就相应越成熟；反之，则反是。

彼得·洪（Peter Holl，1977）把控制权市场对管理层的监督和约束细分为两种：惩罚性约束和矫正性约束。惩罚性约束是指当公司股票价格下降到一定程度时，外部投资者通过大量收购股份获得对公司的控制权，对市场而言，这是一种强制性的资源转移，带来了效率的提高。矫正性约束与惩罚性约束的区分只是对市场上普遍存在的股权转移后果的简单描述，并不具有一般化的理论意义。法学尤其是公司法律的研究对此有更深刻的理解，比如，关于征集委托权的讨论，实际上就是对上述约束的更恰当地描述。

施莱弗和威施尼（Shleifer and Vishny，1986）提出了一个由外部人士积极参与监督和接管的机制，进一步发展了公司控制权市场理论。他们认为，在一个股权分散的公司，任何一个小股东都没有动力去监督管理者。但是，一个拥有少数股权的大股东的出现却为这个"搭便车"的问题提供了解决之道。在他们的模型中，大股东可以发动一次接管行动。在除去接管成本之后，他还可从接管行动所带来的公司政策变化而导致的股价上升中直接获利。

哈里斯和瑞威（Harris and Raviv，1990）曾经解释说，经营者通过改变自己所持有股票的比例，可以操纵或影响股权收购。从某种意义上说，经营者与收购者之间的控制权之争，取决于其拥有股权的多少，当然要想在接管活动或大型企业中控制大部分的股权相当困难。在其他因素一定的前提下，企业的债务或优先股越多，经营者的控制权就越大，就越能抵御外来收购；较低的债务水平则可能导致成功的要约收购；中间的债务水平则结果不明，控制权争夺更多地表现为委托投票权竞争即代理权之争。经营者对资本结构的不同选择将会影响企业表决的结果，并且部分地决定谁能掌握控制权。

沈艺峰（2000）曾将西方控制权市场的主流理论观点总结为公司控制权市场主流理论的三个最具代表性的观点。一是在由公司各种内外部控制机制构成的控制权市场上，无论是公司内部控制机制还是外部控制机制中的代理权竞争机制都不能起到应有的作用，只有收购才是其中最有效的控制机制；二是外来者对公司的收购非但不会损害公司股东的利益，实际上还会给收购双方的股东带来巨大的财富；三是从长期看，任何干预和限制敌意收购的主张都可能会削弱公司作为一种企业组织的形式，从而导致社会福利的降低。

刘胜军（2001）比较研究了中美两国公司控制权市场的制度区别，认为中国公司控制权市场与美国最大的区别点是"掠夺性接管"。而造成这种掠夺的原因则是因为"制度性缺陷"所导致的，主要体现在四个方面：一是融资最大化成为上市公司的行为准则；二是证监会的权力结构失衡；三是公共产权下的市场参与者行为非理性化；四是非零和博弈。

周军、朱永贵（2001）在壳资源价值的利用研究上，将壳资源的利用与公司控制权的转移紧密联系起来，其"壳资源利用论"从另一角度揭示了公司控制权市场得以形成的原因。张道宏（2002）也认为，壳资源的利用实质是资本市场一种对上市公司壳资源进行重新配置的活动，是一种帕累托改进。

赵增耀（2002）指出要使公司控制权市场在我国发挥应有的作用，还需要进一步完善公司控制权市场运作的必要条件，即要加快国有股的退出和流通，实现股权多元化，改变上市公司国有股一股独大的状况，加强证券市场监督管理，遏制过度投机，规范上市公司的"壳"资源的竞争，同时着手完善接管与反接管的法律。

张新（2003）提出了"体制因素下价值转移与再分配的理论假说"，将我国公司的并购重组界定为"体制因素驱动型"，强调了立法和监管对公司并购重组的影响，认为通过立法和监管，从外部环境和内部机制两个方面着手，使企业的并购重组朝创造价值的方向发展。

李善民、曾昭灶（2003）分析了我国上市公司控制权转移的制度背景，并以1999～2001年我国A股市场发生控制权有偿转移的上市公司做样本，考察我国控制权转移公司的特征。研究发现，我国目标公司的特征主要表现在：管理层的效率低下；财务资源有限；资产规模相对较小；股权较分散；股权流动性较高；市净率较高。

高愈湘（2004）从"中国公司控制权市场发展悖论"入手，通过比较国内外公司控制权市场模式的异同，指出中外公司控制权市场发展的制度区别点是"股权分置"，并提出了"股权分置"状态下的公司控制权市场低绩效的理论假说。他认为，中国公司控制权市场存在着"企业绩效"和"市场绩效"的双低现象，导致低绩效的根本原因是"市场的严重分割"，而"场外的协议转让"促进了市场分割矛盾的显性化。高愈湘认为，要想解决"中国公司控制权市场发展悖论"，须依靠更高层次及政府的力量来实施强制性的制度变迁，以解决市场严重分割的局面；并对2003年以前国内的主要文献进行了详尽的综述。①

吴联生、白云霞（2004）在考虑控制权转移之后的资产收购行为的基础上，立足中国独特的制度背景，对中国特有的上市公司控制权转移方式进行研究。其研究结论表明，相对来说，无偿转让公司的现有价值比较高，并且公司未来发展较为乐观；而有偿转让的大多是现有价值低并且目前看来发展前途较为悲观的公司；有偿转让公司在控制权转移之后更可能发生收购资产的行为；从总体上看，收购资产所产生的收益能够显著地提高公司价值，并且有偿转让公司所收购资产对价值的贡献较无偿转让公司要高。这表明，价值高的公司一般不会采用有偿方式进行转让，而新股东之所以愿意有偿购入价值低的公司，后续收购资产而使公司价值显著提高则是其重要原因之一。

高雷虹、罗剑朝（2004）从公司控制权市场理论出发，明确了公司

---

① 高愈湘：《中国上市公司控制权市场研究》，中国经济出版社2004年版。

控制权市场对提高证券市场效率的功能性和基础性意义，并提出在我国经济转型期，改善公司控制权市场的制度性抑制对提高证券市场效率意义重大，控制权市场的规范与否一定程度上直接决定着证券市场效率。

盛锦春（2006）指出公司控制权争夺能促进资本有效地重新配置、降低代理成本、协调利益冲突、提升企业价值、成为公司优胜劣汰的有力手段。所以，应该让公司控制权的转移市场化，促进公司控制权市场的有效竞争。

2.4.2 对控制权转移的实证研究

兰汀格（Lanetieg，1978）、勒格斯和克拉克（Llgers and Clark，1980）、弗兰克斯、哈里斯和悌特曼（Franks，Harris and Titman，1991），以及玛克利亚、麦格森和尼尔（Maquieira，Megginson and Nail，1998）等对上市公司的控制权转移绩效进行了研究，尽管存在分歧，但大多数学者的研究结果还是支持控制权转移后，公司经营绩效得到改善的观点（例如，Mian and Rosenfeld，1993；Holthausen and Larcker，1996；Maquieira，Megginson and Nail，1998）。这在很大程度上肯定了西方上市公司控制权转移的积极作用。陈昆玉（2006）对国内外控制权转移对经营绩效影响的经验检验文献作了详细地描述。[①]

赵勇、朱武祥（2000）从并购动机的角度对我国上市公司控制权转移方式的选择做了研究。他们以1998年7~12月间，国家股和法人股控股股权协议转让的31家A股公司为样本，研究了我国上市公司兼并收购的可预测性，发现第一大股东持股比例、公司总股本、每股净资产和市净率（市值账面比）与被兼并收购的可能性显著相关，而这四个指标实质上都与收购成本有关，因此他们认为我国上市公司并购动机符合买壳上市的实际情况。但其没有考虑控制权转移之后的资产收购等重组行为对控制权转移方式的影响。

李瑞海、陈宏民和邹礼瑞（2005）通过模型和实证手段，分析了十年来我国上市公司控制权转移收益问题。认为在我国上市公司控制权转移

---

① 陈昆玉：《国有控股上市公司控制权转移对经营绩效的影响》，经济科学出版社2006年版。

过程中，很多民营企业通过兼并活动实现迅速扩张，形成了较为独特的"并购系"现象，如德隆系、农凯系等。这种现象出现的一个重要原因就是收购上市公司控制权后能获得巨大的经济利益，兼并不是看重上市公司现有的经营业务，而是看重其融资能力，也就是所谓的买"壳"动机。提出国家应在国有上市公司股份的转让过程中，逐渐引入竞争机制，避免国有资产股份低价处理的现象；在股权全流通问题上，相关政策部门应当采取更为谨慎的政策，防止控制权转让过程中投机性并购行为。

陈晋平（2005）考察了1993～2002年中国上市公司控制权转移的基本情况和交易特征，发现国有收购方的受让比例和实际持股比例均高于非国有收购方，认为这可能是由于国有收购方受到较强的行政干预，而非国有收购方具有更强烈的投机性动机所致。控制权转移公司的每股净资产和净资产收益率对转移价格有正面影响，而总股本有负面影响，国有控制权的转移价格较高；股东权益对转移溢价率有负面影响，控制权转移数量有正面影响，新兴行业公司的控制权转移溢价率高于传统行业公司。

许敏、张若如（2006）对我国上市公司控制权转移价格与价值的相关性进行了实证研究，认为控制权转移价格与控制权理论价值是相关的，但相关性不大。提出我国上市公司的控制权转移价格的制定有其合理性，但转让价格与理论价值的相关系数较小，说明控制权转移双方对企业的收益能力的重视程度不够，控制权转移价格较多地受非价值因素影响。建议优化控制权转移的定价方法，应随着价值评估理论的发展逐步科学化；监管部门的重新定位，要逐步将国有资产管理部门与政府的行政主管部门分开；制定强制性的信息披露制度，遏制控制权市场中的内幕交易、市场操纵和欺诈行为；建立和健全场外交易市场，引入竞争机制，规范控制权的协议转让，尽可能地采取拍卖、招标、集中市场调剂挂牌及电子报价等能发挥市场竞争机制作用的手段。

2.4.3 简要评述

在成熟的资本市场中，控制权竞争是迫使经营者不断提高经营绩效的外在动因。当公司经营不善时，无法对经营者实行直接监控的中小投资者只能采取"用脚投票"的方式，卖掉所持有的股票，由此导致二级市场上的股价下跌，招致袭击者乘虚而入接管企业，经营者可能从此结束其职业生涯。对于那些无法直接监控经营者而又拥有较大股权的股东来说，利用手中的股权争夺董事会的席位，这种争夺公司代理权的活动是对经营者的一种潜在威胁。公司的大股东一般会采取"用手投票"的策略，通过董事会的渠道直接罢免经营者。因此，可以说公司控制权市场是公司外部治理机制中最为重要的形式之一，能够在一定程度上解决管理层和控制性股东的逆向选择和道德风险问题。在公司所有权较分散的英美国家，主流观点认为控制权市场是约束管理者、减低代理成本最有效的形式；也是上市公司股东惩罚未能实现利润最大化的管理层的最有效的工具。如果存在有效的证券市场，也就是说如果市场可以评判公司的代理成本，那么控制权市场就有助于解决代理问题。

2.5 本章评析和展望

在公司内部，控制权的配置状况决定着公司的资源配置，而资源配置又决定着公司效率，因此控制权的初始配置是公司至关重要的问题。这种权利的配置必须把剩余控制权、剩余索取权和资本所有权有机地结合起来，可以说控制权的初始配置是契约各相关利益主体之间的一种博弈均衡的状态。但是，尽管国内外众多的学者分析了如何使控制权的初始配置更具有效性，由于控制权和剩余索取权之间的对应关系，使得非股东的人力资本所有者及其他利益相关者掌握控制权会对股东的利益造成一定的损害，这就产生了现代企业控制权配置的一个悖论，即，企业价值最大化和个人利益分配之间的矛盾，这一悖论导致了控制权初始配置的衍生产品——控制权私有收益的出现。控制权私有收益的存在表明控制权本身是一项有价值的资产，通过掌握控制权可以管理、支配和利用上市公司的各种资源，从而最大限度地获取经济效益，因此，控制权成为各相关利益主体互相争夺的对象，而控制权的转移和交易就形成了控制权市场。控制权转移市场的出现使得控制权可以在各相关利益博弈主体之间进行重新分配，其最为明显的作用机理在于赋予股东"用脚投票"的自由。可以说，当公司内部的各种控制权机制都不能有效发挥作用时，控制权市场是股东解决代理问题的最后防线。因此，对控制权问题应当从控制权的初始配置、控制权收益及控制权的转移三个层面来进行系统地掌握。

参考文献

一、中文部分

1. 连建辉：《"管理者控制权"重探》，载《财经科学》，2004年第4期，第37~41页。

2. 刘磊、万迪昉：《企业中的核心控制权与一般控制权》，载《中国工业经济》，2004年第2期，第68~76页。

3. 刘磊、万迪昉：《家族企业所有者间控制权配置选择与演进》，载《中国工业经济》，2006年第3期，第75~82页。

4. 刘峰、贺建刚、魏明海：《控制权、业绩与利益输送》，载《管理世界》，2004年第8期，第102~118页。

5. 刘红娟、唐齐鸣：《公司内部控制权的配置状态、寻租主体及治理机制分析》，载《南开管理评论》，2004年第5期，第63~69页。

6. 刘汉民：《合约、资本结构与控制权的配置》，载《理论学刊》，2003年第3期，第48~49页。

7. 刘桂清：《公司治理视角中的股东诉讼研究》，中国方正出版社2005年版，第1~66页。

8. 刘睿智、王向阳：《我国上市公司控制权私有收益的规模研究》，载《华中科技大学学报（社会科学版）》，2003年第3期，第86~90页。

9. 刘峰、魏明海：《公司控制权市场问题：君安与万科之争的再探讨》，载《管理世界》，2001年第5期，第187~204页。

10. 陆维杰：《企业组织中的人力资本和非人力资本》，载《经济研究》，1998年第5期。

11. 卢昌崇、李忠广、郑文全：《从控制权到收益权：合资企业的产权变动路径》，载《中国工业经济》，2003年第11期，第34~40页。

12. 马磊、徐向艺：《上市公司控制权私有收益计量方法的比较及其改进》，载《山东大学学报（哲学社会科学版）》，2007年第2期，第111~116页。

13. 马磊、徐向艺：《中国上市公司控制权私有收益实证研究》，载《中国工业经济》，2007年第5期，第56~64页。

14. 南开大学公司治理研究中心课题组：《中国上市公司治理评价系统研究》，载《南开管理评论》，2003年第3期，第4~12页。

15. 钱春海、郑学信：《国有企业控制权转移的效率分析》，载《管理科学》，2004年第5期，第20~25页。

16. 瞿宝忠、刘涛涛：《上市公司控制权让渡的定价问题研究》，载《上海金融》，2003年第2期，第30~33页。

17. 施东辉：《上市公司控制权价值的实证研究》，载《经济科学》，2003年第6期，第83~89页。

18. 帅宁、杨鸥：《证券公司控制权配置失灵与风险管理失控成因分析》，载《企业经济》，2005年第11期，第220~222页。

19. 孙永祥：《公司治理结构：理论与实证研究》，上海三联书店、上海人民出版社2002年版。

20. 宋冬林、金成晓：《所有权与控制权分离问题再探讨》，载《南开管理评论》，2003年第2期，第34~37页。

21. 唐英凯、赵洪宇：《基于控制权私有收益的现代公司治理框架优化》，载《经济体制改革》，2006年第4期，第41~44页。

二、英文部分

1. Aghion, Philippe, Oliver Hart, and John Moore. *The Economics of Bankruptcy Reform.* Journal of Law, Economics, and Organization, 1992 (8): pp. 523–546.

2. Bebchuk, Lucian A. Efficient and Inefficient Sales of Corporate Control. Quarterly Journal of Economics, 1994 (109): pp. 957–993.

3. Bebchuk, Lucian A., and Allen Ferrell. A New Approach to Takeover Law and Regulatory Competition. Virginia Law Review, 2001 (87): pp. 113–164.

4. Barclay, M. and C. Holderness. Private benefits from control of public corporations. Journal of Financial Economics, 1989 (25): pp. 371–395.

5. Berle, Adolf and Gardiner Means. The Modern Corporation and Private Property. New York: Macmillan, 1932.

6. Claessens, Constantijn, Simeon Djankov, Joseph Fan, and Larry Lang. Disentangling the Incentive and Entrenchment Effects of Large Shareholdings. Journal of Finance, 2002: forthcoming.

7. Claessens, Constantijn, Simeon Djankov, and Larry Lang. The Separation of Ownership and Control in East Asian Corporation. Journal of Financial Economics, 2000 (58): pp. 81–112.

8. Chung, Kee and Jeong-Kuk Kim. Corporate Ownership and the Value of a Vote in an Emerging Market. Journal of Corporate Finance, 1999, 5 (1): pp. 25–54.

9. Cho, M. H. Ownership structure, investment and the corporate value: an empirical analysis. Journal of Financial Economics, 1998 (47): pp. 103–121.

10. Cubbin, J., and D. Leech. The effect of shareholding dispersion on the degree of control in British companies: theory and measurement. The Economic Journal, 1983 (93): pp. 351–369.

11. Dyck, Alexander, and Luigi Zingales. Private benefits of control: An international

comparison. Journal of Finance, 2004 (59): pp. 537 – 600.

12. Errunza V. , and D. Miller. Market segmentation and the cost of capital in international equity markets. Journal of Financial and Quantitative Analysis, 2000 (35): pp. 577 – 600.

13. Faccio, M. , and L. H. P. Lang. The Separation of Ownership and Control: An Analysis of Ultimate Ownership in Western European Corporations. Journal of Financial Economics, 2002: forthcoming.

14. Grossman, S. , and O. Hart. One-share, One-vote, and the Market for Corporate Control. Journal of Financial Economics, 1998 (20): pp. 175 – 202.

15. Gilson, S. C. , E. S. Hotchkiss, and R. S. Ruback. Valuation of Bankrupt Firms. Review of Financial Studies, 2000 (13): pp. 43 – 74.

16. Harris, Milton and Arthur Raviv. Corporate Control Contests and Capital Structure. Journal of Fiancial Economics, 1988 (20): pp. 55 – 86.

17. Hart, Oliver and John Moore. Property Rights and the Nature of the Firm. Journal of Political Economy, 1990 (98): pp. 1119 – 1158.

18. Horner, Melchior. The Value of the Corporate Voting Right: Evidence from Switzerland. Journal of Banking and Finance, 1988 (12): pp. 69 – 83.

19. Johnson, S. , R. La Porta, F. Lopez-de-Silanes, and A. Shleifer. Tunneling. American Economic Review Papers and Proceedings, 2000 (5): pp. 22 – 27.

20. La Porta, R. , F. Lopez-de-Silanes, A. Shleifer, and R. Vishny. Investor Protection and Corporate Governance. Journal of Financial Economics, 2000 (58): pp. 3 – 27.

21. La Porta, R. , F. Lopez-de-Silanes, A. Shleifer, and R. Vishny. Investor Portection and Corporate Valuation. Journal of Fiance, 2002: forthcoming.

22. Zingales, L. What determines the value of corporate votes?, Quarterly Journal of Economics, 1995 (110): pp. 1047 – 1073.

第 3 章

公司治理中的股东退出机制

在公司制度中,股东权益的保障不仅体现在股东如何进入公司以及参与治理公司,更重要的是股东如何退出公司,解除与公司代理人的委托代理关系。股东退出公司主要有两种方式,一是股东通过股票市场将股份转让给他人,该方式通常被称为"用脚投票"或者市场选择机制,它是一种间接的股东退出机制;另一种则是公司异议股东所享有的股份司法估价权制度,该制度是一种司法退出机制,它允许对管理者的决策持有反对意见的股东在特定情况下要求公司回购其股份,因此是一种直接的股东退出机制。本章研究的重点是比较分析以上两种不同的股东退出机制在公司治理结构中的功能,以及它们对公司治理效率的影响。

3.1 传统公司治理理论与股东退出机制的回顾与分析

3.1.1 传统公司治理理论的简单回顾

1. 公司治理问题的产生

公司制企业除了具备一般企业的内在规定性以外,其基本的特征在于所有权与经营权的分离。公司治理问题正是由于所有权与控制权的分离而产生的。在《国富论》中，斯密写道，"在钱财的处理上，股份公司的董事是为他人尽力，而私人合伙公司的伙员则纯为自己打算。所以，要想股份公司的董事们监视钱财用途，像私人合伙公司伙员那样用意周到，那是很难做到的。有如富家管事一样，他们往往拘泥于小节，而殊非主人的荣誉，因此他们非常容易使自己在保有荣誉这一点上置之不顾了。于是，疏忽和浪费，常为股份公司业务经营上多少难免的弊端。"①

但是公司治理研究的热潮毫无疑问是由美国学者伯利与米恩斯的经典著作《现代公司与私有财产》引发的。在这部经典名著中，伯利与米恩斯通过系统分析大公司的所有权结构，指出现代公司所有权与控制权已经分离。"伯利—米恩斯"命题使人对公司制度的效率问题提出了怀疑，对以利润最大化为目标的企业理论以及以私有产权为前提的资本主义制度提出了挑战。由此，对由于两权分立所引发的大公司中代理问题的关注逐渐成为了企业理论关注的焦点。

2. 公司治理理论对"伯利—米恩斯"命题的回答

"伯利—米恩斯"命题一度令经济学家、制度学家与法学家感到困惑，他们必须回答的问题是，当所有与控制职能相分离后，公司经理还会以股东利润最大化为目标吗？对于公司的所有者——股东而言，他们又是怎样控制"控制者"的呢？

20世纪60年代，经济学家罗宾斯·迈瑞斯（1964）、奥利佛·威廉姆森（1964）以及法学家汉瑞·曼尼（1965）几乎同时在对"伯利—米恩斯"命题的研究上得出了相同的理论：由于股票市场这一公司控制机制的存在，公众公司不会从利润最大化目标偏离太远。股票市场通过接管威胁来阻止经理人员滥用权利和挥霍公司资源的形式而运转，如果经理人员滥用他们的权利或因任何一个原因而不能很好地发挥作用，那么其公司股票的价格就会下跌，这就为更有能力或更严谨的经理集团来接管公司的控制创造了一个机会。接管者将抛开业绩不佳的经理并在改善经营管理进而提高股票价格上获取利益。②

---

① 陈郁：《所有权、控制权与激励——代理经济学文选》，上海三联书店1998年版。
② [美]玛格丽特·布莱尔：《所有权与控制：面向21世纪的公司治理》，中国社会科学出版社1999年版，第49~50页，第87~88页。

在上述研究的基础上，法马试图对"伯利—米恩斯"命题作出系统的回答，他对该问题的观点集中反映在两篇代理理论的经典论文——《代理问题与企业理论》以及《所有权与控制权的分离》中。在《代理问题与企业理论》中，作者论述了在企业是一系列契约的理论框架下，所有权与控制权的分离怎样可以被理解为经济组织的有效形式。这是因为："资本市场的存在使得风险承受者可以以相对较低的交易费用在团队之间移动，并且通过将投资分散到各个团队中去而避免任何一个团队的失败所导致的后果……个人证券所有者一般对于亲自监督一个企业的管理活动的细节没有兴趣……管理者在职业经理市场上的人力资本的价格取决于其管理活动的成功与失败，以前成功与失败的经历是管理者才能的信息……一个证券持有者打算购买证券时往往抱有这样的信念，即他支付的价格反映他正承受的风险，将来证券的作价也使他获得与他承受的风险相适应的回报（惩罚）。因此，尽管一个个人证券持有者可能没有浓厚的兴趣去直接监督某个特定企业的管理者，但他对能有效地给企业证券定价的资本市场的存在抱有浓厚的兴趣……在重估企业管理者本身时，管理劳动市场所面对的问题与重估企业本身时资本市场所面对的问题高度相关。经验性证据表明，资本市场通常根据不准确和不确定信息的表象对企业价值作出理性评价。资本市场通常能根据不确定与不完美信息的表象对企业价值作出理性评价。"[1]

在《所有权与控制权的分离》一文中论及对普通股中代理问题的控制时，法马和詹森进一步明确到，"普通股中剩余要求权的无限制可转让产生了一个对这些组织而言特有的外部监督机构——具体是对普通股定价和以低成本转让普通股的股票市场。股票价格是简要说明有关现在和未来净现金流量的内部决策的各种含义的无形标志。外部监督施加的这种无形的压力，使公司决策程序以享有剩余要求权者利益为目的。接管市场产生的外部监督对于股份公开发行的公司也是独特的，而且可以归之于剩余要求权的无限制性质。因为剩余要求权可以自由地转让，并与决策程序中的各种作用相分离，所以咄咄逼人的经营者可通过投票报价或代理权之争设法取代现任经营者和董事会，以取得决策程序的控制权。"从而，"普通股中剩余要求权的无限制性质使得特定的市场和组织机制来控制专门化风

---

[1] Fama. Eugene F., Agency Problem and the Theory of Firm. Journal of Political Economy, 1980, Vol. 88, Issue2: pp. 288-307.

险承担的代理问题"。①

正是基于这种认识,以法马为首的学者在回答"伯利—米恩斯"命题的挑战时指出,只要有发达的股票市场,所有权与管理权的分离不但不会削弱反而会加强私人财产权对管理的间接控制。虽然股东对企业管理发言权很少,小股东对经理的任用几乎根本没有影响力,但是股东可以通过自由买卖股票来控制自己的财产值。这种自由买卖可以压低或抬高股票价格,形成对经理的强大的间接控制能力,此种压力比股东直接管理企业时要大得多。② 如果经理经营不善或有机会主义行为,企业的股票价格会下跌。一方面,该经理人员在管理劳动市场的声誉下降,从而影响其未来人力资本的价值;另一方面,有能力的企业家或其他公司就能用低价买进足够的股份,从而接管该企业,赶走在任的经理,重新组织经营,获取利润。③

3. 委托人与代理人之间的权力配置

代理理论认为,股份公开发行的公司是通过决策经营(提议和贯彻)与决策控制(认可与监督)的分离来解决因决策经营与剩余风险承担的分离而产生的代理问题的。其中,作为风险承担者的股东保留对诸如董事会成员、会计师的选择、兼并与发行新股等重大问题的控制权(股东大会投票权),其他经营与控制权力都由享有剩余要求权者(股东)委托给董事会。然后,董事会将多数决策经营和决策控制的权力授予内部代理人,却保留对内部人的最终控制——包括认可和监督主要的政策提议以及聘用、解雇和制定对高层决策者的补偿等权力。在股票市场上股价信号的压力以及外部接管这种高成本的最后手段的威胁下,作为决策控制代理人的董事会成员、特别是外部董事会成员不会与作为决策经营代理人的职业经理之间进行串通,侵害剩余要求者的利益。

---

① Eugene F. Fama & Michael C. Jensen. Separation of Ownership and Control. Journal of Law and Economics, 1983, Vol. XXVI. 转引自陈郁:《所有权、控制与激励——代理经济学文选》,上海三联书店,上海人民出版社1998年版,第179页。
② 杨小凯:《贸易理论和增长理论的重新思考及产权经济学》。汤敏、茅于轼:《现代经济学前沿理论》第一辑,商务印书馆1989年版,第132页。
③ 钱颖一:《企业理论》。汤敏、茅于轼:《现代经济学前沿理论》第一辑,商务印书馆1989年版,第22页。

4. 收益权、投票权与退出权：股东权利结构分析

在公司治理制度安排中，作为委托人的股东在公司契约中的权利①由三部分构成，即股东的收益权、股东大会投票权以及股票市场选择权（用脚投票权）。公司治理结构中的这三种权利的实质分别是剩余索取权、剩余控制权与退出权。下面就此三种权利的性质、功能以及彼此间的影响进行论述。

（1）收益权——剩余索取权。股东的收益权就是其剩余索取权，因为剩余索取权就是指对企业的全部收入减去所有的固定合约支付后的剩余额的要求权。它是与股东作为最终的风险承担者的角色相对应的权利。同时，它也是股东最为根本的目的性的权利，因为股东参与公司契约的目的，就是为了在承担风险的同时获得收益，即资本的增值。股东的收益权或者剩余索取权，是股东利益保护的重点，也是公司治理结构的目标。公司治理的经典文献（Shleifer and Vishny，1997）认为，公司治理要解决的问题是，公司的资本供给者如何确保自己可以得到投资回报，他们怎样使得经理人员将利润分配给他们，如何确保经理人员不会盗用资本或者将其投入到业绩差的项目中，他们是怎样对经理人员进行控制的。由此可以看出，股东的收益权，或者说剩余索取权，可以说是股东参与公司契约的目的所在。与此权利对应的股东所享有的其他权利，如投票权、市场选择权等，可以被看作实现收益权的手段。

（2）股东大会投票权——股东的剩余控制权。股东大会投票权，或者称为股东表决权，是股东为了约束代理人行为而保留的部分控制权。从委托代理链条看，这部分权力属于委托人的剩余控制权。企业的契约理论把公司作为一个包括股东与经理人在内的不同主体之间的不完全契约的集合，由于契约的不完全性，财产的控制权在所有者与代理人之间呈现一定的分配结构。格罗斯曼和哈特（Grossman and Hart，1986）将财产控制权分为特定控制权与剩余控制权，前者为契约中明确的那部分对财产的控制权利，即经理人员的日常控制权，后者指契约中没有指定的权利，即股东

---

① 权利（right）与权力（power）的区别在于，后者指以某种行为控制与影响别人以达到某种效果的能力；前者除了这种意思之外，还指对物质资产所拥有的利益。因此，股东权利（shareholder rights）包括股东在公司契约中所拥有的权力（power）以及所享受的利益（interests）。

的"所有权"。法马与詹森（Fama and Jensen, 1983）将经理人员的日常控制权称为"决策管理权"（包括对决策方案的提议权与执行权），而将股东（风险承担者）的剩余控制权描述为"决策控制权"（对经理人员的决策建议的批准权以及对其决策执行过程的监督权）。由此可见，股东的剩余控制权，既是对经理人员日常管理活动的控制权，也是对自身财产权利的控制权，它的实质，是财产所有者通过对代理人决策管理活动的批准、监督、评价等控制权，实现保护自身财产权益之目的的行为与权利。可见，股东大会投票权是股东防范代理风险的重要手段。在法经济学家眼中，如果认为有限责任是公司法的第一显著特征的话，则股东表决权就是公司法的第二显著特征。[1] 股东大会投票权的内容根据法律或公司章程的不同约定而不同，但一般来说，股东有权就公司兼并、重大资产出售、公司章程修改、选举董事、利润分配等事项进行投票。

（3）用脚投票权——股东退出权。股东用"脚"投票权，又称为市场选择权，即不满意代理人表现的股东在二级股票市场上进行股份转让与资本变现、在不同的公司契约与代理人之间进行选择的权利。就其本质而言，它是股东所享有的退出权。但是应当指出，股东的退出权并不一定呈现为市场退出权的制度安排，也就是说，股东退出公司契约的方式，并不一定要借助股票市场、通过股份转让的形式来实现。[2] 一般意义上的股东退出权，就是股东为了保护自身的利益，防范代理风险与经营风险，在不能有效控制代理人行为时，及时终止与公司代理人的委托代理关系，从而退出公司契约的权利。在契约结构中，股东退出权的地位是相当重要的，不完全契约理论（Grossman and Hart, 1986; Hart, 1995）已经指出，由于签约成本的存在，在订立契约过程中要想预期所有可能发生的事情，从而拟订一份无所不包的完全的契约是不可能的。在签订不完全契约的情况下，权力或者控制的配置变得十分重要；并且，由于契约一定会发生修订和重新谈判，所以契约最好被看作是为这种谈判提供合适的背景或起点，而不应被看作是对最后结果的规定。由此可见，退出权可以被看作是委托人在契约结构中的对于自身权益的最后的控制权。股东的退出权可以通过两种方式来完成对代理人的约束与控制功能，即要么减少代理人可以控

---

[1] Frank H. Easterbrook & Daniel R. Fischel. The Economic Structure of Corporate Law. Harvard University Press, 1991, p. 63.
[2] 《公司法》中的异议股东股份价值评估权就是股东在市场机制之外所享有的另一种退出权。

制、支配的资产的数量，要么通过集体的退出行为导致股票价格下降并引发收购与公司控制权的更替，直接剥夺原来代理人对公司资产的控制权[1]。对于用脚投票权这种股东退出机制而言，由于它是一种间接的退出方式，一份股权资本的退出必然有相应一份新资本的进入，所以对于公司的控制权人而言，公司在一级股票市场上发行股票募集资金成功后，只要个体股东的退出行为没有导致潜在竞争者成功地接管，其所控制的公司资产规模不随个体股东退出公司契约的行为发生改变。对于第二方面而言，股东在市场上卖出股票、退出公司的行为能否导致代理人对公司资产控制权的丧失，则取决于股东的退出行为对于股票价格的影响。如果没有足够多的股东集体、一致地行使用"脚"投票权，股票价格并不会明显下降，作为对代理人的最终控制机制的接管报价机制就不会发生，滥用权力的代理人仍然可以高枕无忧地掌握着对公司资产的控制权。

所以从本质上，上述模型中股东所享有的权利可以概括为收益权（剩余索取权）、投票权（决策控制权）以及退出权三种。其中，收益权是投资的目的性权利，投票权与退出权是实现收益权、控制代理人以及防范代理风险与经营风险的两种手段。

3.1.2 "手"或"脚"的选择——股东投票权与市场退出权的比较

股东所拥有的股票市场选择权与股东大会投票权这两种股东对公司代理人施加影响的机制，被形象地称为用"脚"投票权与用"手"投票权，前者是市场的力量、经济体制的体现，后者是非市场的力量、政治的体现。[2] 它们在公司治理结构中相互替代与补充，同时又具有各自的缺陷与不足，在公司治理结构中发挥着不同的功能与作用。

---

[1] 实际上，第一种控制方式就是异议股东股份价值评估权这种退出权利的控制功能，对此我们将在后文中进行具体的论述。本节内容集中讨论市场主导的股东退出权（股票市场用脚投票权或称市场选择权）的控制功能。

[2] Albert O. Hirschman. Exit, Voice, and Loyalty. Response to Decline in Firms, Organizations, and States. Harvard University Press, 1970, p. 15.

1. 用手投票的低效率

（1）中小股东对股东大会投票权的理性的漠然。现代公司众多的中小股东往往对于股东大会投票权表现出理性的漠然，这是由于股东大会的资本多数表决原则、高昂的交易成本、代理投票权制度的实施等众多因素造成的。由于现代公司规模巨大，股东人数众多，要想使一项公司决策征得所有股东的同意是不可能的，因此，现代公司的股东大会采取资本多数表决原则，一项待表决的议案要想获得股东大会的通过至少也要获得参加股东大会的有表决权的股份的简单多数的支持。这意味着掌握公司控制权的大股东可以通过用"手"投票来左右公司的经营与管理，但就众多分散的持股数量有限的中小股东而言，他们即使参加股东大会行使投票权，也很难通过股东大会投票权的行使抗衡代理人意志、防范代理风险，因而小股东往往对于参与股东大会行使股东投票权表示出理性的漠然，他们更多的是通过退出权来保护自己的财产免受代理风险的侵蚀。

另外，传统条件下股东大会投票权的行使具有较高的交易成本，这更加剧了小股东对于股东大会投票权的消极态度。另外，代理投票权制度的实施，也使得中小股东更容易把投票权拱手委托给委托投票权征集人，而委托投票权征集人很多情况下是大股东或者上市公司代理人本身。这就使得公司控制权人很容易获得投票权的简单多数甚至超级多数，从而按照既定的战略实施对公司的经营控制。

这种小股东理性的漠然或者说"搭便车"行为，使得出席股东大会的股东人数极大地减少，直接导致了股东大会的"空壳化"。在美国，根据联邦交易委员会对1922~1926年股东大会出席情况的调查，在石油类公司的历次股东大会中平均只有 4 人出席。美国一家铁路公司有股东 17 351 名，共发行 156.5 万股股票，在其 1933 年的股东大会上仅有 1 名股东持有 50 股有表决权的股票前往参加股东大会。出席股东大会人数最多的是泰克斯公司，有 515 名股东出席了一次股东大会。在我国，股东大会"空壳化"的现象更加明显，在大量上市公司股东大会的会议公告中，出席股东大会的股东代表一般都寥寥无几。这种上市公司股东大会"空壳化"的现象说明股东大会在公司的实际运作中已经形同虚设。尽管股东大会制度在理论上保证了股东参与公司治理的权利，但在公司实际运作中，股东大会变成了一个"一点实际意义也没有、唯命是从的机关，是一个由指挥者演出的,然而观众又是非常少的短剧"。①

(2) 机构投资者参与公司治理的局限性。既然持股数量分散的中小股东不能通过股东大会投票权有效约束与控制代理人,人们自然将注意力转移到机构投资者身上,因为与个体投资者相比,机构投资者具有资金、信息以及知识结构的优势,更容易积极参与股东大会,在公司治理中发挥重要作用。

从表面上看,尽管美英等国机构投资者的确在逐渐成为大型上市公司的主要股东,但这些机构投资者实际上却无力改变股东大会"空壳化"的现象,② 造成这种局面的原因有如下几点:

第一,许多机构投资者,如银行信托与保险公司等,与其所持股的上市公司之间存在着业务依存关系,这使得机构投资者缺乏足够的独立性,从而制约了机构投资者对公司代理人的控制与监督职能。

第二,制度的约束以及资产流动性的要求,限制了机构投资者在公司治理中的积极作用。机构投资者需要按照法定要求,通过投资组合策略来分散风险。这使得其在特定公司中的持股数量比较有限,在彼此缺乏协调的情况下,他们作为积极股东参与公司治理时同样受到集体行动与"搭便车"问题的制约。

第三,机构投资者也可以通过用"脚"投票来惩罚具有机会主义行为的代理人,但是大型上市公司较高的股票价格、庞大的股票市值使得机构投资者用"脚"投票的代价极为高昂。因为大型公司的股票价格的波动左右了股票综合指数的变化,机构投资者用"脚"投票的结果很可能会导致自身利益的极大损失。

第四,机构投资者的存在导致了公司监督机制代理环节的增加、代理链条的加大而增加代理成本,机构投资者的经理人员不可能具有正确的激励去成为影响公司的监督者。③ 同时,机构投资者的存在,还引发了另一个问题,即机构投资者可以利用自身的控制优势与公司代理人进行私下交易,从而在损害中小股东利益的情况下谋取自身的私人控制收益(Shleifer and Vishny,1997)。

上述诸原因不但使得机构投资者无力改变上市公司股东大会"空壳化"的局面,同时也使机构投资者在公司治理中的作用非常有限。

---

① 梅慎实:《现代公司机关的权力构造论》,中国政法大学出版社1996年版,第256页。
② 朱羿锟:《公司控制权配置论——制度与效率分析》,经济管理出版社2001年版,第299页。
③ [美]玛格丽特·M. 布莱尔:《所有权与控制:面向21世纪的公司治理探索》,中国社会科学出版社1999年版,第166~167页。

2. 股东用"脚"投票权退出机制在公司治理结构中的核心地位与作用前提

公司治理结构是否有效，取决于委托人所享有的投票权与退出权这两种控制手段是否能够有效约束代理人。既然中小股东对股东大会投票权存在理性的漠然，以及机构投资者在公司治理中的有限作用，导致了用"手"投票的低效率，那么用"脚"投票必然成为股东参与公司治理的主要形式。对此，经济学家论述道，"当股份公司的管理状况恶化时，消息灵通的投资者的第一反应便是转而去寻找其他业绩良好的股票。投资者宁愿选择退出而不是投票的思维定势，据说是遵从了华尔街信条——'如果你对管理者不满那就用"脚"投票好了'"。[①] 可见，股东市场选择权或者说用"脚"投票权，在公司治理制度安排中居于核心地位，这种股东退出机制是否能够有效约束代理人、保护小股东利益，就成为公司制度安排中的关键环节。

然而，股东用"脚"投票权在公司治理结构中有效运作是有前提条件的，这一前提条件隐含在众多学者的如下论断中：如果经理人员滥用职权或者经营不善，其公司的股票价格就会下跌。可见，股东用"脚"投票权是否是一种有效率的股东退出机制，它能否起到对代理人的约束与控制作用，取决于股票市场的定价效率，即取决于股票市场是否具有良好的价值发现功能，能否为股票的交易提供一个较为稳定的价格。如果股票价格能够准确反映企业的内在价值以及代理人的经营能力，则市场主导的股东退出机制与公司治理制度安排是有效率的；否则，在一个价格大幅度波动的股票市场中，股东所面临的风险是非常巨大的，因为股东无法通过股票市场来保护自己的财产权利，同时用"脚"投票权也难以对代理人形成有效的制约。

至此，可以得出这样的结论，股东用"脚"投票退出机制的有效运作是建立在股票市场定价效率基础之上的。在股票市场定价无效率的前提下，公司治理结构中这种市场主导的股东退出机制在理论体系上有可能出现严重的缺陷。所以要想考察市场主导型的股东退出机制的效率问题，首先要考察的问题是股票市场的定价效率问题。对于这一问题的考察把我们引入到与公司治理理论密切相关的金融经济学领域。

---

① Albert O. Hirschman. Exit, Voice, and Loyalty: Response to Decline in Firms, Organizations, and States. Harvard University Press, 1970, p. 46.

3.1.3 股东"用脚投票"退出机制的理论基础

股东"用脚投票"退出机制对代理人的约束与控制功能是建立在股票市场有效定价的前提下的,股票市场的定价是有效的,即股票价格是企业内在价值的真实反映;并且,作为委托人的股东是能够理性决策的。因此,市场有效性假说与理性选择理论,成为了传统公司治理理论的两大经济学理论基础。

1. 有效市场假说

有效市场假说(Efficient Market Hypothesis,EMH)是当代金融与公司财务理论的一个重要分支,是传统公司治理理论与市场主导的股东退出机制的金融经济学基础。有效市场假说最初的理论基础由巴切雷(Louis Bachelier)、奥斯本(Osborne)、萨缪尔森(Samuelson)、曼德布罗特(Mandelbrot)等人奠定的。法马(Fama)在总结前人理论的基础上正式提出了有效市场假说。

有效市场假说认为,如果在公开资本市场上证券价格能够迅速地反映该证券所代表的企业的相关信息,则证券价格的变化就是完全随机的。投资者不可能利用某些分析模式和相关信息始终如一地在证券市场上获得超额利润。法马还根据证券价格对信息反映的程度,把有效市场分为弱势有效市场、半强势有效市场与强势有效市场三个层次,从而奠定了有效市场假说的实证性基础。根据这一分类,在弱势有效市场上,投资者无法利用过去的信息获得利润;在半强势有效市场上,投资者不能利用过去的信息以及公开发布的信息获得利润;在强势有效市场上,投资者不但无法利用过去的信息以及公开发布的信息获得利润,同时也无法利用各种内幕信息获得利润;在强势有效市场中,既然所有的信息都迅速反映在价格中,则证券价格就是企业内在价值的真实反映,所以在公开股票市场以外对企业价值进行评估是没有必要的,因为市场本身就是量度企业盈利能力的标尺,价格是准确的资本配置信号。

有效市场假说的理论基础由三个层次逐渐弱化的假定组成:第一,假定投资者是理性的,所以投资者能够根据每种证券未来现金流量经风险折合调整后的净现值,对证券价值做出理性评估;第二,假定即使有些投资者不是理性的，但由于交易的随机性，非理性的交易相互抵消，证券的价格不会受到影响；第三，即使投资者的非理性行为具有相关性，但由于市场中理性投资者的套利行为，非理性投资者的财富在交易中将不断减少，其对证券价格的影响将被消除。①

有效市场假说不但有严密的理论体系，而且在被提出后得到了实证检验的支持，② 获得了巨大的成功，成为当代金融学与公司财务学的重要理论基石，同时也成为了传统公司治理理论与市场主导的股东退出机制的理论基础。正是在有效市场假说的基础上，公司法学与经济学假定，公开交易的股票价格是其所代表的企业所有权的准确的价值反映，同时股票价格成为公司业绩准确、透明的成绩单，从而股票市场本身能够对公司经理人员的机会主义行为形成有效制约，经营不善的经理人员会导致企业股票价格的下跌并会为此付出代价。对于投资者或股东而言，只要股票价格是准确的资本配置信号，他们就能理性地通过在股票市场上的股份转让行为退出公司，保护自身的利益免受代理风险侵蚀，并通过这种用脚投票行为惩戒经营不善的代理人。

2. 理性选择理论

建立在当代金融学与公司财务学基础之上的传统公司治理理论，采取了以契约理论为主线的分析方法，认为企业（公司）在本质上是参与者之间一组契约的联合，这同新古典经济学关于企业只是一个"生产函数"的观点相比，无疑是一个巨大的进步。但是，它同时还遵循新古典经济学理性选择的研究范式，即假定当事人是理性的、信息充分的，并且受个人私利驱使，追求个人利润最大化的行为主体。经济行为人具有完全的充分有序的偏好、完备的信息和无懈可击的计算能力和记忆能力，能够比较各种可能的行动方案的成本与收益，从中选择净收益最大的行动方案。③ 因此，传统公司治理理论仍然是建立于新古典经济学基础之上的。其基本的经济思想在于，在投资者理性行为的作用下，市场竞争是充分的，公司管理层如果过分偷懒，则必然会引起公司股价下跌，最终承担因自己的行为

---

① Andrei Shleifer. Inefficient Markets: An Introduction to Behavioral Finance. New York: Oxford Press, 2001, p. 2.
② 对三个层次的市场有效性的检验表明，在弱势有效市场与半强势有效市场的假设是成立的，但强势有效市场假设不一定成立，因为内幕交易人可以利用内幕信息获得额外利润。因此，各国公司法要求公司实行公开信息披露制度，禁止内幕交易行为。
③ 魏健：《理性选择理论与法经济学的发展》，载《中国社会科学》，2002年第1期。

所导致的代理成本。①

对于投资者（股东）而言，由于普通股转让的无限制性，在竞争充分的市场上，理性的投资者（股东）完全可以通过市场上的价格信号与公开信息，对经理人员的代理行为作出恰当的评估，通过用脚投票权进行股份转让，自由地进出公司契约。由于理性的投资者对信息的解读方式是相同的，因此众多股东行使用脚投票权所形成的股价下跌的合力，能对代理人的行为形成有效的制约。又由于股票价格是股份价值的准确反映，所以股份转让能够充分保护股东的利益免受代理行为的侵害。因而无论是从约束代理人的角度还是保护投资者（股东）利益的角度，"股份转让"与"股东退出"成了同义语。

以投资者的理性为核心、以有效市场假说为基础、以契约理论为主线的传统公司治理理论，以相对严密的理论体系，回答了因所有权与控制权分离而引发的代理问题。但这种理论解释却随着近年来行为经济与行为金融学的迅速兴起而受到了新的质疑。人们不得不反思的问题是，股票价格真的是其内在价值的真实反映吗？股东们的用脚投票权真的能够保证其自由地进出公司，有效回避代理风险吗？带着这些对有效市场假说与股东用脚投票权退出机制的质疑，我们不得不深入到行为人投资决策过程的细节中，考察被新古典经济学家认为是理性的投资者的现实决策行为。这种对不确定条件下的决策行为与决策过程的重新考察，正是行为经济学与行为金融学所研究的内容。

3.2 无效市场条件下的公司治理：公司治理的行为经济学视角

3.2.1 行为金融概述

1. 行为金融的定义

行为金融是在对以有效市场假说为主要内容之一的传统金融理论进行

---

① 罗培新：《公司法的合同解释》，北京大学出版社2004年版，第25页。

反思与检验的基础上逐渐发展起来的一个相对较新的金融学领域,还没有形成标准化的定义。根据弗勒(Fuller)(2000)所下的定义:行为金融理论是传统经济学、传统金融理论、心理学研究以及决策科学的综合体。行为金融理论试图解释实证研究发现的与传统金融理论不一致的异常之处,研究投资者在作出判断时是怎样出错的,或者说是研究"心理过火"是怎样产生的。[1]

2. 行为金融与传统金融理论的区别

以市场有效性假说为主要内容之一的传统金融范式,是通过以投资者理性为核心的理论模型来解释金融市场的。投资者理性意味着,第一,在获得新的信息的基础上,行为人会根据贝叶斯法则修正自己原来的信念,第二,在其信念的支配下,行为人会根据主观期望效用模型,作出标准化的决策。[2]

这一传统的理论框架非常简洁,但其过于严格的理论假定却与现实相去甚远,从而大大降低了其理论解释力。红利之谜、黑色星期五、元月效应、小公司效应等金融市场的异常现象,并不能运用传统的金融范式得到合理的解释。这一理论的局限性催生了新兴金融理论的产生与发展。[3]

与以投资者理性为核心、建立在若干严格理论假定上的传统金融理论不同,行为金融运用认知心理学的知识与实验经济学的研究方法研究现实金融世界中行为人在决策过程中的行为表现。它直接针对传统金融理论中关于行为人理性的这一核心假设提出挑战,以通过实验总结出的认知心理学规律为基础,是对新古典经济学理性选择理论基础的彻底摒弃。

如果对行为金融进行简单的概括,其理论模型可以分为有限套利理论与投资者非理性行为模式两部分组成。其中,投资者非理性理论又包括信念的非理性以及偏好的非理性。偏好的非理性即著名的期望理论,它彻底反对主观期望效用理论(SEU),构成了行为金融最主要的理论基础;信念的非理性则包括行为人所表现出的违反贝叶斯法则的启发式偏见

---

[1] 杨胜刚,吴立源:《非理性的市场与投资:行为金融理论评述》,载《财经理论与实践》,2003年第1期,第43页。

[2] Nicholas Barberis and Richard Thaler, A Survey of Behavioral Finance, NBER Working Paper 9222, Sep, 2002, http://www.nber.org/papers/w9222, p.2.

[3] 李震昌:《关于市场有效性假设》,载《现代经济学前沿理论》第二辑,商务印书馆,1993年版。

（Heuristic Biases）以及系统的心理误会（Systematic Mental Mistakes），这导致了投资者在信息处理上的非理性。

投资者非理性行为模式与有限套利理论一起，共同否定了构成有效市场假说三个层次的理论假定，从而得出股票市场定价无效率的结论。行为金融对股票市场的定价效率的质疑与挑战，严重动摇了股份转让或股东市场选择权退出机制的理论基础。为了进一步弄清楚过程的细节，接下来我们深入分析行为金融反对市场有效性假说，从而得出市场定价无效率的理论体系。

3.2.2 行为金融对有效市场假说的挑战

前文已经指出，有效市场假说的理论基础包括投资者的理性假定以及无风险套利理论。针对此逻辑体系，行为金融分别提出了相反的观点。

1. 投资者的非理性

行为金融认为，现实中的投资者的决策行为并不是理性的。其非理性行为包括信念的非理性与偏好的非理性。

（1）信念的非理性。信念的非理性呈现多种形式，基本可以概括为投资者在决策过程中所表现的对信息的处理与判断违反贝叶斯法则的表现。心理学家在多年的观察与实验中，发现了代表性推断（Representativeness）、过于自信（Overconfidence）、锚定效应与调整试探法（Anchoring and Adjustment）、从众心理（Effect of Herd Behavior）、后悔厌恶（Regret Aversion）、信念坚持（Belief Perseverance）、易得性试探法、（Availability Heuristic）、框架效应（Framing Effect）等形式各异的有关信念形成的非理性心理特征与行为模式。这些建立在实验经济学研究数据之上的人们在不确定条件下决策过程中表现出来的非理性行为模式表明，人们在现实的决策过程中常常违反贝叶斯法则，近似地处理信息，从而使自己的决策系统地偏离理性的思维。

（2）偏好的非理性：期望理论。任何试图理解资产价格或者交易行为的模型必不可少的内容是关于投资者偏好或投资者怎样评价风险的假设。传统金融理论中资产定价模型是根据期望效用理论（EU）展开的。

在此理论中，投资者具有稳定的偏好。然而，阿莱悖论等实证研究的结果表明，人们在风险性博弈时的选择却违背期望效用理论。期望效用理论的困境催生新的替代性理论的产生。

1979年，卡尼曼（Kahenmann）与托夫尔斯基（Tvershy）在大量实验数据的基础上，提出了关于人们在不确定条件下决策行为的期望理论，这两位集中于对人们的风险心理进行研究的学者指出，人们在现实经济决策过程中表现出来的对于风险的态度与基于完全理性的预期效用理论是相冲突的。现实中人们的偏好具有框架效应、禀赋效应等非理性特征，与期望效用理论中偏好的单调性、连续性、可传递性等假定是相违背的。

除了上述行为特征外，期望理论还在大量实验的基础上，总结出禀赋效应、偏好逆转等决策过程中的行为特征。这些行为特征表明，人们在现实的决策中并不拥有稳定的、事先定义好的偏好，而是具有主观偏好性。偏好是在进行选择与判断的过程中体现出来的，判断和选择的背景与程序会对偏好产生影响，从而使决策者的偏好违背预期效用理论。

至此，行为金融分析了心理因素对投资者信念与偏好的影响，它说明了行为人并非总是理性的，并且这些非理性行为以认知心理学的规律为基础，具有高度的相关性，不会彼此相互抵消，反而可能相互加强。现实世界中投资者决策行为的非理性，突破了有效市场假说关于投资者理性的前两个层次的理论假定。但却不能从根本上得出市场定价无效率的假定，这一工作的完成，还要结合有限套利理论进行。

2."有限套利"理论

针对有效市场假说（EMH）的理性投资者套利行为会消除噪音交易者非理性行为对证券价格的影响、使其回归基本价值的理论假定，行为金融认为，现实中的套利是充满风险并且成本高昂的，它对于纠正由于非理性投资者所导致的证券价格对价值的偏离作用非常有限。[1]

（1）套利策略所面临的风险。在现实的金融世界中，套利行为所面临的风险有以下几种：

第一，基本面风险。一旦其认为由于投资者过于悲观的估计导致了某

---

[1] Andrei Shleifer. Inefficient Markets: An Introduction to Behavioral Finance. New York: Oxford Press, 2001, pp. 13 – 16.

一证券价格被低估，并开始套利行为，套利者所面对的最明显的风险在于关于该证券基本价值的"利空"消息会进一步发生，促使价格进一步跌落，从而导致其亏损。尽管套利者十分清楚该风险，并通过卖出或者卖空替代证券的行为来防范这种风险。问题在于，替代证券很少是完美的，从而导致了剔除基本风险的不可能性。[1]

第二，噪音交易者风险。噪音交易者风险是指被套利者所利用的错误定价会在短期内进一步加剧的风险。这一概念是由德龙等人（De Long et. al，1990a）首先提出的。也就是说，即使在存在替代证券的情况下，投资者仍面临着其买入的原来被"非理性"投资者价值低估的证券，在一定时期内进一步被低估的风险。因为一旦人们意识到价格会与其基本价值相偏离，他们就必须意识到价格运动会进一步偏离价值的可能性。

噪音交易者风险之所以重要，是因为它会迫使套利者过早地清算离场，从而给他们带来潜在的巨大亏损。就现实世界中主要的套利者——职业投资者而言，噪音交易者风险的意义更为明显，这是因为，职业投资者不是管理自己的财产，而是为他人管理财产。也就是说，在套利者与最终所有者之间，存在着脑力与资本的分离。由于资本的最终所有者缺乏评估套利策略所需要的专业知识，他们往往会简单地根据投资收益的多少对套利策略或代理人的业绩进行评估。一旦套利者准备用来进行套利的错误定价短期内进一步加剧，导致了负的投资收益，投资者会认为进行套利的投资经理是无能的，并收回其资金。一旦这种情况发生，套利者被迫过早地清算离场。对这种过早地清算的担心使得套利者在最初做出是否对错误定价实施套利行动的决策时会瞻前顾后，从而缺乏实施套利策略的足够的积极性。

噪音交易者风险的重要性还在于，对于特定类型的噪音交易，套利者可能会选择与噪音交易者同方向的交易，从而加剧市场中存在的证券错误定价而不是消除它。例如，德龙等人（De Long et. al，1990b）研究了存在正回馈交易者的经济体中的定价情况，由于这些交易者一旦发现上一期某项资产业绩良好，他们会在当期购买更多的该项资产。在这些噪音交易者推动资产价格的上升，并超过其基本价值时，套利者并不是选择出售或者卖空该资产，相反地，他们选择买入，因为他们知道早期的价格上升会

---

[1] Nicholas Barberis and Richard Thaler, A Survey of Behavioral Finance, NBER Working Paper 9222, Sep, 2002, http://www.nber.org/papers/w9222, p. 8.

在下期吸引更多的回馈交易者，继续导致价格的上升，那时套利者就可以获利了结①。

（2）套利策略的执行成本。除了上述套利策略本身的风险因素外，套利策略在执行过程中的交易成本也是投资者在做出是否实施套利行为所必须考虑的因素。这些成本包括：对证券的借贷成本、交易所收取的佣金、学习并发现错误定价的成本、以及纠正错误定价所需资源的成本，对卖空交易的政策制约等等。如果发现错误定价的成本极高，或者利用错误定价所需资源的成本高昂，这就足够解释为什么大量不同个体投资者并不涉足纠正错误定价的企图。

上述风险与成本因素表明，套利行为总是受到限制并充满风险的，证券的错误定价不能因为理性套利行为得到完全消除，从而，有效市场假说所依赖的无风险套利假设也是不成立的。因而最终的结论是：理性与非理性交易者并存的证券市场上，证券的定价并非一定是有效率的。针对股票市场而言，股票价格并不一定是其基本价值的反映。

3.2.3 市场"无效"对公司治理的启示：市场退出机制的低效率

尽管行为金融与数理金融关于市场有效性的争论还没有结束，但行为金融的研究已表明，情感与心理作用在资产定价中的作用往往要比单纯的数据分析更为直接与重要。由此，行为金融也对传统的公司治理理论提出了新挑战，因为其关于市场定价无效率的论断，必将导致市场主导的股东退出机制在约束与控制代理人方面的功能与效率的变化，从而导致影响股东对代理人的控制效率。

行为金融学对于公司治理理论的启示在于，在投资者非理性、市场定价缺乏效率的情况下，股票价格不能作为代理人经营能力与业绩的准确、一致的传递信号，因而，股东用脚投票权退出机制作为公司治理制度安排中最重要的代理人控制机制，它对于代理人的控制效率将会大打折扣。这种控制机制的低效率表现在以下几个方面。

---

① Nicholas Barberis and Richard Thaler, A Survey of Behavioral Finance, NBER Working Paper 9222, Sep, 2002, http://www.nber.org/papers/w9222, p. 8.

1. 代理人的激励与约束缺乏客观标准

由于投资者的非理性，公司的股票价格受投资者心理、社会文化等众多因素影响并存在过度反应的现象，因而它并非是对代理人管理能力与经营业绩的真实反映。在市场定价缺乏效率的前提下，公司治理结构中的股东权利配置呈现出以下特点：首先，无表决权优势的股东个体针对代理人的机会主义行为而在市场上卖出股票的理性行为因为股票市场的非理性定价而无法通过市场作用形成集体的理性选择，传统公司治理理论中的"如果经理人员经营不善，企业股票价值就会下跌"的论断将不会成立，从而以股票价格为信号的公司控制权市场的效率也无从谈起。

其次，由于股票价格的紊乱，经理人员不但不会因其机会主义行为受到市场应有的监督与惩罚，反而可能在市场形成"噪音"并通过股价泡沫与"股票期权炼金术"的作用，获得大量的私人收益。在这方面，美国安然公司、世界通信公司高层管理人员制造虚假信息拉抬股价，然后通过行使股票期权牟取暴利的行为，是股东市场选择权低效率的典型案例。对此，经济学家评价道："美国上市公司实行的激励机制与众不同。20世纪90年代以来，以财务业绩为基础的奖金和以股价表现为基础的期权（包括股票期权与股票增值权）已成为上市公司为高管人员设计的激励机制的核心和精华。客观地说，这种令美国人引以为豪的激励机制激发了高管人员的高昂斗志和开拓创新精神，为美国经济的持续繁荣和综合竞争力的全面提升做出了不可磨灭的贡献。另一方面，这种急功近利的激励机制也为美国上市公司大面积的财务舞弊埋下了伏笔。"经理人员"清楚地意识到会计造假绝非账面上的数字游戏，虚构的利润通过市盈率的作用，会为他们的股票期权价值带来几何级数的财富放大效应。巨大的利益驱动最终使他们失去理智，走火入魔，丧心病狂地造假。"[1]

上述情况表明，以股票价格作为评判经理人员管理能力与经营业绩的标准、并以此评估其在职业经理市场的价值的方法并非是客观、合理的。对高层经理人员管理绩效的评估仍是一个管理学并未有效解决的难点问

---

[1] 黄世忠：《会计数字游戏：美国十大财务舞弊案例剖析》，中国财政经济出版社2003年版，第146页。

题。对于股票市场在资本定价、经营者业绩评价等方面的效率缺陷，尽管与曾经是主流的数理金融经济学观点不一致，但其已经被越来越多地认识，对此，管理学家论述道："股市是一个美妙的新事物。它推动风险资本的流动，将其从成千上万的储户或投资者手中转移到那些需要风险资本以实现其成长和繁荣的企业那里。股市可以兼容大、小储户。那些只能拿出几美元的小储户可以加入进来，对一个十亿美元的实体公司给予财政支持。股市对每一股设定价格，这样，您，也就是投资者，每天都可以知晓您财富的价值，每一个上市公司都有标价，这样它才可以不断地更新关于公司代表的是何种资产价值、其价值如何的信息。这就是市场资本化，它需要产生回报。因此，问题在哪里呢？在拥有了这一美妙的风险资本交换和定价的市场之后，我们为什么还不能幸福地生活呢？不幸的是，股市可能总是错的。当然，大多数人会持有相反的观点，市场总是正确的——市场决定您以怎样的价格进行股票交易，以及在何种条件下企业可以获得新的风险资本，从这一意义上来说，它们是正确的，但是市场从根本上来说是错的，因为没有人能预见未来，而与此同时股票的价格却被认为是未来收益的一种反映……尽管公司在证券市场的交易与定价和基本的价值创造过程是关联的。但是股市运作的逻辑与公司运作的逻辑是截然不同的，一个小的例子足以说明问题：一个股东可以随时卖掉手中的股票，可以立即改变他对未来的预期，然而公司一旦投入一定的资源后在一定的时间内总是存在的，而不管随后是否会走向'繁荣或败落'。因此，股市和企业属于两个相互分离的世界——然而这两个世界却不得不相互适应，它们之间的鸿沟必须填平。"①

2. 股东用脚投票权退出机制在保护股东利益方面的低效率

如前所述，根据传统公司治理理论的研究，无表决权优势的股东个体，在获得关于代理人的机会主义行为或欠佳经营能力的信息时，往往会选择行使市场选择权主动退出公司契约，通过股份"变现"使自身的财产权免受代理成本的侵蚀。但行为金融的研究表明，由于股东自身与他人的非理性交易行为的存在，股票价格存在着对"利空"消息的"过度反

---

① ［美］罗尔夫·H.卡尔森：《所有权与价值创造——新经济时代的公司治理战略》，上海交通大学出版社 2003 年，第 3~4 页。

应"，因而选择在市场上卖出股票的投资者可能遭受比相关代理成本更大的损失。换言之，在"理性"的市场中，当公司代理人滥用权力、挥霍公司财产的行为遭到市场的惩罚，其公司股票价格暴跌时，与之同时遭到惩罚的，还有无辜的股东本身。大量的公司治理丑闻案例表明，当大公司股票的价格因经理人的机会主义行为而一落千丈的时候，损失惨重的当属公司的股东。

3. 股东用脚投票权退出机制在控制代理人方面的低效率

市场选择权（用"脚"投票权）作为主要的股东退出机制，它是股东保护自身利益的最后的武器，就此意义而言，它也可以被看作是股东的最后的控制权。然而，由于市场选择权是一种所有者的间接退出机制，一份股权资本的退出必然以其他股权资本的进入为前提，这意味着对于掌握公司资产日常控制权的代理人而言，股东市场选择权是一场所有者之间的博弈，单一股东个体在市场上卖出股票的行为，不能凭借其财产权与代理人的分离而形成对代理人的惩罚作用，只有股东个体理性的市场选择行为汇集为集体的理性选择，形成股票价格的理性下跌，才能有效约束代理人的机会主义行为。然而，行为金融关于股票市场定价的无效率研究，却阻断了传统公司治理模式中股东个体理性向集体理性的传导机制，从而证明了，作为传统公司治理理论中理性股东行使最终控制权的主要渠道，股东个体的市场选择权对代理人的控制作用由于其过分严格的理论假定而并不一定能够在经济现实中发挥其应有的功效。至此，可以得出一个回归到"伯利——米恩斯"命题的结论：公司制度中，所有者（股东）对代理人（职业经理人员）的行为缺乏有效的控制机制。

股东用脚投票权退出机制的上述几方面效率缺陷表明，在股票市场定价无效率的基础上，资本市场的竞争无法对代理人形成有效的约束；又由于搭便车等问题的存在导致小股东投票权的低效率，因而无表决权优势的股东个体在面对代理人机会主义行为时，缺乏有效的退出机制及对代理人的控制手段。

由于不完全契约理论指出，成熟的企业制度中应当具备富有效率的委托人退出机制，从而为不确定条件下契约双方的重新谈判提供起点或背景。因此，笔者认为，要想进一步提高公司治理机制的效率，必须改革传统公司结构中的股东退出机制。一条可能的途径是，在公司契约结构中，借鉴英美法系中异议股东股份价值评估权的法理机制，建立一种股权资本直接退出机制，真正赋予股东有效率地自由进出公司契约的权利。

3.3 股东直接退出机制：异议股东股份价值评估权

在西方的公司制度中，公司股东一旦与公司的代理人发生了分歧，除了可以直接在股票市场上进行股份转让、通过行使用脚投票权退出公司外，还有另外一种退出公司契约的机制：《公司法》所赋予异议股东的股份价值评估权。简单地说，就是股东在特定情况下有权要求公司以公平的价格买回自己手中的股份，从而收回自己在公司中所投入的资本并退出公司的权利。该种对股东的救济制度是在股票市场之外进行的，是股票市场选择权的一种替代与补充。由于此种股东退出机制直接实现了属于股东的财产与公司及代理人的分离，因此，如果说股票市场选择权是股东从公司中间接退出机制的话，异议股东股份价值评估权则是股东的直接退出机制。本节试分析这种股东直接退出机制的特征、功能与理论基础，并比较其与股东股票市场选择权这种市场退出机制的差别。

3.3.1 异议股东股份价值评估权制度概述

1. 异议股东股份价值评估权制度的基本概念

异议股东股份价值评估权具有若干不同的称谓，如公司异议者权利、异议股东司法估价权、异议股东股份买取请求权、解约补偿权或退出权等等。所谓异议股东股份价值评估权，是指对于提交股东大会表决的公司重大交易事项持有异议的股东，在该事项经股东大会资本多数表决通过时，有权依法定程序要求对其所持有的公司股份的"公平价值"进行评估并由公司以此买回股票，从而实现自身退出公司的目的。该制度的实质是一种小股东在特定条件下的解约退出权。

2. 异议股东股份价值评估权制度的历史渊源

异议股东股份价值评估权制度起源于美国的《公司法》，已有大约150年的历史。该制度在《公司法》中的出现，与公司表决制度的演变有着密切的关系。

在早期的公司制度中，对于公司重大交易事项的决策规则是全体股东一致同意原则。也就是说，对于提议表决的公司并购等交易方案或事项，必须经过全体股东的一致同意才可以实施。任何股东对于表决交易事项的反对，都会使其被否决而无法实施。尽管该规则对于现代股权高度分散的股份公司而言是不可思议的，但在18世纪早期较低生产力发展水平条件下，它与公司较小规模以及面临的众多风险因素是相适应的。然而，随着18世纪后半叶生产力发展水平的提高以及产业革命等因素的影响，公司的规模在逐步发展壮大，股份公司股东人数与股份数量也日益增加，公司职业管理阶层开始出现。在这种背景下，就某一交易事项或行动方案在众多的股东之间达成一致的决策意见几乎是一件不可能的事情了，公司制度原来所奉行的全体股东一致同意表决原则已经开始阻碍公司的经营决策效率，其弊端逐渐显现。为了更大程度地使职业管理层方便灵活地做出经营管理决策，使公司的经营体现多数股东的利益，公司股东大会的表决原则逐渐由全体股东一致同意原则转变为超级多数原则，以及后来的简单多数原则。

"资本多数表决"原则解决了原来全体股东一致同意原则下公司经营决策效率低下的问题，但随之而来却又产生了新的问题：由于控制权配置的改变导致了股东权力的缩小而代理人权力的增大，中小股东被置于更大程度的潜在代理风险之下。对于持有股份比例很小的中小股东而言，他们的利益受到"多数资本暴政"的威胁，大股东完全可以利用自己对董事会的控制能力，在公司决策中对中小股东的利益进行盘剥。全体股东一致同意原则向"资本多数表决"原则的转变，导致了小股东对公司决策事项的否决权的丧失，使得中小股东面临更大的代理风险。

为了平衡上述股东权力的变化所带来的新的矛盾与问题，美国的公司立法最早赋予了异议股东司法估价权，允许对公司的决策持有异议的股东要求公司以公平的价格买回其所持有的公司股份。从而，异议股东司法估价权也可以被看作是对股东丧失决策否决权的一种替代与补偿。最早发生的关于异议股东股份价值评估权的司法判例于 1858 年发生在美国的宾夕法尼亚州,[①] 这一判例很快得到了美国各州公司立法机构的采纳,到 1927 年,在美国已经有 20 个州颁布了关于异议股东股份价值评估权的法令。[②] 目前,美国各州都已经建立了股东司法估价救济制度,规定公司的重大交易事项实施"资本多数表决"原则,同时向对于重大交易事项持有反对意见的股东提供司法估价救济制度。

可见,异议股东股份价值评估权制度是在公司表决制度由全体股东"一致同意"原则向"资本多数表决"原则演变过程中,公司立法平衡中小股东(资本少数)与控制股东(资本多数)及其代理人(公司董事会与经理层)利益的产物。

3. 异议股东股份价值评估权的特征

前文分析了包括股东收益权(剩余索取权)、股东大会投票权、股票市场用"脚"投票权(市场选择权)三种权利在内的股东基本的权利结构。与这些权利相比较,异议股东股份价值评估权具有如下的主要特征:

(1)它是一种非市场性质的权利,股票市场上的股票价格尽管在某些时候是对异议股东的股份进行司法估价的参考因素,但它并非是决定股票公平价值的必要因素。正是在此意义上,异议股东司法估价权是对股票市场选择权的一种补充机制,它以法律为手段,为解决股票市场失灵,即股票市场定价效率的缺陷提供了另一种选择。

(2)它是股东从公司契约中的直接退出机制,导致了股权资本与公司契约的直接分离。在股东利益保护与约束代理人机会主义行为方面,该种直接退出行为在理论上可能起到两方面的效果:一方面,异议股东通过司法估价权得到了与其所持有的股份相对应的公平价值,通过直接退出公司契约而保护了自身的财产免受潜在代理风险的进一步侵蚀;另一方面,对于公司或者公司的代理人而言,由于买回异议股东的股份所导致的资金流出会直接导致公司规模的缩小,即代理人可控制的资产的减少,因此,这种直接退出机制会对代理人的行为产生威慑与约束作用,迫使他们在特

---

① Lauman V. Lebanon Valley R. R. Co., 30 Pa. 42 (1858), American Law Inst. (1994), Principles of Corporate Governance: Analysis and Recommendations, p. 297.

② Barry M. Wertheimer, The Shareholders'Appraisal Remedy and How Courts Determine Fair Value. Duke Law Journal, 1998, 47: p. 619, note 29.

定行动之前必须考虑公司众多小股东对于其所选择的行动方案的意见。

（3）它在性质上是一种"自益权"属性与"共益权"属性相结合的权利。也就是说，一方面，从产权的角度看，异议股东享有司法估价权，是契约自由思想的体现。对此权利的行使，只是在支配属于股东自身的那一份公司资产。异议股东并没有直接阻止公司从事由公司代理人或者大股东所发起的特定交易事项的权利，也就是说行使司法估价权本身的行为没有给公司或者其他股东造成外部性影响。另一方面，由于在公司契约中，公司所集聚的资产规模是一定的，如果对于特定交易事项的实施表示反对的异议股东一旦选择行使司法估价权来解决与管理层的纷争，并退出公司契约，那么势必造成公司资产规模的缩减，这种资产规模的缩减积累到一定程度，将导致管理层原计划实施的特定交易事项或企业发展战略无法实施。从这个角度看，异议股东选择行使司法估价权的行为，又在某种程度上具有约束代理人的功能，所以异议股东股份价值评估权又具有"共益权"的特征。正是这种"自益权"属性与"共益权"属性相结合的特征，为异议股东股份价值评估权制度能够在公司治理结构中发挥作用奠定了基础。

（4）它是一种"状态依存"权利，与股东所享有的股东大会投票权、股票市场选择权等权利不同，股东是否享有司法估价权是以法律或公司章程所规定范围内的交易事项的发生为前提的，并且在一般情况下，此权利的享有还必须以股东明确反对代理人或大股东所提议的重大交易事项的意思表示为前提。异议股东股份价值评估权的这一特征，既保证了它能够充分体现中小股东在公司重大决策中的意志自由，又避免了该制度被中小股东事无巨细地滥用的可能。

3.3.2 异议股东股份价值评估权的公司治理功能

异议股东股份价值评估权制度能够在公司发生重大交易时充分体现股东个体的意志自由，保证与公司控制人持不同意见的少数派股东在利益受到控制股东及其代理人潜在威胁时有权解除公司契约，并按照公平价值收回投入公司的资本，为单个股东参与公司重大决策提供了一条重要的途径。如果说股东通过股东大会投票权参与公司的经营决策是用手投票，通过股票市场选择公司代理人的权利是用脚投票的话，异议股东股份价值评估权制度可以被称为用"脑"投票，它很好地把股东用手投票与用脚投票的权利联系在一起，为股权资本提供了一条直接退出公司契约的途径，从而在公司治理中发挥着重要作用。异议股东股份价值评估权制度在公司治理中，可以起到以下几方面的作用：

1. 限制代理人滥用控制权的行为与控制性股东对中小股东的掠夺行为

前文已经指出，股东退出行为对公司代理人的约束与控制作用是通过两条途径实现的，即要么减少代理人可以控制的资源，要么直接剥夺其对公司资源的控制地位。异议股东股份价值评估权制度是通过第一条途径完成其对公司代理人的约束与控制功能的。

詹森（1986）已经指出，公司经营活动中存在着自由现金流——多于有利润的投资机会所需要的资金，自由现金流由公司代理人支配着，如果代理人将自由现金流支付给股东，将导致其可支配与利用的资源减少，从而导致其权力的下降。因此，在具有大量自由现金流的公司中，代理人与股东之间的利益冲突更加明显，因为代理人存在着滥用自由现金流寻求私人收益的动机。

在公司制度安排中没有异议股东股份价值评估权制度的情况下，一旦公司代理人决定不将公司过剩的现金流支付给股东，而是将其进行多元化投资，用于构建公司帝国，或者通过转移定价等形式与大股东或者董事、经理人员所掌握的其他公司进行利益输送性质的交易，由于分散的股东无法通过股东大会投票权抗衡大股东或者公司内部人的交易计划，股东只能通过股票市场进行用脚投票来表达自己的不满，而由于这种以寻求内部控制人私人收益或者对外进行利益输送性质的交易无疑将导致公司现金的减少，因此在理性的股票市场上该公司股票价格通常已经下跌。此时，中小股东的利益必然由于代理人或大股东的盘剥而受到损失。

在中小股东依照公司法的约定享有异议股东司法估价权时，上述情况会有很大的不同。因为司法估价制度不受股票市场定价效率的缺陷的影响，在股票市场之外为股东提供一条现金清偿与退出的直接途径。在该制度下，中小股东一旦发觉公司代理人提出的重大交易计划将使公司的经营风险加大、自身利益受到损害时，他完全可以通过股东大会明确提出反对的意见，这种反对的意见将使异议者在公司管理层执意进行原计划的交易时得到相当于其股份价值的现金补偿,并且这种补偿不会因为由于代理人的机会主义行为所导致的股票价格的下降而减少。

对于公司代理人而言,在异议股东对拟进行的重大交易明确表达反对意见时,他们不得不考虑异议者的意见所导致的后果,因为极少数的异议者的反对可能对公司及代理人的交易计划没有太大影响,但一旦异议者数量较多情况就不同了,因为异议者的退出会导致公司不得不回购异议者的股份,这必将导致代理人可以支配的资源的减少。一旦这种减少达到一定的幅度,必然会导致原来拟订的交易计划无法实施。因此,在异议股东明确表示针对某些交易事项选择行使司法估价权时,代理人很多情况下会考虑放弃或者变更原来的交易计划,与异议者达成利益妥协。

异议股东司法估价权制度的这种监督与约束公司代理人的功能,使得它成为公司治理结构中中小股东利益保护的重要手段。

2. 防止公司代理人与外部注册会计师之间的合谋

人们对上市公司进行业绩评价往往严重依赖于独立的注册会计师的工作。正是在此意义上,注册会计师担负着经济警察的社会角色。然而,美国安然公司的造假丑闻导致安达信会计师事务所的破产的案例表明,独立的会计师事务所以及资产评估师、证券评估师在为上市公司进行会计报表审计、资产评估、盈利预测过程中,有可能出于自身业务与利益的考虑,丧失其应有的独立性,与上市公司的代理人合谋编造虚假的会计信息来迎合市场上投资者的利好预期。[①] 例如,卖方的证券分析师出于自身佣金与交易量的考虑,故意夸大公司的收益预期,强力夸大公司股票的投资价值;又如,在上市公司管理层收购(MBO)过程中,受公司代理人聘请的资产评估师,故意压低资产评估值等等。

异议股东股份价值评估权制度有助于防止公司代理人与外部专家之间的合谋,这是因为对股份价值持有异议的股东,在司法估价程序中可以聘请自己的专家对公司的财务信息进行鉴别,并采取合理的估价方法对股份进行估价,尽管代表不同异议股东与公司代理人之间不同利益的财务专家与律师的争辩有可能导致异议股东司法估价制度交易成本的增加,但是代

---

① 正是在这种背景下,美国在"安然事件"所引发的系列公司丑闻后出台了"萨班斯—奥克斯利"法案,旨在加强公司内部的控制系统以及外部审计的独立性,但是已经有研究表明该方案的收效甚微。有关资料参见:《中国证券报》2003年7月9日第9版。

表异议股东的财务专家与律师的工作有助于消除为公司代理人服务的财务专家与律师对公司财务信息故意的歪曲利用、篡改甚至编造。这为上市公司财务信息的透明化提供了一条新的途径。

3. 形成公司股东与债权人共同参与公司治理的制度安排

股权资本与债权资本是现代公司的两大融资渠道。在不考虑异议股东股份价值评估权的公司制度安排中,股权资本作为风险的最后承担者,为债权资本、人力资本等参与要素提供风险承担的功能。这种制度安排的特征在于,股东利益与债权人利益经常是冲突的,特别是公司在经营形势恶化面临破产或者清算时,股东与债权人之间的利益冲突尤为明显。这样的制度安排在某种程度上不利于公司治理结构的优化,因为公司作为一个契约结构,其经营控制权掌握在代理人手中,在代理人的机会主义行为导致公司经营形势恶化的情况下,真正负责任的应该是公司的代理人或者控制股东,公司的中小股东与债权人同样是代理风险的受害者。然而在公司法未赋予异议股东股份价值评估权、并且股票不能流通或者股票市场定价效率不能为股东的退出提供充分利益保护的情况下,分散的股东却成了代理风险的最后承担者。这样的制度安排容易使债权资本成为一种公司治理制度安排中惰性资本,不利于发挥债权人对公司代理人的控制与监督作用。

异议股东股份价值评估权制度的实施有助于改变这种情况。因为在异议股东能够直接退出公司契约的情况下,公司资本结构会因为异议者股权资本的退出发生变化,导致债权资本风险程度的加大。因而,异议股东行使司法估价权退出公司契约的行为对于公司债权人来说是一种公司风险增加的信号。债权人在与公司控制人签订债务合同时,必须考虑到异议股东会随时退出公司的情况,从而会在契约设计中把异议者行使司法估价权的情况作为公司债务责任的一个关键条款。从而,异议股东享有司法估价权的制度设计能够调动公司债权人积极关注公司代理人与中小股东的意见分歧,有助于形成股东与债权人共同参与公司治理的格局。

4. 激励中小股东积极参与股东大会

前文已经提到过公司股东大会"空壳化"现象与中小股东怠于行使股东大会投票权的搭便车问题。股东大会的"空壳化"现象,成为公司治理制度安排中的一个困境。一方面,尽管现代公司的决策中心由股东大会中心主义向董事会中心主义演变,但股东大会制度仍是所有者主权的象征,并为公司立法所规定;另一方面,由于公司股东大会制度的效益成本高昂,以及持股数量有限的中小股东理性的搭便车倾向,股东大会制度又形同虚设。股东通过股东大会投票权的控制功能的弱化,成为公司代理人漠视中小股东利益的根源之一。如何振兴股东大会制度,完善股东投票权的实现机制,激励股东积极参与公司治理,成为现代公司治理理论的课题之一。

在没有异议股东股份价值评估权制度的公司治理制度安排中,小股东对股东投票权的漠然,从其个体的角度出发无疑是一种理性的选择,因为由于持股数量的有限,即使他们参加股东大会行使投票权,也无力在公司决策中对抗代表控制股东、董事会与经理人的意志。对于不满意的公司决策所造成的代理风险,他们唯一的选择只有在股票市场卖出股票选择离开,尽管这种用脚投票的方式未必能够使得他们在保全自身利益的情况下全身而退。

异议股东股份价值评估权制度的出现,无疑会在很大程度上缓解小股东对于股东大会投票权漠然置之的情况。这是因为,异议股东股份价值评估权的行使是以股东参与股东大会,就公司重大交易事项明确表示自己反对管理层的意思为前提的。股东个体如果真正想要避免管理者或者控制股东发起的不利于自己的交易发生,必须积极参与公司治理,在这些交易被提交表决时付出阻止其发生的努力。尽管由于股东大会"资本多数表决"原则的存在,异议股东的努力可能无力改变控制股东或者管理层的行为,但是,这种努力所换来的是代表其股份内在价值的补偿,由于异议股东股份价值评估权制度的"非市场性"的权利性质,这种补偿在很多情况下要比在股票市场上卖出股票所获得的补偿合理得多。因此,正是异议股东股份价值评估权制度为中小股东提供了一种股票市场之外的直接的退出机制,并且这种退出权利是以股东通过股东大会参与公司决策为前提的,所以,异议股东股份价值评估权制度的实施有助于增加中小股东参与股东大会行使投票权的积极性。

3.3.3 异议股东股份价值评估权制度的理论基础

公司法中之所以普遍建立了异议股东股份价值评估权制度,除了上述平衡大股东及其代理人与中小股东利益冲突的实际需要外，也有着其经济学与法学的理论基础。

1. 不完全契约与期待权理论

公司契约理论，起源于阿尔钦和德姆塞茨（Alchian and Demsetz, 1972）、詹森和迈克林（Jensen and Meckling, 1976）关于企业理论的经典论文，该理论认为公司是参与各方一系列契约的联合，包括文字的和口头的、显性的和隐性的、明示的和默示的各种契约。在作为契约联合体的公司里，并不存在以经理为中心的层级秩序。公司内部也绝对不存在所谓的"权威"，公司与市场中任何两个人之间的自由协商机制没有任何区别。公司经营与管理只不过是持续性契约反复不断的过程。在此基础上，哈特等人提出了不完全契约理论，指出由于签约成本的存在，在订立契约过程中要想预期所有可能发生的事情、从而拟订一份无所不包的完全的契约是不可能的。在签订不完全契约的情况下，权力或者控制的配置变得十分重要；并且，由于契约一定会发生修订和重新谈判，所以契约最好是被看作是为这种谈判提供合适的背景或起点，而不应被看作是对最后结果的规定。上述经济学家们关于公司契约理论的论述，与法学家们的契约自由思想不谋而合。19世纪英国杰出大法官杰塞尔伯爵曾指出，"如果有一件事比公共秩序所要求的另一件事更重要的话，那就是成年人和神志清醒的人应拥有订立合约的最充分的自由权利。如果他们订立的合约是自由、自愿的，那么，就应当认为这些合约是神圣的，并应由法院强制执行。"[①]

不完全契约理论与契约自由的思想，为公司法学的期待权理论奠定了基础，期待权理论认为，既然公司是以公司章程这一契约化载体为中介组合而成的股东之间以及股东与代理人之间的契约，则公司内部的组织结构、股权安排、公司章程条款等重大事项都是公司契约的当然内容。股东一旦加入某公司，则对于公司契约的全面、实际履行就具有合理期待的权利和利益。也就是说，公司股东有权期待公司按照其加入时的状态与结构经营运行。而一旦公司的结构与战略等重大事项在资本多数表决同意的情况下发生了改变，导致了部分股东原来的期待权落空，则该部分股东有从改变了的公司中获得补偿的权利。对此，美国公司法专家罗伯特·克拉克

[①] 罗培新：《公司法的合同解释》，北京大学出版社2004年版，第23页。

有如下的论述:

"一个特定的公司总是有自己的一系列特征,如果一个人在某个公司购买了股份,他就有权期望自己作为这个公司投资者的身份得以延续,无论谁都不能强迫他变成另一个完全不同的企业的投资者。如果我买下了某个出版法律书籍和法律草案的公司的部分股份,我大概不愿意一觉醒来之后发现它已经并入了一家多媒体联合大企业,该企业的收入主要来自电视节目;而我的股票现在代表的是一个完全不同企业的一份利益。但是为了那些渴望促成公司巨大变化的经理们和与此有关的多数股东的利益起见,法律也不会允许我阻挠这种变化。它只是会给我一份补偿,即用公平的价格购买我的股权,因此,与其被拖入一个我不愿投资的企业,还不如脱身出来,向自己更喜欢的事业投资。"①

企业的不完全契约理论与股东期待权理论,构成了异议股东股份价值评估权制度最为基本的理论基础。

2. 行为金融理论

在公司法学中,关于异议股东股份价值评估权制度是否应在公众公司中适用的问题一直存在着较为激烈的争论,这一争论的焦点问题是股票市场定价机制是否是有效的,它是否能够为小股东利益提供足够的保护。对此问题的不同态度,反映出不同的金融经济学基础。

股票市场的存在以及人们对其的信赖,是公司法学家反对异议股东股份价值评估权制度的一条重要理由。那些信奉有效市场假说的人认为,有组织的股票交易市场从经济上讲是十分有效的,股票市场价格是股票内在价值的真实反映。持有异议并希望出售股票的股东在这些市场可以卖得的价钱往往反映了公开提供的、和股票估价有关的全部信息,因此,对于股份公司的中小股东而言,即使他们与公司的代理人以及多数派股东就公司的交易事项发生了意见分歧,他们可以通过在股票市场上以用脚投票的方式实现自己的退出公司契约、摆脱其不愿意参与的、结构发生变化了的企业之目的。在此情况下,异议股东股份价值评估权制度似乎没有存在的必要,或者即使有存在的必要,在司法估价中股票市场的价格也是重要的参考因素。这种观点是建立在以有效市场假说(EMH)与资本资产定价模

---

① [美]罗伯特·C. 克拉克:《公司法则》,胡平等译,工商出版社1999年版,第355页。

型（CAPM）为核心的经典金融经济学理论基础之上的。正是在这种观点的影响下，美国近半数的州公司立法中，都存在限制异议股东股份价值评估权制度在股份公司中适用的"股票市场例外"原则。①

对于这种质疑异议股东股份价值评估权制度的观点，行为金融理论通过对股票市场有效性的批驳，给予了否定的回答，从而为异议股东股份价值评估权制度的存在奠定了金融学基础。对于行为金融理论的讨论是本章的主要内容。概言之，行为金融以认知心理学的实验证据为基础，对股票市场有效性假说进行了全面的质疑，其基本的观点是，由于行为人的心理因素的影响，股票市场的定价在多数情况下并非是有效的。因此，持这种观点的学者认为，尽管限制异议股东股份价值评估权制度在股份公司中适用的"市场例外"原则仍存在于美国许多州的公司立法中，但它只应被看作是司法界解决诉讼过程中股票定价困难的一个实用性工具，而不应被看作对有效市场假说的称颂。② 从而，行为金融理论为公司立法中异议股东股份价值评估权制度在股份公司中适用提供了一个经济学解释。

除上述理论基础之外，公司法学者还从异议股东股份价值评估权制度是否与股份公司的资合性质相冲突、异议股东股份价值评估权制度与其他股东救济制度的成本收益比较分析等角度，总结了"团体可分解理论"、"经济分析法学理论"等异议股东股份价值评估权制度的其他理论依据。③

3.3.4 股东退出机制的比较与选择

市场选择权与异议股东股份价值评估权作为两种主要的股权资本退出机制，分别以市场手段与法律手段为依托，它们在功能与目的、适用范围、适用程序等方面各不相同，因而在对公司的影响、对股东利益的保护等方面的作用也不一样。

---

① 关于"股票市场例外"原则以及异议股东在股份公司中适用性详细论述，可参见前文的有关分析。
② Lawrence A. Cunningham, Behavior Finance and Investor Governance, Wash. and Lee L. Rev. 2002, Vol. 59: pp. 767–838.
③ 蒋大兴：《公司法的展开与评判——方法·判例·制度》，法律出版社2001年版，第768~770页。

1. 异议股东股份价值评估权与股票市场选择权：两种股东退出机制的比较

（1）功能与目的比较。异议股东股份价值评估权制度的目的是为了保障小股东的意志自由、保护其利益不受掌握资本多数的公司实际控制人的潜在侵害与压迫而设立的。该权利行使的前提是作为权利人的小股东与公司实际控制人的意志相违背。而股份转让或股东市场选择权则是一种更为普通的股权资本退出机制，该权利的行使一般不需要特殊的理由与前提，只要股票市场存在，股东随时可以行使这种用"脚"投票的权利，将自己所持有的股票在市场上卖出进行资本变现。

（2）适用范围的比较。异议股东股份价值评估权的适用范围受到法律的约束，因不同的公司立法体制而不同。例如，美国特拉华州公司法规定，仅在公司合并或者联合的情况下，异议股东才可以行使股份价值评估权，而美国纽约州公司法则规定，股东股份价值评估权不仅适用于公司的合并、兼并、资产出售、公司章程修改等事项，而且适用于任何一类不利于股东的公司变动。相比较而言，股份转让或市场选择权的适用范围要比前者的适用范围更为宽松，各国法律一般仅对发起人股东、董事、职工所持股份的转让与流通进行具体的规定，对大多数普通股东的股份转让一般不进行限制。

（3）适用程序的比较。异议股东股份价值评估权的行使程序相当繁琐，各国法律对此有非常严格的规定，一般要求股东在待表决事项在股东大会正式表决之前提前将自己的反对意见以书面形式告知公司，在表决该事项的股东会会议上表明自己的反对意见，在该事项经资本多数表决通过后的法定期限内提出要求公司购买其股份的书面申请，并将其股票证书依法存放于公司，等等。相对而言，股份的转让没有这些苛刻的程序性要求，股票市场的存在为股东提供了一种方便快捷地进行资产变现的手段。

（4）对公司影响的比较。异议股东股份价值评估权在制衡公司内部人控制、改善公司治理方面的作用要比股份转让或股东市场选择权的作用更为直接。这是因为，股份转让是通过股票市场进行的，二级市场上股票的买卖行为是所有者之间的博弈，对于公司而言，一份股权资本的退出必然以另一份资本的进入为前提，因而股东个体市场选择权的行使不会直接影响公司代理人对公司资产的支配与控制，只能通过参与市场上的股票买卖活动影响公司的股票价格。股东个体为回避公司代理人风险而行使市场选择权、在股票市场上卖出股票的决策是个体选择行为，而股票价格则是投资者集体选择的结果，从而，股东的市场选择权能够有效约束代理人的机会主义行为的前提，是股东个体"理性"的市场选择行为能够通过股票市场的作用汇集为集体的理性选择，而这一点则取决于股票市场的定价效率。相比较而言，异议股东股份价值评估权的行使对公司治理结构与经营活动的影响则更为直接与明显。异议股东股份价值评估权的实质是异议股东的解约退出权，在其依法行使的前提下，由资本多数控制的公司及代理人必须按照法律规定买回异议股东的股份，这意味着公司可支配资本的减少，从而公司的资产规模、资本结构、信用等级、资金周转情况都会受到直接的影响。特别是在异议股东股份比例相对较大的情况下，其股份价值评估权的行使会导致公司较大规模的资金支付，从而对公司控制人按照既定战略组织经营活动造成较为不利的影响，因而在异议股东提前通知公司准备行使其股份价值评估权的情况下，大股东及其代理人一般会充分考虑他们的反对意见，对提议表决的交易事项进行权衡选择，从而，异议股东股份价值评估权无论在事前与事后，都成为小股东参与公司治理、防止公司大股东及其代理人权力滥用的有效机制。

综上所述，在保护股东利益与改善公司治理方面，以上两种股权资本退出机制各有利弊。异议股东股份价值评估权的优点在于它能体现小股东相对于大股东的意志自由，通过股权资本的直接退出影响代理人对公司资产的控制能力，形成对代理人机会主义行为的威慑机制，保护股东利益不受代理风险的侵害。其缺点在于这种以法律手段解决利益冲突的机制在被股东滥用的情况下会直接影响公司的持续经营，因而其适用范围与行使程序一般受到法律的严格限制，从而其退出壁垒可能比较高。相比较而言，股份转让机制的优点在于这种退出方式对股东而言方便、快捷，其制度成本相对低廉，其缺点在于它在改善公司治理结构方面的作用是间接的，在股票市场定价缺乏效率的情况下，股东个体通过股票市场用脚投票的退出行为对公司大股东及其代理人机会主义行为的约束作用非常有限，股东因不满大股东及其代理人的表现而卖出股票的行为往往是一种无奈的选择。

2. 股份公司股东退出机制的权衡与选择

股份公司以上两种分别以市场与法律手段为主导的股权资本退出机制

在保护股东利益、改善公司治理方面各有利弊。成熟市场经济国家对于股份公司资本退出机制的选择采取了兼收并蓄的态度,既通过规范、发达的股票市场保障股份转让的充分自由,又通过公司立法确立了异议股东股份价值评估权制度。就各国公司制度的实践而言,股份转让或市场选择权作为市场主导型的资本退出机制,无疑是市场经济国家长期以来股权资本退出公司的主要途径。然而,现代金融理论的发展对股票市场定价效率的质疑与挑战,很大程度上动摇了市场选择权制度的理论基础,另一方面,作为异议股东股份价值评估权制度发源地的美国,近年来关于异议股东行使股份价值评估权的诉讼案例也大量增加。异议股东股份价值评估权制度的意义与作用正在受到日益广泛的认同。同时,起源于美国的异议股东股份价值评估权制度目前已经被英国、加拿大、德国、日本、韩国等许多国家的公司立法所引入,成为股份转让机制之外的另一种公司股权资本退出机制。它在保护股东利益、改善公司治理方面的作用与优势,能弥补股份转让机制的欠缺与不足,这在股票市场定价缺乏效率的情况下尤为重要。

参 考 文 献

一、中文部分

1. 陈郁:《所有权、控制权与激励——代理经济学文选》,上海三联书店 1998 年版。
2. 胡鞍钢:《公司治理中外比较》,新华出版社 2004 年版。
3. 黄世忠:《会计数字游戏:美国十大财务舞弊案例剖析》,中国财政经济出版社 2003 年版。
4. 蒋大兴:《公司法的展开与评判——方法·判例·制度》,法律出版社 2001 年版。
5. 李若山、方军雄:《财务报表里的"馅饼"与"陷阱"》,中国时代经济出版社 2003 年版。
6. 李维安:《美国的公司治理:马其诺防线》,中国财政经济出版社 2003 年版。
7. 李维安:《公司治理》,南开大学出版社 2001 年版。
8. 李扬、王国刚:《华尔街的堕落——美国公司财务造假大案剖析》,社会科学文献出版社 2003 年版。
9. 刘俊海:《股份有限公司股东权的保护》,法律出版社 2004 年版。
10. 罗培新:《公司法的合同解释》,北京大学出版社 2004 年版。
11. 张民安:《公司法上的利益平衡》,北京大学出版社 2003 年版。
12. 刘力:《行为金融对效率市场假说的挑战》,载《经济科学》,1999 年第 3 期,第 63~67 页。

13. 丘海雄、张应祥：《理性选择理论述评》，载《中山大学学报》，1998 年第 1 期，第 117~124 页。

14. 史晋川：《法律经济学评述》，载《经济社会体制比较研究》，2003 年第 2 期，第 95~103 页。

15. 王保树：《股份公司组织机构的法的实态考察与立法课题》，载《法学研究》，1998 年第 2 期，第 44~59 页。

16. 魏建：《理性选择理论的"反常现象"》，载《经济科学》，2001 年第 6 期，第 106~113 页。

17. 魏健：《理性选择理论与法经济学的发展》，载《中国社会科学》，2002 年第 1 期，第 101~113 页。

18. 徐向艺、孙召永：《论母子公司制条件下有限责任制度》，载《东岳论丛》，2002 年第 1 期，第 14~17 页。

19. 杨胜刚、吴立源：《非理性的市场与投资：行为金融理论评述》，载《财经理论与实践》，2003 年第 1 期，第 48~52 页。

20. 张东辉：《经济学研究方法的变革与现代经济学的发展》，载《东岳论丛》，2004 年第 1 期，第 45~49 页。

21. 张民安、丁艳雅：《公司债权人权益之保护与我国公司法的完善》，载《中山大学学报》，1996 年第 2 期，第 33~40 页。

二、英文部分

1. Alchian, Armen A and Demsetz, Harold, Production. (1972) Information Costs, and Economic Organization. American Economic Review, Vol. 62, No. 5：pp. 777 – 795.

2. Andrei Shleifer, and Robert W. Vishny. (1997) A Survey of Corporate Governance. Journal of Finance. NBER Working Paper：www. nber. org/papers/W5554.

3. Bayless Manning. (1962) The Shareholder's Appraisal Remedy：An Essay for Frank Coker. Yale Law Journal. Vol. 72：pp. 223 – 262.

4. Barry M. Wertheimer. (1998) The Shareholders' Appraisal Remedy and How Courts Determine Fair Value. Duke Law Journal. 47：pp. 613 – 715.

5. Brad M. and Terrance Odean. (2001) The Internet and the Investor. Journal of Economic Perspectives. Vol. 15, No. 1：pp. 41 – 54.

6. Colin F. Camerer and George Loewenstein. (2003) Behavioral Economics：Past, Present, and Future. in Advances in Behavioral Economics. Edited by Colin F. Camerer, George Loewenstein, and Matthew Rabin. Princeton University Press：pp. 3 – 52.

7. Daniel Kahneman and Amos Tversky. (1979) Prospect Theory：An Analysis of Decision Making Under Risk. Econometrica. Vol. 47, No. 2：pp. 263 – 291.

8. Daniel Kahneman and Amos Tversky. (1974) Judgement under uncertainty: Heuristics and biases. Science. 185: pp. 1124 – 1131.

9. De Long, J. B. , Shleifer A. , Summers L. , and R. Waldman. (1990a) Noise Trader Risk in Financial Markets. Journal of Political Economy. 98: pp. 703 – 738.

10. De Long, J. B. , Shleifer A. , Summers L. , and R. Waldman. (1990b) positive feedback investment strategies and Destabilizing rational speculation. Journal of Finance. 45: pp. 375 – 395.

11. Fama, Eugene F. . (1980) Agency Problem and the Theory of Firm. Journal of Political Economy. Vol. 88, Issue 2: pp. 288 – 307.

12. Fama, Eugene F. and Michael C. Jensen. (1983) Separation of Ownership and Control. Journal of Law and Economics. Vol. 26, Issue 2: pp. 301 – 325.

13. Grossman, S. and O. Hart. (1986) The Cost and Benefits of Ownership: A Theory of Vertical Integration. Journal of Political Economy. Vol. 94, No. 2: pp. 692 – 719.

14. Henry Manne. (1965) Mergers and the Market for Corporate Control. Journal of Political Economics. 73: pp. 110 – 120.

15. Jensen and Meckling. (1976) The Theory of the Firm: Managerial Behavior, Agency Costs and Ownership Structure. Journal of Financial Economics. Vol. 3, No. 4: pp. 305 – 360.

16. Joel Seligman. (1984) Reappraising the Appraisal Remedy. Geo. Wash. L. Rev. Vol. 52: pp. 829 – 864.

17. Lawrence A. Cunningham. (2002) Behavior Finance and Investor Governance. Wash. and Lee L. Rev. Vol. 59: pp. 767 – 838.

18. Lynn A. Stout. (1990) Are Takeover Premiums Really Premiums? Market Price, Fair Value, and Corporate Law. Yale Law Journal. 99: pp. 1235 – 1296.

19. Michael C. Jensen. (1986) Agency cost of Free Cash Flow, Corporate Finance, and Takeovers. American Economic Review, Vol. 76, No. 2: pp. 323 – 329.

20. Miller. (1977) Risk, Uncertainty, and Divergence of Opinion. Journal of Finance. Vol. 32: pp. 1151 – 1168.

21. Paul G. Mahoney and Mark Weinstein. (1999) The Appraisal Remedy and Merger Premiums. American Law and Economics Review. Vol. 1: pp. 239 – 275.

22. Robert B. Thompson. (1995) Exit Liquidity and Majority Rule: Appraisal's Role in Corporate Law. Georgetown Law Journal. Vol. 1: pp. 36 – 60.

23. Weinstein, N. (1980) Unrealistic Optimism about Future Life Event. Journal of Personality and Social Psychology. Vol. 39: pp. 806 – 820.

第4章

高管变更与公司治理绩效

公司高级管理人员的更换是公司治理的一项重要内容，是公司内外部治理机制共同作用的结果。在西方发达国家对该专题的研究始于20世纪70年代，经过几十年的发展已经积累了较为成熟、较为成体系的研究成果。而在我国由于公司治理的内外部机制尚不健全，社会各界对高管变更的研究仍处于起步阶段。本章是从公司治理的角度来系统述评国内外关于高管变更的研究内容，试图梳理出公司治理与高管变更关系的总体研究思路和框架以期为后续研究做出微弱贡献。

4.1 高管变更的概念与作用

4.1.1 高管变更的含义

高级管理人员变更是指公司中的高管人员离任和继任行为的总称，是公司股东（委托人）对公司高管（代理人）重新选择的结果，是公司治理内外部机制对公司权力重新配置的行为，也是公司重要的战略决策行为。

一般来讲，公司中的高管变更可以分为两大类①：非约束性变更和约束性变更。非约束性变更是指由于高管个人年龄、身体健康或不可控的意外事故等原因造成的高管人员的离职行为，如退休、重病、死亡等，通常不是公司内外部治理机制的约束行为，也与公司的业绩无关。而约束性变更是指在公司业绩不佳的情况下，由公司的内外部治理机制对公司控制权权力主体的战略调整而造成的高管人员离任和继任行为，通常是由于董事会的决策、大股东的变更或者战略并购等行为造成的。约束性变更是公司试图调整战略决策以适应环境并提高公司业绩时所采取的方法，也是公司管理者的激励约束机制的一部分。

4.1.2 高管变更的作用

1. 高管变更是对高管的奖惩机制

当公司的业绩偏离委托人的期望值时，委托人（如大股东或董事会）会通过解雇和重新选用高管人员的方式来对公司的战略决策进行调整，以确保具有经营能力的人来经营管理公司，以改善公司业绩，减少股东损失。所以高管变更是公司委托人对业绩低劣高管最严厉的惩罚，也是有效的公司治理机制的必然结果。正如卡普兰（Kaplan）② 所说，"成功的或者有效的公司治理机制会惩罚业绩差的公司经理人"。高管变更的过程可以看作是公司根据内外环境的变化做出旨在提高公司生存能力的重要手段。

2. 高管变更是对高管的隐性激励约束行为

高管变更机制不仅作为一个惩罚机制而存在，而且还能对高管行使有效的激励约束作用。如果高管人员由于业绩低劣而遭到委托人的解聘，那么他不仅丧失了经营管理职位所带来的各种收益，而且其在经理人市场的

---

① 韩晓明：《公司治理的更迭机制研究》，载《财政部财政科学研究所博士论文》，2002年第44页。

② Kaplan, S. N. Top executives, turnover, and firm performance in Germany. Journal of Law, Economics and Organization, 1994b (10): pp. 142 – 159.

声誉甚至市场价值都要遭受损失，继而危及到其职业生涯。为了避免失去工作职位的风险，高管人员必然努力工作，减少自己的偷懒等机会主义行为。这样高管人员的代理行为就利于委托人利益最大化。所以高管变更机制发挥了针对高管人员的激励约束作用。

4.1.3 高管范围的界定

黄群慧[1]认为企业的经营管理人员分为高层、中层和基层三类。所谓企业高层管理人员，是指处于企业最高决策和管理层的人员。在西方国家的研究文献中高管人员通常包括董事长、总裁以及首席执行官（即CEO）三人。而根据我国实际情况以及本章的研究需要，本章依据证监会于2006年制定的《上市公司章程指引》中第10条、第11条的规定将上市公司高级管理人员的范围限定为公司中的董事、监事、经理、董事会秘书以及财务总监等。为了研究需要，本章将董事长和总经理列为主要高管人员，而将其他高管人员列为一般高管人员。

4.2 高管变更与公司绩效

关于高管更换与绩效之间关系的通常观点有三种。第一种"经理能力假说"（通俗理论）[2]。该假说认为劣质绩效导致高管更换，反过来继任后的绩效有所提高。第二种是克汉纳和珀森（Khanna and Poulsen）(1995)[3] 提出的"替罪羊理论"，经理更换对公司绩效没有显著的影响。而被更换掉的经理只是替罪羊，即使更换后的绩效有所提高也不是由于更换所导致的。在这种情况下，非自愿的高管变更只是表明组织对劣等绩效

---

[1] 黄群慧：《企业家激励约束与国有企业改革》，中国人民大学出版社，2000年版，第6页。

[2] Fee. C. E., and Hadlock, C. J. Management turnover across the corporate hierarchy. Journal of Accounting and Economic. 2004 (37): pp. 3 – 38.

[3] Khhnna, N., Poulson, A. B.. Mangers of financially distressed firms: villains or scapegoats? Journal of Finance 1995 (50): pp. 919 – 940.

不能容忍的一种决心而已[①]。因为CEO在组织中是一种标志性角色，更换CEO可能帮助改变内部和外部关于公司形象的理解和恢复组织对将来前景的信心。第三种，恶性循环理论[②]提供了截然不同的看法，更换后的新任经理人会打乱组织内部的行为模式和组织关系的非正式网络，从而增加了不稳定性和模糊性。而且新的政策会使重构主要关系网络变得必要起来，这些变化都阻止了绩效的改善。因为在CEO变动后而保留不动的组织成员会担心安全感、地位以及权力等的丧失，所以不会全力以赴地投身于工作中，这些都可能导致绩效的下滑。

丹尼斯和丹尼斯（Denis and Denis）[③] 以1985~1988年间的908家未发生接管事件的公司为例，研究公司绩效与管理层更换之间的关系。发现强制性更换前总会有经营绩效的明显下降，而且更换后总伴随着绩效的大幅度的改善。正常退休的管理层变更在变化前未表现出绩效的下降，但变化后绩效呈现微弱上升趋势。他们还认为虽然前期股价绩效与更换的负相关关系与有效董事会监督一致，但是还与两个替代性解释有关。一是，为了避免股东的诉讼，经理人可能自愿从绩效低劣公司中辞职；二是，即使高管层不对公司绩效的低劣性负责，公司董事会也可能更换他。而这其中任一情形都未必导致公司绩效的改善。所以赶走业绩低劣经营者是股东财富最大化的重要一步，但要改善公司绩效，董事会还需要能够识别和寻找合适的继任人选。卡普兰（Kaplan，1994a）检验了1980~1988年国际财富500强中的119家日本公司的管理层更换的现象。在控制了高管年龄、任期等变量后，他发现非正常更换显著与滞后的股价绩效负相关。通过与美国样本公司的比较，卡普兰（Kaplan）发现当期的股票收益系数在美、日公司存在显著差异，认为美国的更换比日本的高管更换对股市绩效更加敏感。罗斯丁（Lausten，2002）用1992~1995年间大中型丹麦上市公司的资料为研究对象，采用公司绩效的不同衡量方式，但没有按照原因区分更换类型，采用时间序列法发现CEO的更换与公司绩效之间存在负相关关系，与委托代理理论一致，即CEO的更换威胁使CEO的行为与股东利

---

① Pfeffer, J., and Salancik, G. R. The external control of organizations: A resource dependence perspective. New York: Harper and Row, 1978.
② Grusky, O. Management succession and organizational effectiveness. American Journal of sociology, 1969, (75): pp. 21-31.
③ Denis, D. J., Denis, D. K.. Performance changes following top management dismissals. Journal of Finance, 1995 (50): pp. 1029-1057.

益一致[1]。还有大量的学者证明了差的公司业绩与 CEO 变更之间存在着显著的负相关性，如 Coughlan 和 Schmidt（1985），Wamer 等（1998），以及 Weisbach（1988）等。

但也有学者的研究结果认为绩效与高管变更之间不存在明显的相关性。胡森、帕利诺和斯达克斯（Huson、Parrino and Starks）[2] 运用美国上市公司 1971～1994 年间的数据检验了强制性更换与此期间美国公司的内外部治理的相关性。虽然该段时间内内外治理机制发生了很大变化，但是强制性更换的可能性与公司绩效之间的关系并没有发生显著的变化。瑟玛斯（Sirmans）[3] 等用美国 1984～2002 年间 158 家不动产上市公司发生的 420 次高管变更为研究对象，采用市场绩效指标衡量法，研究了绩效与高管变更之间的关系。结果表明，在不同时间段中绩效与变更之间呈现不同的相关关系。在更换一年前绩效与更换呈明显负相关，但到更换前四年的绩效与更换的关系已下降到不明显。

关于我国企业绩效与变更之间关系则比较复杂。龚玉池（2001）选取了 1993 年底之前上市的 150 家上市公司，以 1995～2000 年的高管变动情况为研究资料，实证研究了公司高管更换与公司绩效的关系。高管更换的可能性显著地与公司绩效负相关，特别是用产业调整后的收益率度量公司绩效时。非常规更换与资产收益率、负营业收入显著负相关，但与股票超额收益并不显著相关。他们也没有发现行业绩效与公司高管更换相关的证据。与非常规更换相反，常规更换不是受公司绩效驱动的。宋德舜、宋逢明（2005）从国有控股上市公司董事长职业生涯考虑角度，研究董事长变更和绩效的关系，发现董事长免职和公司绩效的恶化正相关。

范丽（Fan、Lau and Young）等人（2006）采用 1999～2003 年间深沪两交易所的所有上市公司为数据检验了经济快速转型期的中国公司治理的有效性。研究发现，劣质业绩与自愿、非自愿的 CEO 更换相关。还发现特别好的公司绩效与自愿的 CEO 更换微弱相关。得出结论：中国的公司治理开始类似英美模式（Anglo-American），公司绩效在 CEO 的更换决

---

[1] Lausten, M. CEO turnover, firm performance and corporate governance: empirical evidence on Danish firms. International Journal of Industrial Organization. 2002（20）：pp. 391 – 414.

[2] Huson, M. R., Parrino, R. and Starks, L. T. Interal Monitoring Mechanisms and CEO Turnover: A Long-Term Perspective. The Journal of Finance. 2001（56）：pp. 2265 – 2296.

[3] Sirmans, G. S., Friday, H. S., Price, R. M. Do management changes matter? An empirical investigation of REIT performance. Journal of Real Estate Research. 2006（28）：pp. 131 – 148.

策中扮演着重要角色,是一个重要的决策参考值。但范丽(Fan)等人同时还认为在中国 CEO 的更换有可能不是由于劣质绩效导致的。绩效非常好的企业经理可能跳槽到外企或私企去工作,那里可能有更好的前景。所以绩效非常好的经理人可能自愿离开公司,所以在绩效的下面需要设置一个派生假设:即 CEO 更换的可能性与非常好的绩效之间正相关。在中国 CEO 的更换可能由于其他原因导致的,企业正在进行改革,政府任命型的管理方式向职业经理人管理方式过渡,可能存在重新委派,高管团队的更迭,任命的到期,或者由于政治原因等。这些都与绩效不相关,所以使得自愿与非自愿的划分模糊化了。某些更换虽然是非自愿的,但也不等同于 CEO 的解雇。因为治理机制是为限制绩差 CEO 而设计的,其有效性只有在绩效差时才能被衡量,所以有必要仅仅对解雇的情况作细致的考察。

卡特和龙(Kato and Long)[1] 认为中国是研究内部治理的较理想的个案,原因有二。首先在中国控制权市场缺位的情况下,内部约束机制显得尤为重要。其次由于产权不清晰和弱投资者保护现状导致的代理问题严重。但是中国的情况更为特殊,是因为大股东往往是具有复杂目标的国有股东。他们运用中国上市公司 1998~2002 年间的数据进行了 CEO 更换、公司绩效、与企业改革之间关系的研究。研究结果表明 CEO 的更换与公司绩效显著负相关。在国有控股公司这种更换与绩效的关系稍微弱些,但在私人控制的企业中这种相关关系很强烈,尤其是在私人控制的企业中存在一个大的控股股东时,这种关系更加敏感。说明中国私有化进程的加快能够提高公司治理质量。作者的研究结果与代理理论中的假设一致,即弱投资者保护会导致尖锐的内外部之间的代理问题,如拉波塔(LaPorta)等(1999,2000)。最后笔者得出结论,认为中国上市公司解决公司代理问题所遇到的困难是由于法律系统不健全导致的弱投资者保护引起的。所以解决上市公司治理问题的最基本办法是不仅要加快私有化进程,而且还要健全法律法规的施行,以利于更好的保护投资者利益。

---

[1] Kato, T. and Long, C., 2006, CEO turnover, firm performance, and enterprise reform in China: Evidence from micro data. Journal of Comparative Economics (10): pp. 1-22.

4.3 公司内部治理与高管变更

4.3.1 股权结构与高管变更

布鲁奈罗（Brunello）等[①]研究了内部人治理模式下意大利的公司绩效与经营者变更之间的关系。他们发现虽然意大利上市公司的所有权比较集中，机构投资者并不活跃，且缺乏类似日本的主银行的监督，但是意大利公司的业绩与经营者变更之间仍然表现出较明显的负相关关系。研究发现公司大股东持股比例与 CEO 变更之间缺乏显著的相关性，但当 CEO 来自于控股股东时，CEO 的变更率就明显降低。

关于管理者持股对公司治理影响存在两个不同的假设：第一为詹森和麦克林（Jensen and Meckling, 1976）提出的利益一致（Convergence of interests）假设，认为高管持股具有激励效应，即管理者持股行为能提高公司价值。因为一方面稳定的职位会激励管理者增加自身对人力资本的投入，从而提高管理效率；另一方面使管理者避免过分关注短期业绩的倾向，这种倾向往往损害股东的长期利益。第二为德姆塞茨（Dem-setz）（1983）、墨克（Mock）等（1988）和苏茨（Stulz, 1988）提出的管理者战壕（Managerial entrenchment）假设，指管理者长期居于某一关键职位，牢固掌握着企业的资源分配权力，因而很少受到各种约束机制（包括更迭）的影响。管理者大量持股会增加其权力，导致"占位"现象。其实质是减少对管理者的控制和压力，而使代理成本上升，股东利益受损。奎巴和弗朗斯（Iqbal and French）[②]认为，为了使经理人追求股东财富最大化的目标，公司存在两种使经理人与股东利益相一致的机制，一是经理持股，二是因为低劣绩效而存在的解雇威胁。并以 1991~1997 年间美国的 260 家处于财务困境的上市公司为研究对象，比较了被更换经理人与未被

[①] Brunello, G., Grazinno, C., Parigi, B., 2003. CEO turnover in insider-dominated boards: the Italian case. Journal of Banking and Finance 27, pp. 10-27.

[②] Iqbal, Z., French, D. W. 2006. Executive share ownership, trading behavior, and corporate control: evidence from top management turnover during financial distress. Journal of Economics and Business. 8: pp. 1-15.

更换的经理人的持股水平。在控制了其他重要影响变量后的结果表明，持股量少的经理人比持股量大的经理人被更换的可能性大。大量持股不是鼓励经理人的财富最大化行为，而是促进其占位效应，并且降低了其被解雇的可能性。当公司处于财务困境且经理人面临解雇威胁时，他们会通过购买额外股份扩大自己势力影响从而达到降低被更换可能性的目的。关于高管持股能阻止被更换概率的可能解释有二：一是管理层所拥有股权的增多可能使管理层通过投票控制权增强自己的影响力（Morck et al.，1988），二是经理层股权阻止了外部控制权市场的活动，并且削弱了对内部监控努力的压力，从而监控有效性大打折扣（Hirshleifer and Thakor，1994）。丹尼斯（Denis）等（1997）检验了1985~1988年间发生的1 394例非常规高管更换与股权结构的关系，在控制了其他影响更换的潜在因素后发现公司的所有权结构显著的影响更换与绩效的敏感度。他们认为，管理层的股权使得董事会解雇一个绩差 CEO 变得困难起来，当高管持股比例介于5%~25%时，更换可能性对绩效的敏感度显著低于高管持股水平少于5%时，即高管更换的可能性与高管持股负相关，高管持股阻碍了内部机制监督经理层的有效性。高管更换的可能性与高管持股比例高的公司的证券价格绩效明显不敏感。而外部大股东扮演着重要的监督角色，因为高管变更与外部大股东的存在成正相关。但不管高管持股水平，不寻常的公司控制权活动往往会伴有高管事件的发生，因为外部监督会对内部监督施加必要的影响和压力。最后笔者得出以下结论：高管持股会通过减少来自于外部控制活动的威胁而削弱内部监督的有效性。达亚、龙和鲍威尔（Dahya，Lone and Power，1998）研究了1989~1992年间2 643家英国上市公司的高管更换、公司绩效与股权结构之间的关系，发现在高管持股水平少于1%时，这些英国公司的高管离职事件发生更频繁，且低劣的公司绩效与强制更换可能性之间呈现较强的相关性。而当高管持股水平超过1%时，高管们对内部控制机制压力变得不再敏感，但股价对高管持股量超过1%水平公司的非常规变更表现出明显的正相关。在更换后十年内，这些公司（相对于离职高管持股水平少于1%公司来说）成为很多接管标的对象而且还经历了大规模的其他高层管理人员的变动。他们还发现，强制性更换与机构持股水平正相关，这表明在公司内部控制机制对持股量达到一定水平的低效经理人监督失效时，外部控制力量，如接管威胁或机构股东对具有壕沟效应的经理人有相当的监督作用。他们还发现公司绩效、高管持股水平以及常规更换之间没有这种明显的关系。

巴甘特和布莱克（Bhagat and Black，1999）选取了449家美国公司为样本，用Logit回归模型构造总经理变更概率与董事持股量的关系，结果表明，公司在业绩不好时随着董事会成员持股量的增加，总经理变更的概率也增加。

陈和王（Chen and Wang，2004）以1995~2003年间发生总经理变更的616家中国上市公司的773次案例为研究样本，通过高管变更对业绩敏感性来分析中国转轨经济背景下不同控股股东和公司治理机制的监督作用。发现高管变更和公司业绩关系随着股东类型不同存在显著的差异。将企业的控股股东分为公司型和政府代理人型两类后，发现政府代理人型控股股东的监督效率明显比国有法人和一般法人控制时偏低，因为此时变更对于低劣的公司业绩明显缺乏敏感性。笔者还发现，中国上市公司的高管更换与行业调整的资产收益率（Return On Assets，ROA）的相关程度比与资产收益率（Return On Assets，ROA）变化以及股票收益的相关程度要大。认为上市公司高管变更决策是在参考公司业绩与同行业业绩水平的比较下作出的①。

宋德舜（2004）基于中国有74%的上市公司中存在国有控股股东这一国情背景，认为控股股东完全决定上市公司行为进而决定公司绩效，其他公司治理机制（例如，国内重点研究的股权结构和董事会特征等）的治理效率在一定程度上都被削弱。由于控股股东是通过委派董事长和总经理实现对上市公司的控制，并且公司的主要决策和日常运营由他们负责，那么公司绩效在很大程度上取决于董事长和总经理的决策和控股股东对公司的监督行为。② 宋德舜，宋逢明（2005）从国有控股上市公司董事长职业生涯考虑角度，研究董事长变更和绩效的关系。发现董事长免职和公司绩效恶化正相关，控股股东对董事长的考核以长期考核和相对绩效（相对于前任董事长）为主。还发现董事长任期和免职负相关，说明和控股股东的良好关系可以降低董事长被免职的概率。研究表明，国有控股上市公司经营者变更的激励模式与国际公众公司相近。

赵超等（2005）以1997年底前上市的489家公司为研究对象，研究了1998~2003年间的公司股权结构、业绩与总经理的强制性变更和正常

---

① Chen, K. C, Wang, J. W. A comparison of Shareholder Identity and Governance Mechanism in the Monitoring of Listed Companies in China. SSRN Working Paper，2004.
② 宋德舜：《国有控股、最高决策者激励与公司绩效》，载《中国工业经济》，2004年第3期，第91~98页。

性变更的关系。研究发现总经理的变更，特别是强制性变更作为最极端的约束手段，能够约束业绩差的总经理；国家股比例、流通股比例和大股东比例与总经理的强制性变更和正常性变更都不具有任何显著的相关性，这说明在国有股"所有者缺位"、流通股比例过低、市场投机气氛浓重的情况下，国家股东、流通股东以及大股东无法有效地监管经理人；而经理人持股比例与总经理的强制性变更和正常性变更之间具有非常显著的负相关性，证明了中国上市公司存在的"内部人控制"现象[①]。

陈璇、淳伟德（2006）以我国上市公司为研究对象，分析了政府控制型公司、投资管理公司控制型公司、国有法人控制型公司和一般法人控制型公司在高级管理人员更换对业绩敏感性上的差异。实证结果表明，政府控制型企业高层更换对绩效的敏感性显著低于其他类型的公司，其余几类公司之间不存在显著差异，因而提高企业效率应着眼于引入有"市场导向"的直接监控主体[②]。陈璇等（2006）基于政府控制权差异，对我国上市公司的进行了分类，并检验了经营业绩、经营者变更与控股股东类型之间的关系。研究结果表明，公司绩效对经营者变更有显著负向作用；其中政府直接控制型公司的经营者变更对绩效的敏感性显著低于其他类型的公司；一般法人控制型公司和国有法人控制型公司的经营业绩在经营者变更后短期内显著下降。无论哪类公司的经营者变更都没对业绩发挥显著促进作用。笔者将原因归纳为，大股东对经营者任免权的控制和不完善的高管人员（包括董事会成员）激励机制，在一定程度上限制了经营者变更后企业绩效的提高。

4.3.2 董事会特征与高管变更

威斯巴赫（Weisbach，1988）把因业绩问题而导致的管理者变更和董事会的构成联系在一起，他检验了内、外部董事在监督管理者上的差别。以 1974～1983 年《福布斯》500 强中的 367 家公司为样本，根据董事与公司的关系，将董事分为外部董事、内部董事和关联董事三类。采用外部

[①] 赵超、皮莉莉：《中国上司公司股权结构与总经理变更》，载《改革》，2005 年第 1 期，第 93～100 页。

[②] 陈璇、淳伟德：《大股东对公司高层更换影响的实证分析》，载《软科学》，2006 年第 2 期，第 134～139 页。

董事所占比例来描述董事会组成特征，将其与公司业绩的交互影响变量纳入模型之中，回归结果表明该变量与高管变更显著负相关，说明外部董事主导型比内部董事主导型公司，高管变更对经营业绩更为敏感，外部董事发挥了监督约束管理者的重要作用。因为内部董事的职业往往与经理人的权力相关。而更换绩效低劣的经理人有利于提高外部董事的职业声誉[1]。威斯巴赫（Weisbach）还发现如果外部董事占董事会绝大比例，在 CEO 辞职后公司价值有明显提高，而如果内部董事占主要比例公司价值却没有增加。萨查德、斯赫和巴（Suchard, Singh and Barr, 2001）针对澳大利亚上市公司董事会对 CEO 监控的有效性进行了研究。研究结果表明，董事会的独立性确实对更换—绩效的敏感性有积极的影响作用，即非执行董事与独立董事在监督管理层方面更有效率。另外公司的劣质绩效对 CEO 的更换有滞后影响。但是康和施达珊尼（Kang and Shivdasani, 1995）采用 1985~1990 年间来自穆迪国际报告中 270 家日本公司的资料检验了外部董事等对高管变更与公司绩效敏感性的影响，而发现外部董事对高管变更并不存在显著的影响。布鲁奈罗、格茨诺和帕瑞格（Brunello, Graziano and Parigi, 2003）认为在意大利公司，绩效差的 CEO 即使在内部董事占多数的情况下也能被更换。这一结论被纽曼和沃特曼（Neumann and Voetmann, 2005）用丹麦的公司数据研究所证明，并认为，可能由于这些国家的上市公司治理质量比较高的缘故。

　　厄玛克（Yermack, 1996）对董事会规模做了最早的实证研究，他选取 1984~1991 年间连续四年荣登《财富》500 强的 452 家美国大公司为样本，使用概率模型来估计总经理的辞职，模型中的主要解释变量是当前财务年度和前两年的累计超常股票收益率，控制变量包括总经理的年龄、总经理的持股量。结果显示小规模的董事会更倾向于在公司业绩不好时解雇总经理。这种解雇威胁会随着董事会规模的扩大而下降。这一发现支持了小规模董事会更为有效地监督管理层、更可能解雇低劣经营业绩的高管的论断。随着董事会规模增加，高管变更的潜在威胁却降低。所以董事会规模的缩减有利于加强公司绩效与 CEO 更换之间的负相关关系[2]。

　　佩里（Perry, 1998）证明了 CEO 更换决定受到董事报酬激励水平的

---

[1] Weisbach, Michael S., 1988. Outside directors and CEO turnover, Journal of Financial Economics 20, pp. 431-460.

[2] Yermack, David, 1996, Higher market valuation of companies with a small board of directors, Journal of Financial Economics 40, pp. 185-211.

影响。两个在证券市场表现同样差的公司,独立董事接受报酬激励的公司比独立董事不接受报酬激励的公司更有可能更换其 CEO。这是因为外部董事报酬的给予会激励外部董事更好地代表股东的利益行事。

关于领导权结构与更换、绩效之间关系,目前存在两种观点。

詹森(Jensen,1993)指出,当二职兼任时,内部控制系统容易失败,因为董事会不能有效地执行其包括评价和解雇 CEO 在内的主要功能。而相反布瑞克利(Brickley,1997)认为二职分离会带来监督董事会主席的成本(即谁来监督监督者)、CEO 与主席之间的信息分享成本等。所以这些成本可能抵消二职分离所带来的优势[①]。布瑞克利(Brickly)还指出,比较二职分离与合一的公司的绩效并没有发现本质的异同。很多学者从实证角度展开该问题的讨论,对该类问题研究的出发点是,如果二职兼任减少了董事会的监督能力,那么相对于二职分离的公司,在二职兼任公司中更换可能性对绩效变化的敏感度要弱一些。达亚、龙和鲍威尔(Dahya,Lone and Power,1998)研究了 1989~1992 年间 2 643 家英国上市公司的高管更换、公司绩效与股权结构之间的关系,他们发现强制更换与二职兼任、公司规模、以前的公司股价等负相关。戈雅和帕克(Goyal and Park,2002)以 1992~1996 年间 455 家发生总经理变更公司为样本,同时选取 823 家在同一时期没有发生总经理变更的公司作为对应样本,检验董事会监督管理层的能力是否受到二职兼任的影响。他们所做的实证研究表明:总经理因为业绩而变更的敏感性在两职合一的公司明显弱于两职分离的公司。在两职分离的公司中如果股票的收益率下降一个标准差,那么总经理变更的可能性就要上升 5.3%;而在两职合一的公司中,这种可能性上升 2.5%。这个结果表明,如果总经理同时兼任董事长确实会导致董事会独立性的丧失,从而令董事会无法辞退业绩表现较差的经理人。

沈艺峰、张俊生(2002)考察了 1998~2000 年间的我国 ST 上市公司的董事会治理与高管变更之间的关系,结果表明上市公司因为公司绩效而被 ST 前后,董事长被更换的比例明显高于总经理,说明了我国上市公司存在的"强管理者、弱董事会"现象,同时还认为董事会对总经理约束和惩戒能力弱化也是 ST 公司董事会治理失败的重要原因之一。

[①] Brickly, J. A., Coles, J. L., Jarrell, G., 1997. Leadership Structure: Separating the CEO and chairman of the board. Journal of Corporate Finance 3, pp. 189 – 220.

张俊生、曾亚敏（2005）以上海证券交易所 1999 年前上市的公司为样本，研究董事会治理变量对总经理变更的影响。研究结果表明，对相对业绩下降公司的总经理变更能起到显著解释作用的变量只有董事会会议次数和公司的领导结构。而其他治理变量，诸如董事会规模、管理董事比例、独立董事比例、股权集中度、董事会成员持股比例等，未能对总经理变更起到显著的解释作用[①]。

范丽等（Fan、Lau and Young, 2006）采用 1999~2003 年间我国深沪两交易所的所有上市公司为数据检验了经济快速转型期的中国公司治理的有效性。在治理变量方面，非执行董事与 CEO 更换有关，两职兼任与更换稍稍负相关。另外，一些变量与自愿，但不是非自愿更换有关。卡特和龙（Kato and Long, 2006）认为中国上市公司的独立董事的存在能够提高更换-绩效的关联度。另外证监会的吊销机制也利于改善绩效与更换的敏感度。若 CEO 在控股股东兼职，则两者之间的联系会减弱。

4.3.3 高管特征与高管变更

詹森和姆菲（Jensen and Murphy, 1990）的研究证实了当经理在年轻时比他们快接近退休年龄时更可能遭到解职，即年轻的 CEO 更可能受到更换的威胁。这与温瑟（Vancil, 1987）的认识是一样的。谢瓦利埃和埃利森（Chevalier and Ellison, 1999）发现对年轻的经理来说，更换与以前绩效的关系会更加密切，说明年龄小的经理的信息水平特征比年龄大的经理要低得多，因为年龄大的经理人会从以前所取得成就中受益。

关于 CEO 更换与绩效之间的弱相关性现象有两种解释，一是弱公司治理导致的经理人的壕沟效应，如茂克、施莱弗和威施尼（Morck, Shleifer and Vishny, 1988）。按照这一论断，如果壕沟效应与 CEO 的任期正相关的话，绩效对强制更换可能性的影响将随着任期增长而降低。二是董事会需要花费时间去了解关于 CEO 的真正能力。按照这一论断，学习关于 CEO 能力的过程同样能够导致绩效—强制更换之间的敏感性会随 CEO 任

[①] 张俊生、曾亚敏：《董事会特征与总经理变更》，载《南开管理评论》，2005 年第 1 期，第 16~20 页。

期而变化①。如格本斯和姆菲（Gibbons and Murphy，1992）所说，期初董事会对新 CEO 能力会知之甚少，但随着时间的推移，对劣等绩效的宽容程度将会骤减，绩效对强制更换可能性的影响将会随任期的增长而增加。所以学习论断和壕沟论断是关于任期对绩效—更换关系影响的截然相反的两个论断。但埃格德和法雷尔（Allgood and Farrell，2000）认为，这两个论断是否占据主动取决于 CEO 是以外部、内部雇用还是初创者开始他的职业生涯。因为外部继任者开始对董事会没影响，所以如果变得壕沟效应需要很长时间，而内部继任不同，可能早就与董事会成员建立了良好关系，所以上任伊始就享受壕沟效应。如果内部继任者对董事会的控制不随时间增强的话，那么绩效对强制更换的可能性影响将不会改变的。企业的初创者从一开始就对董事会有强大的影响力，一般不会在早期被强制离职。而且企业的初创者早已证明了有效经营公司的能力，所以学习假说不会适用于初创者，绩效与更换的关系可能在其任期内不会改变②。埃格德和法雷尔（Allgood and Farrell）还分析了 CEO 任期对公司绩效与强制性更换关系的影响。发现绩效与强制更换的关系以 CEO 的任期为条件，他们的结果表明在一个来自内部的 CEO 被强制更换时，其任期内绩效与强制更换是负相关的。说明了在内部继任者继任前董事会就对其能力有了大概的了解，而不需要花费时间考察其能力，所以对其绩效与更换的敏感性会比较地高，也在其任期早期就表现出来。尽管公司的创业者在其职业生涯初期会确保其职位安全性，可能暂时不会为糟糕的绩效负责任，但随着任期的增长，就对绩效的优劣负直接责任了。而来自外部的继任者会经历一个试探期，即在上任后几年内可能有壕沟效应，但这种效应会逐渐减轻。所以他们的发现从整体来讲，绩效与更换的可能性负相关，但这种关系要取决于 CEO 的任期和 CEO 任职时的类型。

陈璇等（2005）以我国 IT 行业上市公司为样本，从个人和团队整体两个层面分析了高层管理团队成员的异质性与高层更换的关系。结果表明：在个人层面，年龄和领薪方式的异质性增加了董事长、总经理更换的可能，任期的异质性并不能较好地解释董事长、总经理更换的原因；在团队整体层面，董事长、总经理更换可能性与领薪方式异质性显著正相关，

---

① Morck, R., Shleifer, A., and Vishny, R., 1988, Management ownership and market valuation: An empirical analysis, Journal of Financial Economics 20, pp. 293–316.

② Allgood, S., Farrell, K. A. (2000). The effect of CEO tenure on the relation between firm performance and turnover. The Journal of Financial Research (11): pp. 373–390.

与年龄、任期的异质性相关性不显著[1]。

4.4 公司外部治理与高管变更

关于内外部治理的互补还是替代关系对更换影响研究。经营状况差的公司容易成为被兼并的目标，其高管人员也容易被更换，而经营状况好的公司这种可能性小得多。因此外部市场接管对经理人的非利益最大化行为形成了约束。一些学者对这种约束作用进行了研究发现，外部市场的接管增大了高层更换的可能，尤其面对活跃的控制权转移市场时。马丁和康奈尔（Martin and McConnel, 1988）发现，高管人员更换的可能性伴随着并购的完成而大幅上升，购并成功三年内 61% 的目标公司的经理遭到更换，尤其是经营业绩较行业平均水平低的公司被购并后，更换比例的上升幅度更大。马丁和康奈尔（Martin and Mc-Connell, 1991）以 1958～1984 年间的美国 253 例被成功接管公司为研究对象，通过观察在跨度从标的宣布日到收购完成后的 12 月的时间内高管层的变化情况，检验了公司接管是作为公司治理机制约束绩效低劣的公司经理层的重要角色的假设。笔者将接管以后发生了高管变更的样本划为约束性接管类，将没有变更的接管划为非约束性接管。结果发现成为接管标的对象的公司在接管前的绩效明显低于同行业的其他公司，而且在更换后高管层的更换率明显增加。得出以下结论：公司接管市场在控制约束管理者的非价值最大化行为方面扮演着重要角色。即绩效低劣的公司容易成为标的对象。接管后通过两种形式达到绩效提高的目的，一是两公司的物质资源整合，二是通过约束和改变管理层的非价值最大化行为达到目标[2]。

肯尼迪和利玛科（Kennedy and Limmack, 1996）以 1980～1989 年间英国上市公司发生的 8 000 次接管事件为例，采用市场绩效衡量法，研究了接管目标公司前后的绩效和高管变化情况。接管前 5 年时间里，目标公司股东取得了显著为负的超额收益率。在接管结束后两年内，CEO 的更

---

[1] 陈璇、李仕明、祝小宁：《团队异质性与高层更换：我国上市 IT 公司的实证研究》，载《管理评论》，2005 年第 17 期，第 9～16 页。

[2] Martin, K. J., McConnell, . Corporate performance, corporate takeovers, and management turnover. Journal of Finance, 1991, (46): pp. 671 - 687.

换数量显著增加，支持了假设，即接管是对非价值最大化管理层行为的约束性机制。哈劳克和路墨（Hadlock and Lumer，1997）运用1933~1941年的相关数据为资料，研究结果表明，当外部接管威胁较弱时，公司绩效与高管更换的关系是弱相关的。这说明在接管活动较少的期间内，高管面临着减少了的约束压力。正如法马和詹森（Fama and Jensen，1983）所说，接管市场是内部控制机制的替代机制。迈克森和帕克（Mikkelson and Partch，1997）运用1984~1988年间（外部并购市场活跃期）和1989~1993年间（外部并购市场衰退期）的相关公司样本研究了高管变更与外部接管活动之间的关系。结果表明在接管活动活跃期间，23%的公司发生了高管变更事件，而在并购衰退期管理层的更换率仅为16%，且在控制了影响管理层更换的各种变量后，活跃期比不活跃期的更换对公司绩效更加敏感。笔者借此得出结论：接管活动能够影响管理层约束的力度[1]。

格利森（Gilson，1989）以1979~1984年间遭遇财务危机的381家公司为样本，检验了高管变更与企业财务状况之间的关系。发现遭遇了无法偿还到期债务或发生债务重组等事件的企业中52%更换了高管人员，而没有遭遇类似财务危机的企业，只有19%发生了高管更换，说明了债权人在高管更换决策中发挥了比较明显的作用。康和施达珊尼（Kang and Shivdasani，1995）拓展了卡普兰（Kaplan，1994a）的研究，采用1985~1990年间来自穆迪国际报告中270家日本公司的资料，检验了日本主银行、大股东、产业集团等对高管变更与公司绩效敏感性的影响，发现与美国的研究结论一致，即非常规更换与行业调整的公司绩效显著负相关，而与行业整体绩效无关。在存在主银行和大股东持股条件下，高管变更更为频繁，而且公司更有可能因为低劣绩效而更换高管，且倾向于任命外部继任者。说明日本公司的主银行和大股东能发挥监督和约束管理者的主要作用。而财团对高管变更并不存在显著的影响。最后笔者发现公司进行非常规高管更换且外部继任后，公司绩效有了明显的改善，并没发现正常退休后的绩效变化。

丹尼斯和丹尼斯（Denis and Denis，1995）认为管理层更换后，强制更换的公司都呈现大量的公司重组活动，即明显地缩减其经营规模，公司

---

[1] Mikkelson, W. H., Partch, M. M., 1997. The decline of takeovers and disciplinary management turnover. Journal of Financial Economics (44), pp. 205–228.

控制权活动的发生率也相应上升。56%的强制性公司在更换后的两年内成为某种公司控制权活动的目标。而正常退休后经营收入会有较小的增加，也伴随着更换后公司控制权活动发生率轻微上升。他们的检验表明，强制性更换不仅是董事会监督的结果，而且还是其他主体监督作用的结果，如大股东、债权人、股东诉讼活动，还有外部控制权市场（接管活动等）。但这些发现并没有证明董事会单独有效行使功能的假说。总之他们的研究表明，在约束监督绩效低劣经营者方面，外部控制权市场对内部控制权有很强的替代作用。而丹尼斯和克鲁斯（Denis and Kruse, 2000）以1985～1992年间的资料为依据，得出的结论相反，认为当接管活动下降时，强制性更换的事件发生频率并没有改变。所以通过这些研究结论很难判断内外部治理之间究竟是互补的还是替代性的关系。

尽管我国公司的控制权市场尚未成熟，但是国内针对高管更换与控制权市场活动关系的研究所得出的结论与国外研究结论基本一致。张慕濒、范从来（2005）以2002～2003年我国制造业上市公司中由股权交易导致的管理层更替现象为突破口，研究我国控制权市场的治理效力。实证分析表明，在快速增长的股权交易的推动下，我国控制权市场已经初步形成，控制权市场对管理低效企业的识别、惩戒功能已经显现。作为企业的外部控制机制，控制权市场通过控制权转移、管理层更替的途径发挥了应有的治理效力，弥补了董事会治理的不足。大力发展控制权市场要从规范股权交易、加快国家股股权分置改革和全流通进程、完善制度建设等方面进行努力。该研究证明了在股东掌握控制权和面临接管的外部压力时，经理层会通过业绩改善来降低自身被替换的可能性。业绩的提高会增加接管成本和管理层的谈判能力。从这一点上说，控制权市场对目标企业管理改善的威慑作用已经显现，并且发挥了企业业绩识别和行业业绩识别的作用[1]。

陈健等（2006）基于高管变更和公司控制权市场的研究，选用1996～2001年间深圳和上海证券交易所中76家高管随第一大股东变动而变更的上市公司作为样本，并设立了47家第一大股东变动而高管未变更的上市公司作为对比组，用经过行业调整的财务绩效来分析比较，分析了上市公司控制权变化后高管变更和绩效之间的关系。结果发现公司控制权变化后

---

[1] 张慕濒、范从来：《管理层变更与控制权市场治理效力的实证研究——以制造业上市公司为例》，载《南京大学学报》，2005年版。

高管变更的公司的绩效显著提高，而且绩效表现好于公司控制权变化后高管未变动的上市公司的绩效表现。

4.5 高管变更与继任者来源

如何选择一位有能力的继任者是企业高层更换中一个很重要的问题。学术界主要从继任者来源的角度讨论了继任者选择问题。道尔顿和肯斯尔（Dalton and Kesner, 1985）利用纽约交易市场的 96 家经历过高管变更的公司的资料，以继任者来源为因变量，以变更前三年的公司绩效为自变量，研究了二者之间的关系，结果证明二者之间是一种非线性关系。认为组织在内部继任和外部继任的抉择上是复杂的过程，是环境各种因素综合作用的结果。绩效特别差的公司倾向于选择外部继任者以图引进变化，但未必能引进能改善绩效的经营能力强的经理人，因为理性的经理人不会选择接手一个没有希望的公司，那样可能会涂炭自己的声誉，所以结果可能是内部继任。而公司的绩效如果是特别好的，那么公司也倾向于选择内部继任者，以图维持公司的战略，而选择外部继任的公司绩效往往是处于中间水平的。外部人之所以选择入主这种公司，因为他们认为这些公司的绩效不是没有希望的，绩效的改善是可以预期的[1]。

布维克等（Borokhovich, 1996）延伸了威斯巴赫（Weisbach, 1988）关于外部董事对绩效与更换之间敏感度分析的研究，利用 1970～1988 年间 588 家公司的 969 次 CEO 继任样本研究了董事会组成与外部人继任 CEO 的可能性之间的关系，在控制了公司规模等变量后，发现外部董事更倾向于用外部经理人代替被解雇的 CEO（不管是强制更换还是常规变更）。因为来自外部的继任者更容易打破前任经理的被证明是失败的公司经理策略[2]。

帕尔诺（Parrino, 1997）以 1969～1989 年间的发生 CEO 更换的 629 家美国上市公司为研究对象，分别将自愿更换和强制更换分为以下三类继

---

[1] Dalton, D. R., Kesner, I, F. Inside/Outside succession and organizational size: the pragmatics of executive replacement. Academy of Management Journal. 1983, (26): pp. 736–742.
[2] Borokhovich, Kenneth A., Robert Parrino, and Teresa Trapani, 1996, Outside directors and CEO selection, Journal of Financial and Quantitative Analysis 31, pp. 337–355.

任情况：公司内部继任、行业内其他公司继任和行业外继任。检验了CEO的更换与继任者来源问题，检验结果提供了关于影响自愿和强制更换因素的证据。这些证据表明，在经营业务一致性行业中比异质性行业中，绩效低劣的CEO更容易被识别，而且更换的成本也要小。强制更换和行业内部任命的可能性随着行业相似性而增加。相对绩效与外部继任负相关，内部继任的经理人拥有专有的人力资本，而相似性强的行业中的外部公司继任比相似性差的外部公司继任成本要小，总的来说，从其他行业中选聘经理人的成本最大。所以外部继任与行业的相似度正相关。与人力资本相关的高更换成本以及内部经理人培育计划间接的增加外部继任有关的成本。

琛和凯尼拉（Shen and Cannella，2002a）认为将继任者简单地分为内部继任和外部继任者显得不科学，即忽视了内部继任的不同情况对研究结论的影响。作者对CEO的继任情况进行了详细分类，从总体上区分了CEO的不同继任方式（内部竞争上岗型，内部接替型和外部接替型）。基于战略领导理论和组织变革理论，以CEO更换后三年的平均资产收益率（Return On Assets，ROA）作为因变量，检验了CEO继任以及高管团队成员的变动对公司绩效影响情况。结果发现不同类型的CEO的继任对绩效的作用程度要取决于CEO变更后高管团队变化，在内部竞争型的CEO上任后的高管变更对公司绩效有积极作用，而在CEO外部继任后团队的变化则对绩效有消极影响，但在控制了外部CEO继任与高管团队的变更的交互影响后，发现外部CEO继任后之所以对绩效有负作用，主要是由继任后的高管团队成员的流失引起的。所以外部CEO继任后，公司高管团队成员的流失对组织是很大的损失。作者建议新任的外部CEO在决定高管成员的去留时要谨慎，做好保持团队的稳定性。最后作者还发现，离去CEO的任职期限对更换后的公司绩效也有显著影响，且两者之间呈现倒U形关系。说明了任期过长和过短的CEO的离去对以后公司绩效的恢复和增长是不利的。还建议董事会在决定CEO的任期时要运用科学的决策方法。

琛和凯尼拉（Shen and Cannella，2002b）基于权力视角运用美国387家上市公司的数据研究了影响CEO解雇后的内部人继任问题的高管变量特征。研究结果表明，在控制了公司绩效以后，CEO的来源、任期，非CEO内部董事以及高管的持股水平是影响CEO解雇后内部人继任的重要因素。认为这与组织高管内部的利益冲突和权力争夺有关，即不仅管理层与股东之间存在利益冲突，而管理层内部因为争夺权力也同样存在利益冲突。之所以争夺权力是因为他们拥有权力的欲望，这种欲望来自于成为 CEO 后的声誉和物质激励。认为这种对权力的争夺能够提高内部监督效率，因为一旦公司绩效下滑，就会影响到团队每个成员的声誉，所以高管具有监督 CEO 的行为的激励动机，同时有挑战 CEO 权力以取得领导权的动机。通过考察 CEO 解雇后的内部继任还是外部继任的问题，发现非 CEO 内部董事比、非 CEO 股权比与解雇后的内部继任成正相关关系，而不与外部继任相关。内部人也可以有效地限制 CEO 的影响，而且还能增强高管挑战 CEO 权力的动机和能力。但这种解释也未必完全正确，还有替代性的解释是，外部董事有可能参与了 CEO 的解雇以及公司中有大量合格的 CEO 人选[①]。

法雷尔和威比（Farrell and Whidbee, 2003）利用 1986~1997 年间的发生的 363 次 CEO 更换事件为研究对象，研究表明当 CEO 的年龄大于 60 岁且公司规模相对大时，CEO 更换的可能性增加。当离任的 CEO 任期较短且被强制辞职时，外部继任的可能性增加。董事会在对 CEO 更换作出决定时，不仅利用现实绩效，而且还利用现实绩效与期望绩效的偏离度作为评判标准，尤其是在分析师们对特定公司的绩效的预测达成一致时。发现经过行业调整的一年分析师的预测错误与 CEO 的更换呈现负相关关系。而当预测公司的发展前景不令人乐观并且关于公司的长期绩效的分析存在不确定性时，公司董事会倾向于任命一个能够改变公司策略的人（如外部人）担当 CEO。

4.6 高管变更与盈余管理

高管变更前后与公司绩效相关的一个经济现象就是公司的盈余管理。关于在高管变更前高管进行盈余管理动机的主流解释有两个：一是机会主义观，即高级管理人员试图通过盈余管理提高企业经营业绩，降低被解雇的可能性；二是信号传递观，即高级管理人员通过盈余管理提高经营业绩，将公司经营即将趋好的内部信息传递给股东以及董事会。根据法马

---

① Shen, W., Canella. 2002. Power dynamics within top management and their impacts on CEO dismissals followed by inside succession. Academy of Management Journal, 45: pp. 1195-1206.

(Fama，1980)，经理人将他们自身财富以人力资本的形式租借给公司。内部和外部劳动力市场通过经理人所经营公司的绩效情况有效地修改经理人未来回报。会计绩效能直接或间接地影响劳动力市场对经理人能力的评价，继而直接或间接影响股东或董事会关于继续聘用还是解雇经理人的决定。所以在职高管人员为了避免被辞退，通过盈余管理调高利润，或者为了退休后的福利以及再任职机会等问题的考虑。布瑞克利（Brickley，1999）发现在 CEO 正常离去前一年中的会计和市场绩效与以下可能正相关：一是离去后在董事会中保留董事资格的可能，二是退休后仍然能够在其他公司担任董事资格的现象往往发生在绩效好的公司或面临正常退休的高管身上。还有一种现象就是在绩效低劣的公司里，被解雇所威胁的经理人可能采取措施掩盖恶化的绩效形势，即"Cover-Up"现象。瑞蒂格和蒂恩（Reitenga and Tearney，2003）研究了正常 CEO 退休前四年时间里的盈余管理情况，在控制了 CEO 持股、外部董事比例、大股东持股比、机构持股比以及审计委员会中的独董比等公司治理变量后，发现当 CEO 退休后留任董事会成员资格时，在退休前一年和前两年里盈余管理明显，独立董事和 CEO 持股能减轻这种现象，而机构股东的存在则加剧了 CEO 最后一年盈余管理的可能。

高管变更后继任者也有盈余管理的动机。继任者进行盈余管理的考虑是因为，第一个财政年度重点会计收益与管理福利不相关，一般从上任后的第二年开始算起。况且继任者对过去的绩效不负责任。继任人会在接任当年采取倾销不理想营业项目和不盈利的部门等进行盈余管理。新任经理会对当年的会计报表施加强有力的影响而人为地操纵会计报表，尽可能地抹黑接任时的公司绩效境况，越消极越好，一般来讲更换当年度的公司业绩会很糟糕。这其中会伴随着大量的盈余管理活动，这就是所谓的"大清洗"现象[1]。一方面可以将过去劣等绩效归咎于前任，即推卸责任；另一方面为以后自己负责任条件下的绩效水平的提高做铺垫，以创造两种绩效之间的悬殊性。提供了改进的可能性和空间，将自己的业绩水平的提高置于较有利的条件下，这样对经理人的报酬福利产生积极影响。蒂安吉洛（DeAngelo，1988）发现继任经理人倾向于采取盈余管理调低收益，以此将业绩较差的原因推给其前任的决策失误，并使得下一年的利润有更大的

---

[1] Copeland R. M., and Moore, M. L. (1972). The financial bath: is it common? Michigan University Business Topics, 20, pp. 63 – 69.

提升空间。所以继任者会存在减少收益（即利润冲洗）的动力。拉萨勒、琼斯和简（La Salle, Jones and Jain, 1993）将此称为"责备假说"。但从继任后第二年起，继任者可能采取增加报告收益的盈余管理方案来显示其绩效的改进。珀茨奥（Pourciau, 1993）用73家美国上市公司的CEO更换为样本，检验高级管理人员更换与盈余管理的关系，发现继任经理在第一年操纵收益项目将利润调低，目的是调低未来绩效的衡量参考标准；第二年在该经理管理下取得的收益都有显著提高。在非常规更换中继任经理有更强的动机和机会去实施盈余管理[1]。丹尼斯和丹尼斯（Denis and Denis, 1995）研究发现，从总体上看高级管理人员更换后，公司的经营业绩有所上升。其根源应部分归结为高管人员更换前后存在的盈余管理现象。威尔斯（Wells, 2002）以1984～1994年间澳大利亚91家大型上市公司为研究样本，检验了其中53家公司发生的77次CEO更换前后的盈余管理程度。研究证据表明，继任CEO会通过非正常和额外项目等手段减少更换年度的收益，这种盈余冲洗的盈余管理活动在非常规CEO更换中表现得尤为突出。

奚俊芳等（2006）以2002年和2003年两年间发生第一大股东变更的120家我国上市公司为研究对象，运用会计研究法研究公司控制权转移的绩效。文章利用主成分分析方法计算公司经营业绩综合得分，分析控制权转移方式以及高管变动等因素对控制权转移后公司业绩变动的影响，并考察控制权转移中是否存在盈余管理问题。研究结果表明，高管都发生变动的公司比没有变动的公司来说引起了公司业绩的提高，不过他们的回归分析表明，这些业绩的提高部分来自于盈余管理，这可能是更换后的董事长和总经理通过盈余管理向继任者表明自己较高的管理效率[2]。

4.7 高管变更与股东财富效应

高层更换，无论是否属于自愿更换，都是公司的一项重大决策。这一

---

[1] Pourciau, Susan, 1993, Earnings management and non-routine executive changes. Journal of Accounting and Economics 16, pp. 317–336.

[2] 奚俊芳、于培友：《我国上市公司控制权转移绩效研究——基于经营业绩的分析》，载《南开管理评论》，2006年第9期，第42～48页。

决策的重要性从更换公告发布前后股价的波动上可以体现出来。理论界有两种观点解释高层更换的股东财富效应。其一是特殊人力资本观,若离职的高管人员具有特殊的人力资本价值使得公司很难在经理人市场中找到合适的替代者,或者说寻找替代者的成本较高,这类高管人员的离职将极大影响到公司的价值,从而引起股价的波动。相反,如果离职的高管人员只具有一般人力资本,寻找这类高管人员的成本很小,甚至可以认为,其契约成本为零,那么这类高层更换就不会影响到股价。另一种观点是信号传递观,高层更换向股市传递出某种信号,股价波动是对该信号的反应。但是由于信息不对称性,股市可能产生两种反应:一种是股市认同董事会的这一决策是为了提高公司未来的业绩;另一种反应则出乎董事会的意料,市场接收到的信号是公司需要更换高级管理人员说明公司之前的业绩不好,尤其是当更换高级管理人员的公司做出更换决策之前的业绩较好时,市场会调低其对该公司经营业绩的预期值,从而市场对这一决策的反应就体现为负的累计超额报酬。

卢巴汀(Lubatkin,1993)用 1971~1985 年间发生 CEO 更换的 477 家大型上市公司为研究资料,用事件研究法检验了公司高管更换后不同继任者来源的股东财富效应。在控制了公司规模,但没有引入更换前后 CEO 的年龄、任职期限等变量后发现,CEO 更换前的公司绩效对不同继任来源的股东财富效应产生显著影响,投资者对财务健康良好的公司发生的外部继任表现出积极的市场反应,笔者将这种积极反应解释为,投资者可能将财务健康公司中聘任外部继任者的选择理解为公司继续保持较强适应能力的表现,投资者更期望外部继任者比内部继任者更好的服务于投资者利益[1]。

丹尼斯和丹尼斯(Denis and Denis,1995)的实证研究表明强制性更换公司的消息宣布与非正常收益显著正相关,但在正常退休的公司中二者并不显著。他们认为对这些事件研究结果的解释还是比较困难的,即管理层变动可能传递的信号有:公司绩效可能比想象中的糟糕,或者公司绩效将随管理层更换而改善,或者该公司正在成为一个接管目标。

布维克(Borokhovich,1996)延伸了威斯巴赫(Weisbach,1988)关于外部董事对绩效与更换之间敏感度分析的研究,利用 1970~1988 年间

---

[1] Lubatkin, M. Canella. , 1993. Succession as a sociopolitical process: Internal impediments to outside selection. Academy of Management Journal (36): pp. 763 – 793.

588 家公司的 969 次 CEO 继任样本研究了董事会组成与外部人继任 CEO 的可能性之间的关系,自愿更换后,不管是内部继任还是外部继任,股票收益都有积极表现,表明股东认为对他们是利好消息。而当强制更换后,市场对内部继任和外部继任表现截然相反,表明此时外部任命对股东更有利。

蒂曼和林(Dedman and Lin,2002)检验了 1990~1995 年间 331 家英国上市公司 CEO 更换的宣布日前后的股价变化情况,发现很多公司选择不宣布 CEO 的离职。而与那些向伦敦证券市场正式宣布 CEO 更换消息的公司相比,这些不宣布消息公司的绩效更差,更换后失败的概率也更高。市场对更换的反应是消极的,市场视更换为财富缩减,尤其是当 CEO 被解雇后又从事其他工作的,即视更换为坏消息。然而这种消极市场反应更容易受到新闻媒体披露的影响,而不是公司披露的影响。他们还发现股价对高管离职消息披露的反应明显受到公司财务风险、更换原因和董事会是否宣布替代人选的影响[1]。

戴维森(Davidson,1990)以 1986 年《财富》500 强中的 367 家高管变更的公司为样本,采用事件研究法,分析了股票市场对变更的宣告反应。结果发现市场对高管的变更持积极的反应,在控制了公司高管更换前绩效以及公司规模后,发现继任者的来源、职位、教育程度以及年龄等变量引起的市场反应存在不同。横截面的分析表明市场对公司主要高级管理人员的变更事件反应积极,内部继任能导致绩效的上升,年轻高管的继任能引起市场的强烈的积极反应,而由教育程度带来的影响比较弱。

朱琪等(2004)针对 1997~2001 年我国上市公司并购中控制权变更的 282 例样本,就其控制权变更公告日效应的平均超常收益率和累计平均超常收益率进行实证分析。研究结论显示:(1)我国上市公司并购中控制权变更的信号传递效应在[-2,2]区间上完全实现。(2)在我国上市公司并购中控制权变更公告日收益率变动呈现出如下趋势:在公告日信号传递效应区间,其收益率显著为正;随着传递时间延伸,收益率显著为负,从而在整体上,我国上市公司并购中控制权变更对并购公司股东并未显示出明显绩效改善[2]。

---

[1] Davidson, W. N., Worrell, D. L., Cheng, L. 1990. Key Executive Succession and Stockholder Wealth: The Influence of Successor's Origin, Position, and Age. Journal of Management. Vol16: pp. 647–664.

[2] 朱琪、彭璧玉、黄祖辉:《大股东变更和高层更换:市场绩效的实证研究》,载《华南师范大学学报》,2004 年第 2 期,第 15~20 页。

张龙、刘洪(2006)将更换后的继任者来源分为内部和外部,将继任方式分为控股股东指派和职业经理人两种形式,并利用沪深300指数成分股公司2001~2003年的301例董事长和总经理继任事件为研究样本,用事件研究方法分析了经营者继任的信号效应,用邹检验识别了经营者继任的管理效应。研究表明,内部提升总经理或选择职业经理人担任总经理导致公司股价下跌;但是,不论继任来源和选择方式如何,董事长和总经理的变更均会导致公司系统风险水平发生显著变化。

之所以出现各种各样的结论,究其原因,一些研究从研究样本中剔除了那些发生在变更前后短时间内复杂事件的影响,如股利宣告效应等,这些研究包括,弗塔多和若茨弗(Furtado and Rozeff, 1987)、华纳(Warner, 1988)等,而其他的研究则没有剔除这些事件的影响,如威斯巴赫(Weisbach, 1988)等。

4.8 高管变更与高管团队稳定性

所谓高管团队稳定性是指在上市公司的主要管理人员(包括总经理或董事长)离职后引起的其他一般高级管理人员的变动情况。克尼、克拉考和米安(Kini, Kracaw and Mian, 1995)的研究表明,当CEO的更换是由破产程序、私有化改组或者接管活动造成时,董事的更换与CEO的更换成正相关关系。笔者认为董事更换频率的增加是董事因为低劣绩效的约束引起的[1]。然而这种约束性活动将向外部传递内部控制机制的失败的信号。所以包括经理层、董事的约束性更换也就不足为奇了。而在缺少外部压力的情况下,很少有证据表明在CEO更换后董事被更换。如赫玛琳和威斯巴赫(Hermalin and Weisbach, 1988)检验了142家公司13年期间的董事会的变化情况,没有发现外部董事在CEO更换后可能离开董事会的证据。还认为内部董事是CEO职位的内部候选者,内部董事更有可能支持他们的同事而不是外部人。因为外部人比他们的候选者更可能打破公司的现有策略。也有人争论说,新任CEO可能需要不同技术特长的董

---

[1] Kini, O., Kracaw, W., Mian, S. 995. Corporate takeovers, firm performance, and board composition. Journal of Corporate Finance (1): pp. 383–412.

事，那么当原 CEO 被强制更换后，可能导致大规模的董事会重组活动（相对于自愿更换来讲）。

法雷尔和威比（Farrell and Whidbee，2000）利用 1982～1992 年间 66 家发生 CEO 被强制更换的公司为样本，研究 CEO 的强制更换后公司中的外部董事所面临的激励问题。结果发现公司 CEO 因绩效低劣被强制离职后，那么与 CEO 关系紧密（不独立于 CEO）而且持股量少的外部董事被更换的可能性随之增加，而且可能丢掉在其他公司的董事资格。而与 CEO 关系不紧密，做出了正确的更换决定（即解雇原经理和雇用新经理的决定，两个决定必须都正确，以更换后的绩效提高为衡量标准）且持有相对较大量的股权的外部董事，在 CEO 更换后将继续在公司保持董事资格或者在更多公司中取得董事职位等。结论支持詹森（Jensen，1993）的言论，即董事们一般没有激励去解雇一个低效的 CEO，否则他们将会面临离开目前董事会的可能。也与卢布林和达夫（Lublin and Duff，1995）的研究结果一致，因为监督一个低效 CEO 活动是一个带有风险性的赌博活动，该活动涉及两个决定，即首先决定是否有必要强制 CEO 离职，其次必须选择一个合适的继任者。而董事们必须做出两个正确的决定才能受到市场的奖励。所以很多董事不愿意参与解雇一个低效 CEO 的活动。法雷尔和威尔（Farrell and Whidbee）还认为，更换本身可能导致董事会的重构，而不管更换的类型。新任 CEO 可能安置自己的董事会成员，而不管他是强制更换者还是正常更换的继任者。尤其是 CEO 为一外部人士时，他更可能安排自己的董事会。

菲和哈劳克（Fee and Hadlock，2004）发现，高管更换有一个团队效应。非 CEO 的离职率往往伴随着 CEO 的解雇，尤其是当替换者来自外部时而增加。所以表明管理层拥有团队专有的人力资本以及 CEO 的工作安全性也会影响到下属管理层的职业稳定性。

佛劳诺（Florou，2005）以 1990～1998 年间 460 家两职分离，且发生高管变更的公司为研究样本，研究了董事会主席与 CEO 的更换之间的关系。结果表明，当 CEO 被解雇后，董事会主席更有可能被更换，而且将引起董事会的重组，随后带来利于公司决议变化的不同技术和经验。而且当董事会主席参与了绩效失败的 CEO 的任命时，CEO 的离去增加了该董事会主席解职的可能性。笔者认为这是对董事会主席没有成功执行其监督职责的惩罚，同时也可以被视为有效公司治理的表现。但是董事会主席的强制性更换与 CEO 自愿离职不相关①。

张必武、石金涛（2005）从业绩相关理论、锦标赛理论和专用化人力资本理论出发，对总经理更换后的高管团队稳定性进行了理论分析和实证检验。经验证据表明，总经理更换提高了高管离职的概率，但降低了企业绩效对高管离职的影响；总经理被迫离职后的年轻高管有较高的离职概率；高管与离任总经理的专用化人力资本越高，总经理更换后高管离职概率越高，而与继任总经理的专用化人力资本则可使高管离职概率有一定程度的降低。实证结果支持锦标赛理论和专用化人力资本理论，但业绩相关理论没有得到支持②。

4.9 本章评析与展望

高管变更是现代企业公司治理的内外机制对企业代理人——高管层的激励约束机制，高管变更机制的最终目的是约束代理人的道德风险和各种机会主义行为，从而使高管的经营管理行为与股东利益最大化要求一致。本章从公司治理的角度对高管变更的研究进行了系统梳理。第一节先对高管变更的概念和高管范畴进行了界定；第三、四节对公司治理与高管变更的实证研究进行了概括归纳。在第二节中分别从公司治理的股权结构、董事会治理、高管特征以及外部治理机制等角度阐述了公司治理机制对高管变更的影响。然后述评了高管变更后的继任者来源、公司绩效中的盈余管理现象、股东对高管变更的市场反应以及变更所带来的高管团队的稳定性影响等方面的研究成果。

对这些研究成果进行综合比较分析，可以看出它们之间呈现出以下特征：

1. 研究思路存在着巨大的差异。研究者尤其是在中外研究者之间，这种差异更加明显，这是各国包括文化等方面的研究背景差异造成的。

2. 研究问题的角度越来越丰富。在研究时代背景不同的情况下，新

---

① Florou, A. 2005. Top Director Shake-Up: The Link between Chairman and CEO Dismissal in the UK [J] Journal of Business Finance and Accounting (32): pp. 97–128.

② 张必武、石金涛：《总经理更换与高管团队的稳定性研究》，载《财经研究》，2005 年第 32 期，第 121~132 页。

的问题不断出现，而针对新问题的研究角度也越来越多，不断丰富着从公司治理角度研究高管变更的内容。

3. 研究结果千差万别。造成这种差异的原因大致可以分为以下几类：一是各个国家的社会制度和经济制度不同；二是国家间的公司治理状况的完善程度不同；三是研究者在采集实证研究数据的方法和数量上不同；四是对实证研究指标的界定上没有统一的标准。

4. 综观国内外的研究内容可以发现实证研究居多，而理论研究方面略显欠缺。这可能是该专题研究内容的实用性较强的缘故。但是今后的研究应当适当加强理论方面的研究，以使该专题的理论基础显得更牢固，不再显得"头重脚轻"。

参考文献

一、中文部分

1. 陈健、席酉民、贾隽：《并购高管变更的绩效影响：基于中国上市公司的实证分析》，载《南开管理评论》，2006 年第 9 期，第 33～37 页。

2. 龚玉池：《公司绩效与高层更换》，载《经济研究》，2001 年第 10 期，第 75～82 页。

3. 宋德舜、宋逢明：《国有控股、经营者变更和公司绩效》，载《南开管理评论》，2005 年第 8 期，第 10～15 页。

4. 李维安、武立东：《公司治理教程》，上海人民出版社 2002 年版。

5. 沈艺峰、张俊生：《ST 公司董事会治理失败若干成因分析》，载《证券市场导报》，2002 年第 3 期，第 21～25 页。

6. 张维迎：《所有制、治理结构与委托代理关系》，载《经济研究》，1996 年第 9 期。

7. 张龙、刘洪：《上市公司经营者继任的绩效意义》，载《南开管理评论》，2006 年第 9 期，第 49～54 页。

二、英文部分

1. Bhagat, S., Black, B. The Uncertain Relationship between Board Composition and Firm Performance. Working Paper. University of Colorado and Stanford Law School, 1999.

2. Coughlan, A. T., and Schmidt, R. M. 1985. Executive compensation, management turnover, and the firm performance: an empirical investigation. *Journal of Accounting and Economics*, 7, pp. 43–66.

3. DeAngelo, Linda E., 1988, Managerial competition, information costs, and cor-

porate governance: The use of accounting measures in proxy contests. *Journal of Accounting and Economics* 10, pp. 3 – 36.

4. Dahya, Y., McConnell, J. J., Travols, N. G., 2002. The Cadbury Committee, Corporate Performance, and Top Management Turnover. The Journal of Finance. 1: pp. 461 – 483.

5. Dedman, E., Lin, S. W. – J. 2002. Shareholder wealth effects of CEO departures: evidence from the UK. Journal of Corporate Finance 8: pp. 81 – 1047.

6. Denis, D. J., Denis, D. K., and Sarin, A., 1997. Ownership structure and top executive turnover. Journal of Financial Economics, 45, pp. 193 – 221.

7. Denis, D., Kruse, T., 2000. Managerial discipline and corporate restructuring following performance declines. Journal of Financial Economics, 55, pp. 391 – 424.

8. Fama, E. F. (1980), Agency Problems and the Theory of the Firm. Journal of Political Economy, Vol. 88, No. 2 (April), pp. 288 – 307.

9. Fama and Jensen. Separation of Ownership and Control. Journal of Law and Economics, 1983 (6): pp. 301 – 349.

10. Fan, D. K. K., Lau, C. M. and Young, M. Is China's corporate governance beginning to come of age? The case of CEO turnover. Pacific-Basin Finance Journal, 2006 (91): pp. 1 – 16.

11. Farrell, K. A., Whidbee, D., 2000. The consequences of forced CEO succession for outside directors. Journal of Business73, pp. 597 – 627.

12. Gibbons R., Murphy K., Optimal Incentive Contracts in the Presence of Career Concern: Theory and Evidence. Journal of Political Economy, 1992, (100): pp. 468 – 505.

13. Gilson, S. C., 1989. Management turnover and financial distress. Journal Financial Economics 25, pp. 241 – 262.

14. Goyal, V., Park, C. 2002. Board Leadership Structure and CEO Turnover. Journal of Corporate Finance. 8, pp. 49 – 66.

15. Hadlock, Charles J., and Gerald B. Lumer, 1997, Compensation, turnover and top management incentives: Historical evidence, *Journal of Business* 70, pp. 153 – 187.

16. Hirshleifer, D., Thakor, A. V., 1994. Managerial performance, boards of directors, and takeover bidding. *Journal of Corporate Finance* 1, pp. 63 – 90.

17. Huson, Mark R., Paul H. Malatesta, and Robert Parrino, 1999, Managerial succession and firm performance, unpublished manuscript, University of Alberta.

18. Jensen C. M., Murphy, K. J.. Performance Pay and Top-Management Incentives. Journal of Political Economy, 1990, (98): pp. 225 – 264.

19. Jensen, M. C., 1993, The modern industrial revolution, exit, and the failure of internal control systems, Journal of Finance 48, pp. 831 – 880.

20. Kang, J. K., Shivdasani, A., 1995. Firm performance, corporate governance, and top executive turnover in Japan. Journal of Financial Economics, 38, pp. 29 – 58.

21. Kaplan, S. N. Top executive rewards and firm performance: A comparison of Japan and the United States. Journal of Political Economy. 1994a (102): pp. 510 – 546.

22. Khhnna, N., Poulson, A. B.. Mangers of financially distressed firms: villains or scapegoats? Journal of Finance, 1995 (50): pp. 919 – 940.

23. Kennedy, V. A., Limmack, R. I., Takeover activity, CEO turnover, and the market for corporate control. Journal of Business Finance and Accounting, 1996, (23): pp. 267 – 285.

24. La Porta (a), Rafael, Lopez-de-Silanes, Florencio, Shleifer, Andrei, 2000. corporate ownership around the world. Journal of Finance, 54, pp. 471 – 517.

25. La Porta (b), Rafael, Lopez-de-Silanes, Florencio, Shleifer, Andrei, Vishney, Robert, 2000. Investor protection and corporate governance. Journal of Financial Economics, 58, pp. 3 – 27.

26. La Salle, R. E., Jones, S. K., and Jain, R. (1993). The association between executive succession and discretionary accounting changes: Earnings management or different perspectives? Journal of Business Finance and Accounting, 20, pp. 653 – 671.

27. Lublin, J. S., Duff, C. 1995. How do you fire a CEO? Very, Very slowly. Wall Street Journal, January, 20.

28. Neumann, R., Voetmann, T., 2005. Top executive turnovers: separating decision and control rights. *Managerial and Decision Economics* 26, pp. 25 – 37.

29. Parrino, R.. CEO Turnover and Outside Succession: a cross-sectional Analysis. Journal of Financial Economics, 1997, 46: pp. 165 – 197.

30. Perry, T., 1998. Incentive compensation for outside directors and CEO turnover. Unpublished Working Paper, Arizona State University.

31. Schumpeter, J. A. The Theory of Economic Development. Cambridge, Mass: Harvard University Press, 1934: pp. 123 – 126.

32. Schultz, T. W Investment in Human Capital. The American Economic Review, 1961, 51 (1): pp. 1 – 17.

33. Suchard, J – A., Singh, M., Barr, R. 2001. The market effects of CEO turnover in Australian firms. *Pacific-Basin Finance Journal* (9), pp. 1 – 27.

34. Vancil, Richard F., 1987, Passing the Baton: Managing the Process of CEO Succession (Harvard Business School Press, Boston, MA).

35. Warner, J. B., Watts, R. L., Wruck, K. H., 1988. Stock prices and top management changes. *Journal of Financial Economics*, 20, pp. 461 – 492.

36. Wells, P. 2002. Earnings management surrounding CEO changes. Accounting and Finance. Vol42: pp. 169 – 193.

第 5 章

公司治理、自由现金流与企业投资行为

　　米勒——莫迪利安尼模型理论（MM 理论）提出在完善的资本市场中，融资结构与企业投资决策无关，内部资金与外部资金可以完全地相互替代。但是由于现实中资本市场的不完善，信息不对称和交易成本的存在，内部融资与外部融资之间存在显著的成本差异。此外，由于代理问题的存在，使企业利益相关者之间存在着冲突，这种冲突在企业经营投资中表现为权利、责任和利益分配的不对称和各种机会主义行为的发生，这些都直接影响着企业的投资决策。将自由现金流和公司治理问题引入企业投资行为分析框架，使得企业投资不再是"黑箱"，可以为我们逐步认识和分析企业投资行为提供理论支持。

5.1　企业投资与自由现金流之间关系的理论基础

　　将自由现金流量引入企业的投资决策模型是西方财务管理领域 20 世纪 80 年代以来的热门话题。① 通过梳理有关文献，可以发现，已有很多

---

①　在西方经济学中，企业投资支出一般包括固定资产投资、住宅投资和存货投资。固定资产投资指企业用于研究开发、机器设备以及工厂的建筑方面的投资，它不仅包括新增能力的增加，而且包括对已有的生产能力的维护和维持的投资即折旧方面的投资支出。其中，企业固定资产投资的支出决定问题，是企业投资研究的主题。常用的几个固定资产投资模型包括：现金流量模型、加速数模型、新古典模型和 q 理论模型。

学者从不同角度对企业投资与现金流之间的关系进行了理论研究和实证检验。

关于企业投资与自由现金流量问题的理论基础主要存在着三个分支。

第一个分支基于资本市场信息不对称理论。该理论认为，资本市场信息不对称使企业内部人员掌握大量有关企业投资信息，而这些信息中的很大一部分都无法被外部投资者所掌握，外部投资者所掌握的信息同内部人员相比是不完全的，这必然会影响外部投资者的投资。斯蒂格利茨（Stiglitz）等提出信息的不完全将会导致市场竞争中的"信贷配给"（Credit Rationing）。①"信贷配给"是指在现实的信贷市场上，利率并不能完全引导银行的信贷供给，风险会对银行的预期收益产生很大影响，因而有许多情况，即使借款者愿意接受更高的利率，同时银行也有继续提供信贷的能力，但银行还是不愿意提供贷款。② 在这种情况下，资本的筹集能力决定了企业投资水平，内部资金充裕的企业将处于一个非常有利的位置。格林沃德（Greenwald）等认为信息不对称使投资者对投资项目的期望收益水平大大提高，因此，对于那些收益水平比较低的项目来说，投资者不愿意将资金投入到项目中，这类企业进行外部融资的难度加大，企业受到的外部融资约束更强，企业更偏好于使用内部资金来满足投资行为的需要。③ 因此，在现实中，企业会保留较高的盈余比例，以应未来资金所需，自由现金流量的波动对企业投资行为的影响很大。④ 该理论从信息不对称角度说明了企业投资行为对自由现金流量的依赖性。

第二个分支基于自由现金流量代理成本理论。詹森（Jensen）于1986年提出了著名的"自由现金流量假说"（Free Cash Flow Hypothesis），也称作自由现金流量的代理成本（Agency cost of free cash flow）理论。⑤ 这一理论强调，由于监控成本的存在，经理人具有将资源投入到非盈利最大化项目的能力。由于自由现金流处于经理人控制之下，并且内部资金越充裕，外部融资对经理人的监督和约束的可能性就越少，这样经理人同样会

---

① Stiglitz, Joseph E. and Andrew Weiss. Credit rationing in markets with imperfect information. American Economic Review, 1981 (71): pp. 393–410.
② 传统理论在解释信贷市场时，认为资金的价格—利率能调节信贷资金的供给和需求，会使信贷市场最终产生一个均衡利率。在均衡利率水平上，借款者的需求都能得到满足。
③ Greenwald, B., J. E. Stiglitz and A. Weiss. Information imperfections in the capital market and macroeconomic fluctuations. American Economic Review, 1984 (74): pp. 194–199.
④ Meyer, J. R. and E. Kuh. The investment decision. Harvard University Press, 1957.
⑤ Jensen, M. Agency costs of free cash flow, corporate finance and takeovers. American Economic Review, 1986 (76): pp. 323–329.

偏好于内部融资。该理论从委托—代理问题角度说明了企业投资行为对自由现金流量的依赖性。

第三个分支基于交易成本及融资优序理论。梅耶和海吉拉夫（Myers and Majluf）的融资优序理论（Pecking Order Theory，也称啄食理论）指出，由于外部融资约束的存在，企业在为投资项目融资时会按照融资成本及风险由低到高的顺序选择融资方式。由于信息不对称的存在，外部投资者会降低购买风险证券的价格，从而会增加外部融资的成本，而内部融资不需要实际对外支付利息或股息，不发生融资费用，使内部融资的成本远低于外部融资，因此企业为投资项目融资，首先会选择内部融资，只有当内部融资仍不能满足企业的资金需求时，企业才能转向外部融资。① 该理论从交易成本角度说明了企业投资行为对自由现金流量的依赖性。

以上三种理论都表明了企业投资与内部资金的关联性，为企业投资行为与自由现金流量的关系提供了理论基础。

5.2　企业投资与自由现金流之间关系的实证研究

法瑞、胡伯德和皮特森（Fazzari, Hubbard and Petersen）等人1988年发表的关于投资是否依赖于现金流的文章验证了投资新古典模型、销售加速器模型、Tobin模型，引起了关于投资—自由现金流研究新的兴趣。② 法瑞（Fazzari）等人在这篇具有开创性意义的论文中指出：在信息不对称条件下，各企业取得资金的方式和难易程度皆不相同，企业的成熟性将会影响企业的资金取得渠道；低股利分配公司同高股利分配公司相比，随着自由现金流量的增加，投资增加的幅度更大。

此后，利文特和科尼（Lewent and Kearney）通过默克公司的案例研究发现，自由现金流量的波动对于战略性投资行为的影响尤为显著。由于战略性投资（尤其是那些基础性的研发投资）前期需要大量资金投入，

---

① Myers S. C. and Nicholas S. Majluf. Corporate financing and investment decision when firms have information that investors do not have. Journal of Financial Economics, 1984（13）: pp. 187-221.

② Fazzari, Steven M., R. Glenn Hubbard and Bruce C. Petersen. Financing constraints and corporate investment. Brookings Papers on Economic Activity, 1988（1）: pp. 141-195.

而这些投资在短期内的收益水平往往很低,达不到投资者期望的收益水平,企业要想进行外部融资比较困难,因此,这些战略性投资行为对自由现金流量的依赖性更强。[1] 弗朗特、舒斯汀和舒坦(Froot,Scharfstein and Stein)对这一观点进行了进一步阐述:外部融资活动带来的种种限制促使企业保留一定量的现金流量以备未来投资,否则,企业可能会因为其自由现金流量不足而错失一个好的投资项目。[2]

伯尔尼和哥特勒(Bernanke and Gertler)通过实证检验发现,内部资金匮乏和外部融资高成本会造成企业投资不足,在这种情形下,投资和负债同向变化。[3] 坎特(Cantor)指出,高负债融资企业,其投资比率和销售收入及利润的关系相当密切。当企业负债的平均水平上升时,任何经济变动或是货币政策变化,都会影响企业的营运。若企业的融资规模增加,则资本支出和员工成长率也会随之增加。坎特(Cantor)同时也发现,股利发放率低的企业,投资比率和自由现金流量呈现高度相关。[4]

埃亚尼斯和奥夫科(Allayannis and Ofek)研究发现,那些面临汇率风险的企业应用货币衍生物产生的自由现金流可以很好地规避汇率风险,进而为投资行为提供资金保障。[5] 戴克、海德森和托马斯(Robert Dekle,Dale Henderson and Sebastian Thomas)搜集了日本第二次世界大战后年度汇总数据,研究了投资与资产、预期利润现值和现金流量的关系,结果发现投资与现金流量的相关性最大。[6]

虽然目前投资—现金流关系研究还处于初级阶段,甚至在一些方面还存在较大争议,但它成为20世纪80年代以来企业行为研究领域的焦点问题已是不争的事实,近来西方学者对投资—现金流关系研究已集中到以下三个领域。

---

[1] Lewent, J. and J. Kearney. Identifying, measuring and hedging currency risk at Merck. Continental Bank Journal of Applied Corporate Finance, 1990 (1): pp. 19 – 28.

[2] Front, K. , D. Scharfstein and J. Stein. Risk management: coordinating corporate investment and financing policies. Journal of Finance, 1993 (12): pp. 3 – 25.

[3] Bernanke, Ben S. and Mark Gertler. Agency costs, net worth, and business fluctuations. American Economic Review, 1989 (79): pp. 14 – 31.

[4] Cantor, Richard. Effects of leverage on corporate investment and hiring decisions. Federal Reserve Bank of New York Quarterly Review, 1990 (7): pp. 31 – 44.

[5] Allayannis, G. and E. Ofek. Exchange-rate exposure, hedging, and the use of foreign currency derivatives, forthcoming. Journal of International Money and Finance, 2000 (76): pp. 324 – 331.

[6] Dekle Robert, Dale Henderson and Sebastian Thomas. The stock market, fundamentals cash flow, and private investment: evidence from Japan. Japan and World Economy, 2002 (12): pp. 295 – 310.

5.2.1 融资约束对投资—现金流敏感性的影响

自1988年法瑞、胡伯德和皮特森（Fazzari, Hubbard and Petersen）的开创性研究之后，围绕这一问题就争论不断。法瑞（Fazzari）等当时以股利支付率作为衡量公司所受融资约束程度的指标，对421家美国制造业公司进行了实证研究，结果表明，现金流的系数为正值，而且随着股利支付率的降低而增加。这意味着低股利支付率比高股利支付率公司的投资—现金流敏感性高，即外部融资的制约使投资对自由现金流量的波动更加敏感。[1]

此后，胡施、喀什亚普和舒斯汀（Hoshi, Kashyap and Scharfstei）以日本121家 Keiretsu 企业集团会员企业和24家非 Keiretsu 制造业企业为对照样本，探讨企业资本结构（主要讨论企业自由现金流量）和投资之间的关系，结果发现，与121家 Keiretsu 会员企业并且是非融资约束企业相比，24家非 Keiretsu 的日本制造业企业的投资对自由现金流量的敏感性更强。[2]

1997年卡普兰和曾格尔斯（Kaplan and Zingales）利用新的模型和融资约束分组标准重新验证了从 FHP（Fazzari, Hubbard and Petersen）文献中抽取的公司样本的子集，并对使用投资—现金流敏感性来解释融资约束程度的实用性进行了批判，认为融资约束与否并不能影响投资—现金流的敏感性，也就是说，投资—现金流的敏感度并不能用来衡量企业融资约束程度。[3] 科勒瑞（Cleary）根据 KZ（Kaplan and Zingales）所提出的理论模型为基础，通过实证研究发现，非融资约束企业的投资和自由现金流量呈现正相关关系。[4]

2000年，FHP 对 KZ 的批评进行了反驳，他们指出 KZ 的批评存在两方面的缺陷：首先，KZ 的理论模型和按融资约束程度对公司分组的标准，

---

[1] Fazzari, Steven M., R. Glenn Hubbard and Bruce C. Petersen. Financing constraints and corporate investment. Brookings Papers on Economic Activity, 1988 (1): pp. 141–195.
[2] Hoshi, Takeo, Anil K. Kashyap and David Scharfstein. Corporate structure liquidity and investment: evidence from Japanese panel data. Quarterly Journal of Economics, 1991 (106): pp. 33–60.
[3] Kaplan, Steven N. and Luigi Zingales. Do investment-cash flow sensitivities provide useful measures of financing constraints. Quarterly Journal of Economics, 1997 (112): pp. 169–215.
[4] Cleary S.. The relationship between firm investment and financial status. Journal of Finance, 1998 (2): pp. 673–692.

未能延续这一问题已有的框架和方法;其次,KZ 实证研究中的样本过分集中于处在财务困境中的公司,缺乏代表性。[1] 他们认为,财务困境(Financial distress)中公司在债权人的要求下,往往保留现金、减少固定资产投资,增强流动性以避免公司破产,这使投资—现金流敏感性较低,KZ 的样本过分集中于处在财务困境中的公司,缺乏异质性,这必然影响回归的结果。也就是说,财务困境是财务约束的极端情况,财务困境中的公司,已不能正常运营,FHP 认为,样本中不应过多包含处在财务困境中的公司。

有意思的是,在与刊载 FHP 反驳文章的同一期《经济学季刊》上,刊登了 KZ 对 FHP 反驳的答复文章。在这篇文章中,KZ 认为,他们的理论模型和分组标准,能更好地对融资约束程度不同的公司进行区分,比已有的模型具有更强的合理性。关于 FHP 批评 KZ 实证研究中样本缺乏异质性,KZ 承认他们样本量较少,但他们指出,科勒瑞(Cleary)在后续研究中使用了大量异质性的样本,得到了与 KZ 相同的结论。另外,KZ 认为,财务困境是财务约束的一种,而且区分财务困境与财务约束是很困难的。在文章的最后,KZ 指出,这一领域还有很多重要问题值得研究,尤其重要的一个问题,投资—现金流之间敏感性的原因,目前并没有得到彻底的解答。[2]

上述有关外部融资约束的研究,基本是在确定的投资机会下,设定一个代理或分类变量来解释融资约束,然后使用这个变量使融资约束和非融资约束的公司相分离,比较公司投资对内部资金的敏感性。一直以来,托宾 Q 被用来代理预期收益的用以衡量企业投资机会的一种方法,常常被定义为企业在金融市场上的市场价值与该企业现有资本存量重置成本之比。还有一些研究认为销售收入对投资起到加速的作用,是对产品需求增长的反映,因此可以代理预期收益。1995 年,科瑞克和舒勒(Chirinko and Schaller)提出托宾 Q 值是不完善的,因为它只反映了企业全部资本的平均回报率,而资本的边际回报率才是最重要的。[3] 此后,盖勒(Gugler)在 1999 年提出了测量边际托宾 Q 值的方法,并据此检验了在不同

---

[1] Fazzari, Steven M., R. Glenn Hubbard and Bruce C. Petersen. Investment-cash flow sensitivities are useful: a comment on Kaplan and Zingales. Quarterly Journal of Economics, 2000 (115): pp. 695 – 705.

[2] Kaplan, Steven N. and Luigi Zingales. Investment-cash flow sensitivities are not valid measures of financing constraints. Quarterly Journal of Economics, 2000 (115): pp. 707 – 712.

[3] Chirinko, R. S and H. Schaller. Why does liquidity matter in investment equations?. Journal of Money, Credit and Banking, 1995 (27): pp. 527 – 548.

托宾 Q 值下企业投资对现金流的敏感性。[1]

实证分析的难点在于如何确定一个合适的代理来表示融资约束,即融资约束的划分标准问题。法瑞、胡伯德和皮特森(Fazzari, Hubbard and Petersen)首先提出使用股利支付率作为划分融资约束的标准,其理由是股利支付率可以作为衡量剩余内部资金的指标,他们认为,低股息公司是存在融资约束的公司,而支付较高股息的公司不存在融资约束。[2] 胡瑞克和舒勒(Chirinko and Schaller)使用成熟度、所有权的集中程度、制造业公司/非制造业公司等对加拿大公司的数据进行了分类。[3] 葛瑞斯特和黑姆博格(Gilchrist and Himmelberg)根据公司是否发行商业本票或者债券等级来划分融资限制不同的公司,使用这些代理的基本原理是发行商业本票,或者使用外部代理对它们的债券等级做出评价的公司,较容易进入债务资本市场,因此再融资不受限制。[4]

5.2.2 公司规模对投资—现金流敏感性的影响

关于公司规模对投资—现金流敏感性影响的研究,主要出现在 20 世纪 90 年代以后。学者们根据公司规模对研究样本进行划分,比较不同公司规模下的投资—现金流敏感性,但却得出了不同的结论。

一种结果为大公司的投资比小公司投资对现金流更敏感。卡达帕科姆(Kadapakkam)等对六个发达国家的上市公司分别用市值、总资产与销售额来衡量公司规模,并对样本进行大、中、小的划分,对公司规模、投资—现金流的关系进行了实证检验,发现不同规模公司的投资—现金流敏感性存在显著性差异,大公司的投资对现金流量的影响比小公司更敏感。[5] 葛瑞斯特和黑姆博格(Gilchrist and Himmberg)的研究表明,企业

---

[1] Gugler, K.. Investment spending in Austria: asymmetric information versus managerial discretion. Working Paper, University of Vienna. 1999 (7): pp. 142 – 185.
[2] Fazzari, Steven M., R. Glenn Hubbard and Bruce C. Petersen. Financing constraints and corporate investment. Brookings Papers on Economic Activity, 1988 (1): pp. 141 – 195.
[3] Chirinko, R. S and H. Schaller. Why does liquidity matter in investment equations?. Journal of Money, Credit and Banking, 1995 (27): pp. 527 – 548.
[4] Gilchrist, S. and C. P. Himmelberg. Evidence on the role of cash flow for investment. Journal of Monetary Economics, 1995 (36): pp. 541 – 572.
[5] Kadapakkam, Palani-Rajan, P. C. Kumar and Leigh A. Riddick. The impact of cash flows and firm size on investment: the international evidence. Journal of Banking and Finance, 1998 (22): pp. 293 – 320.

规模越大，投资与现金流量之间的敏感性就越强；反之，企业规模越小，这种敏感性就越弱。[1]

另一种相反的结果为小公司的投资比大公司投资对现金流更敏感。例如，德弗罗和舒安特利（Devereux and Schiantarelli）根据资本存量的真实价值来衡量公司规模，并以英国公司为样本进行了划分，对不同规模公司的投资对现金流量的敏感性进行了比较[2]；阿赛和劳玛斯（Athey and Laumas）根据股权资本账面值来衡量公司规模，并以印度公司为样本进行了划分和比较。[3] 这两项研究的结论表明，相对于大规模公司，小规模公司具有更高的投资—现金流量的敏感性。他们对此给出的解释是，第一，由于证券发行成本具有规模经济效应，大公司外部单位融资成本较小；第二，大规模公司很容易获得比小公司更多的信息；第三，大规模公司由于具有足够的激励去收集信息并有效监督管理层，使管理机会主义行为得到一定程度的限制，代理成本减少。因此，小公司利用外部资金的成本较高，而较少进入外部资本市场，其投资更多地受到可利用内部资金的影响，因此小公司的投资对现金流量更敏感。

5.2.3 股权结构对投资—现金流敏感性的影响

随着企业投资行为研究的兴起，近十年来，从股权控制类型、内部人持股比例及股权集中程度等方面研究股权结构对投资—现金流敏感性的文章逐渐增多起来。

法茨奥和拉斯弗（Faccio and Lasfer）发现，当机构投资者持有企业大额股份时，投资与内部现金流无关或弱相关。[4] 乔根和瑞博格（Goergen and Renneboog）研究了伦敦证券交易所六年 240 家公司投资和自由

---

[1] Gilchrist, Simon and Charles P. Himmberg. Evidence on the role of cash flow for investment. Journal of Monetary Economics, 1995 (36): pp. 541-572.
[2] Devereux, Michael P. and F. Schiantarelli. Investment, financial factors, and cash flow: evidence from UK panel data. R. Hubbard (ed.). Asymmetric information, corporate finance, and investment. University of Chicago Press, 1990, pp. 279-306.
[3] Athey, M. J. and P. S. Laumas. Internal funds and corporate investment in India. Journal of Development Economics, 1994 (45): pp. 287-303.
[4] Faccio, M. and M. Lasfer. Do occupational pension funds monitor companies in which they hold large stakes. Journal of Corporate Finance, 2000 (6): pp. 71-110.

现金流之间的关系，发现不同股权控制类型下的投资—现金流敏感性存在显著差异。[1] 格达洛维科（Gedajlovic）等通过对日本最大的 247 家制造企业的研究，发现不同类型的投资者有着不同的投资目标，当公司股权主要持有者的类别不同时，公司的财务绩效和投资行为是高度异质的。[2]

詹森和麦克林（Jensen and Meckling）很早就提出"利益趋同假说"，认为当公司的经理人持有更多的股份时，他们与外部股东的利益就会趋于一致，影响公司投资决策，进而提高公司价值。[3] 苏茨（Stulz）则认为，随着经理持股比例的提高，会降低公司被并购的可能性，从而降低经理努力工作的压力。[4] 哈劳克（Hadlock）使用美国 435 家公司 1973～1976 年的数据，研究了内部人持股比例与投资—现金流敏感性之间的关系。结果表明，内部人持股比例和投资—现金流敏感度之间存在非线性关系：当内部人的持股比例从零开始增加，投资—现金流敏感度急剧增加；这种关系在内部人持股比例很高时弱化了。该文结果支持投资—现金流敏感度是由资本市场信息不对称问题驱动的观点，与自由现金流理论的观点不一致。[5]

潘达都和特瑞（Pindado and Torre）利用拓展的托宾 Q 投资模型，检验了内部人股权和股权集中度对公司投资—现金流敏感度的影响。他们的研究结果表明，股权结构对过度投资和投资不足的影响没有显著差别；管理层的激励作用和股权集中度的监督效应能够减轻公司投资—现金流敏感度；管理层的壁垒效应和剥夺现象会加剧主要投资者之间的利益冲突，从而使过度投资和投资不足问题加剧。[6]

---

[1] Goergen, Marc and Luc Renneboog. Investment policy, internal finance and ownership distribution in the UK. Journal of Corporate Finance, 2001 (7): pp. 257-284.

[2] Gedajlovic, Eric R., Toru Yoshikawa and Motomi Hashimoto. Ownership structure, investment behavior and firm performance in Japanese manufacturing industries. Organization Studies, 2005 (1): pp. 7-35.

[3] Jensen, M. C. and W. H. Meckling. Theory of the firm: managerial behavior, agency costs, and ownership structure. Journal of Financial Economics, 1976 (3): pp. 305-360.

[4] Stulz, Rene. Managerial control of voting rights, financing policies and the market for corporate control. Journal of Financial Economics, 1988 (20): pp. 25-54.

[5] Hadlock, Charles J.. Ownership, liquidity, and investment. Rand Journal of Economics, 1998 (29): pp. 487-508.

[6] Pindado, Julio and Chabela de la Torre. The effect of ownership structure on under-investment and over-investment process. http://www.ssrn.com, 2004.

5.3 中国上市公司投资与自由现金流敏感性研究

国内对于自由现金流量与企业投资关系的研究还处于刚刚起步阶段，主要是直接沿袭西方 20 世纪 80～90 年代的研究范式，将样本企业按不同的标准（如融资约束程度、公司规模、股权结构和行业特征等）进行分组来验证和比较企业投资对自由现金流的敏感性。

冯巍运用 135 家中国制造业上市公司 1995～1997 年财务数据，考察了自由现金流量对中国企业投资水平的影响，结果表明，经营性现金净流量是企业投资决策的重要影响因素，当公司面临融资约束时，这种影响尤为显著。[1] 何金耿运用 1999～2000 年上市公司截面数据检验了企业投资与现金流的敏感性，证实了管理机会主义假说，指出上市公司高额的利润留存并没有获取高于股东机会成本的价值，管理机会主义是上市公司谋求高利润留存的主要动机，而不是由于"融资约束"。股利发放率高低是管理机会主义的结果，并不能代表公司面临的信息成本的高低，抑制上市公司投资决策中的管理机会主义是应成为公司治理建设的重点。[2] 魏锋和刘星以中国制造业上市公司 1998～2002 年财务数据为研究对象，研究了融资约束、不确定性和企业投资行为之间的内在联系。研究结果表明，融资约束与公司投资—现金流敏感性显著正相关；公司特有不确定性与企业投资显著正相关，总体不确定性与企业投资正相关，市场不确定性与企业投资负相关。[3]

姜秀珍、全林和陈俊芳研究了不同规模企业的投资与现金流量的关系，并对不同规模企业投资决策行为差异的背后动机进行了阐释。他们的研究结果表明，大规模企业投资对现金流量的敏感性要高于小规模公司；大规模企业的投资—现金流敏感性源于信息不对称理论，小规模企业的投

---

[1] 冯巍：《内部现金流量和企业投资——来自中国股票市场上市公司财务报告的证据》，载《经济科学》，1999 年第 1 期，第 51～57 页。

[2] 何金耿、丁加华：《上市公司投资决策行为的实证分析》，载《证券市场导报》，2001 年第 9 期，第 44～47 页。

[3] 魏锋、刘星：《融资约束、不确定性对公司投资行为的影响》，载《经济科学》，2004 年第 2 期，第 35～43 页。

资—现金流敏感性源于自由现金流量的代理成本理论。[1]

郑江淮、何旭强和王华从股权结构的角度，对上市公司后续投资的融资约束状况分化进行了实证检验，发现国家股比重较低的上市公司没有受到明显的外源融资约束，而国家股比重较高的上市公司受到了外源融资约束。[2] 何金耿将融资因素引进公司的投资模型，研究了不同股权控制类型公司的投资与现金流量的关系，阐释了各种控股股东投资决策行为差异的背后动机。[3] 邱龙广综述了股权结构对投资—现金流敏感性的影响有关理论成果，并对相关模型进行了归纳。[4]

周立分析了自由现金流代理问题出现的行业特征，并以效益良好的白酒行业为调查现象，验证了中国上市公司自由现金流代理问题的存在，探讨了有关的减少自由现金流代理成本的财务政策。[5]

综观以上文献可以发现，目前国内对于投资与自由现金流量的敏感性的研究还处于起步阶段，自由现金流量和投资规模与投资水平的定义还很模糊，还没有对自由现金流量和投资的具体含义进行明确界定，以至于在实证研究中，直接以经营活动产生的现金净流量、或是净利润与折旧之和表示自由现金流量，以固定资产的增量表示投资；而这种自由现金流量和投资的表示方法并不能真实地反映出企业内部融资的能力和投资规模。另外，在研究方法上，现有的研究主要从线性回归系数的角度来判断自由现金流量对投资的影响，由于没有对样本进行统计处理，往往使投资与自由现金流量等影响因素之间的线性拟合性并不理想。在这种情况下，只能是在解释力不强的模型中找出对投资影响性相对较强的因素。

---

[1] 姜秀珍、全林、陈俊芳：《现金流量与公司投资决策——从公司规模角度的实证研究》，载《工业工程与管理》，2003年第5期，第30~34页。
[2] 郑江淮、何旭强、王华：《上市公司投资的融资约束：从股权结构角度的实证分析》，载《金融研究》，2001年第11期，第92~99页。
[3] 何金耿：《股权控制、现金流量与公司投资》，载《经济管理》，2002年第22期，第59~64页。
[4] 邱龙广：《股权集中下投资—现金流问题探讨》，载《重庆大学学报（自然科学版）》，2006年第1期，第154~158页。
[5] 周立：《自由现金流代理问题的验证》，载《中国软科学》，2002年第8期，第43~47页。

5.4 股东—债权人冲突对企业投资行为的影响

公司治理问题主要有三类：第一类是代理型公司治理问题，面对的是股东与经理之间的利益冲突；第二类是剥夺型公司治理问题，面对的是大股东与中小股东之间的利益冲突；另一类是债务型公司治理问题，面对的是股东与债权人之间的利益冲突。[①] 相关利益主体的利益冲突必然影响企业的投资行为，作为协调企业利益相关者之间关系的公司治理在企业投资决策过程中发挥着重要作用，学者们较早认识到这一问题，但从学术角度研究公司治理对企业投资行为的具体影响机制则是20世纪90年代以来的事。现有的文献大多从股东—债权人、股东—经理人、大股东—中小股东冲突等角度出发研究企业投资行为。

西方学者关于负债融资对企业投资行为影响的研究，主要是从两个大的方面进行的，一方面从负债带来的股东—债权人冲突角度研究股东及经理的资产替代和投资不足行为；另一方面，从负债对过度投资行为的约束功效角度研究负债的相机治理作用。[②]

5.4.1 股东—债权人冲突导致的资产替代和投资不足

西方学者对股东—债权人冲突影响企业投资行为的研究始于20世纪

---

① 我国学者宁向东提出公司治理问题有两类：一类是代理型公司治理问题，另一类是剥夺型公司治理问题。考虑到美国著名学者布莱尔的观点，"公司治理是指有关公司控制权和剩余索取权分配的一整套法律、文化和制度性安排，这些安排决定公司的目标，谁拥有公司，如何控制公司，风险和收益如何在公司的一系列组成人员，包括股东、债权人、职工、用户、供应商以及公司所在的社区之间分配等一系列问题。"以及南开大学李维安教授的观点，"公司治理是通过一套包括正式及非正式的制度安排，来协调公司与所有利害相关者（股东、债权人、供应者、雇员、政府、社区等）之间的利益关系，以保证公司决策的科学化。"可见，协调股东—债权人关系是公司治理的题中应有之义，因此在这里将公司治理问题概括为三类。参见：[1] 宁向东：《公司治理理论》，中国发展出版社，2005年版。[2] Blair, Margaret M. and Bruce K. MacLaury. Ownership and control: rethinking corporate governance for the twenty-first century. Washington, D. C: Brookings Institute, 1995. [3] 李维安、武立东：《公司治理教程》，上海人民出版社2002年版。

② 童盼和陆正飞关于负债融资对企业投资行为的影响进行了较详细的研究综述，本小节内容参考了他们的研究。参见：童盼、陆正飞：《负债融资对企业投资行为影响研究：述评与展望》，载《会计研究》，2005年第12期，第71~76页。

70年代。法马和米勒（Fama and Miller）早在1972年指出，当企业发行债券时，一个能够最大化企业价值（股东与债权人财富之和）的投资决策却不能同时最大化股东财富和债权人财富，即某一最大化股东财富的投资决策并不能最大化债权人财富。他们将此归因于股东与债权人对收益不确定性不同的两个项目的偏好不同。一般来说，债权人偏好收益不确定性较小的项目，股东则偏好收益不确定性较大的项目。[1] 因此，在投资项目的选择上，股东与债权人利益产生了冲突。

随着研究的深入，股东—债权人冲突引起的非效率投资问题日益受到学者们的重视。委托代理理论、信息不对称理论等先后被引入该问题的研究，詹森和麦克林（Jensen and Meckling）以及梅耶（Myers）等明确提出了股东—债权人冲突对投资决策的两大影响：资产替代与投资不足，极大地推动了其发展。

詹森和麦克林指出，在负债较大的筹资结构下，股东及经理具有强烈的动机去从事那些尽管成功机会较少但一旦成功获利颇丰的投资，如果这些投资成功，他们将获得大部分收益，而若投资失败，则债权人承担大部分损失。[2] 因此，股东和债权人之间的利益冲突使股东具有用高风险项目替代低风险项目的动机，即资产替代效应。盖威施和卡兰（Gavish and Kalay）建立了一个正式的理论模型来分析由负债引起的资产替代问题。他们发现，在一定的负债水平下，资产替代行为会随着负债比率的增加而增加。[3] 鲍罗斯（Prowse）分别对美国和日本上市公司的资产替代行为进行了考察，他发现美国上市公司风险性的投资与公司的负债比率呈显著的负相关关系，而日本上市公司风险性的投资与公司负债比率的相关性不显著。他对此的解释是，由于美国的金融机构投资者受到持有上市公司股票的限制，只能通过降低负债比率来解决由资产替代行为导致的负债代理成

---

[1] 这是因为在其他条件相同的情况下，如果企业选择收益不确定性较小的项目，则企业整体风险较小，负债市场价值较高，但其股票市场价值相对于选择收益不确定性较大的项目时为低；而收益不确定性较大的项目对企业价值的影响正好相反，企业整体风险增加，负债市场价值降低，股票市场价值升高。参见：Fama, Eugene F. and Merton H. Miller. The theory of finance. Holt, Rinehart and Winston, Inc, 1972.

[2] 由于股东对企业债务仅承担有限责任，因此当企业投资于风险较高的项目时，如果项目成功，债权人只得到事先约定的支付，并不因风险项目的成功获得额外的报酬，但是股东却得到了全部的超额收益；如果项目失败，股东充其量以其在企业的全部投资额偿付债权人，其余损失却由债权人自己承担。参见：Jensen, M. and W. Meckling. Theory of the firm: managerial behavior, agency costs, and capital structure. Journal of Financial Economics, 1976 (3): pp. 305 – 336.

[3] Gavish Bezalel and Avner Kalay. On the asset substitution problem. Journal of Financial and Quantitative Analysis, 1983 (18): pp. 21 – 30.

本问题；而日本的金融机构投资者由于是上市公司的大股东和大债权人，他们对公司的积极监督减轻了日本上市公司的资产替代行为。[1] 潘纳尼、米纳斯、善德斯和泰勒斯（Bagnani、Milonas、Saunders and Travlos）对美国上市公司管理者的持股比例与其资产替代激励之间的关系进行了分析，他们认为当管理者的持股比例较低时，持股比例的增加会使管理者的利益与股东的利益更为一致，管理者进行资产替代的激励因此而增加，而当管理者的持股比例增加到一定程度时，管理者出于降低自身财富风险和保持对公司控制权的考虑而变得厌恶风险，管理者进行资产替代的激励因此而减少。[2]

梅耶则发现，发行风险债券会促使企业采取次优的投资策略，从而减少这些企业的现行市场价值。因为当企业的债务超过投资项目产生的预期收益时，由于此时项目产生的预期收益基本全部用于归还债权人，股东一无所获，因此采用风险债券融资的企业股东及经理将放弃部分净现值（Net Present Value，NPV）为正、能够增加企业市场价值的项目，在这种情况下，负债削弱了企业对好项目进行投资的积极性，从而引发投资不足问题。[3]

上述资产替代与投资不足两种情况都来自于信息不对称情形下股东及经理的道德风险，它们都是股东及经理在获取债权人的资金后，在债权人不知情的情况下做出损害债权人利益的投资决策。要么投资于减少债券价值和债券人收益的高风险项目，要么放弃对债权人有利的低风险项目的投资。无论是哪种情况，都会降低负债的市场价值。而且，对于处于财务困境中的企业来说，上述问题会更加严重。[4]

斯蒂格利茨和威斯（Stiglitz and Weiss）则强调，事前的信息不对称同样会引起投资不足。当存在事前的信息不对称时，债权人对投资项目的质量缺乏足够的信息，为了避免额外的风险，他们将比项目质量已知时要求一个更高的利率。在这种情形中，由于项目的回报率不是足够的高，使得股东无法满足债权人提出的要求，从而不得不放弃原本可以投资的项

---

[1] Prowse, S. D.. Institutional investment patterns and corporate financial behavior in the United States and Japan. Journal of Financial Economics, 1990 (27): pp. 43–66.

[2] Bagnani, E., N. Milonas, A. Saunders, et al. Managers, owners, and the pricing of risk debt: An empirical analysis. Journal of Finance, 1994 (45): pp. 453–477.

[3] Myers S. C.. Determinants of corporate borrowing. Journal of Financial Economics, 1977 (5): pp. 147–175.

[4] Brealey, R. and S. Myers. Principles of corporate finance. McGraw-Hill, Inc, 2000.

目。也就是说，事前的信息不对称由于逆向选择问题也会引发企业的投资不足行为。[1]

随着研究的不断拓展，人们逐渐认识到，股东—债权人冲突对企业投资决策的影响是负债代理成本的主要来源之一。自 20 世纪 90 年代起，该领域的研究进一步深化，马科斯威克和曾赤纳（Maksimovic and Zechner）发现，项目现金流的风险是由行业中所有企业的投资决策内生决定的；当考虑行业中项目的分布时，尽管单个企业的财务结构会影响投资决策，但它并没有降低企业的价值；在模型中纳入"债务税盾"作用后，高负债水平的企业相对于低负债企业会选择息税前利润（Earning Before Interest and Tax，EBIT）较低或现金流风险较大的项目。企业财务结构的主要决定因素，如所得税，不仅对企业决策有直接影响，而且改变了行业中投资项目的均衡分布。[2]

帕尔诺和威斯巴赫（Parrino and Weisbach）运用模拟方法直接验证了股东—债权人冲突引起的投资歪曲行为。他们发现，股东—债权人冲突确实存在，而且这种冲突随企业负债水平的增加而增加。此外，负债债务期限、项目现金流与企业现金流的相关性、项目规模、企业所得税、行业等因素对股东—债权人冲突的大小都有影响，所以，不同企业的负债代理成本差异较大。[3]

安德森、曼斯和瑞比（Anderson，Mansi and Reeb）发现股权结构会影响股东—债权人之间的利益冲突。由于家族股东相对于其他股东来说比较关注企业的长期生存能力和企业声誉，所以，家族股东更愿意最大化企业价值，而不仅仅只是股东价值。因此，家族股东与债权人之间的利益分歧相对较小，从而减少了负债融资成本和负债代理成本。[4]

关于如何减少股东—债权人冲突引起的投资歪曲问题，学者们从以下途径进行了研究：降低资本结构中的负债水平、在债务契约中添加严格的限制性条款、巧妙设计债务发行的优先级、改变债务融资的组织形式以及缩短负债期限等。

---

[1] Stiglitz, Joseph E. and Andrew Weiss. Credit rationing in markets with imperfect information. American Economic Review，1981（71）：pp. 912 – 927.
[2] Maksimovic, V. and J. Zechner. Debt, agency costs, and industry equilibrium. Journal of Finance，1991（46）：pp. 1619 – 1644.
[3] Parrino, R. and M. S. Weisbach. Measuring investment distortions arising from stockholder-bondholder conflicts. Journal of Financial Economics，1999（53）：pp. 3 – 42.
[4] Anderson, R., S. Mansi and D. Reeb. Founding family ownership and the agency cost of debt. Journal of Financial Economics，2003（68）：pp. 263 – 285.

前两种途径的作用很好理解,至于如何设计债务发行的优先级,波可维赤和科姆(Berkovitch and Kim)指出,在不对称信息情形下,如果企业给予新债务更高的优先级,这将减轻道德风险和逆向选择问题,但同时却加剧了资产替代问题。因此,最优优先级安排将取决于两种相反效应的相对重要性。这样,当市场认为新项目的风险水平高时,资产替代考虑要优于道德风险和逆向选择问题,最优设计是使得新债务的优先级严格低于旧债务。然而,当新项目的风险水平低时,道德风险和逆向选择考虑要重于资产替代问题,最优设计是使得新债务的优先级尽可能的高。[1]

合理选择项目的组织形式也是解决股东—债权人冲突的一种有效方法。弗兰瑞(Flannery)等认为,企业除了决定是否对某项目进行投资外,还必须决定是以该项目进行单独融资(即项目融资),还是以整个企业的名义对该项目进行融资。如果企业各项目之间的相关性较低,以整个企业的名义对该项目进行融资,由于企业所有项目的净现值总和小于所有债务总和的概率较少,这有利于降低债权人的风险,将减少股东放弃的净现值(NPV)为正的项目的数量,从而缓和投资不足问题。[2] 然而,弗兰瑞(Flannery)等的建议会带来另一个问题,即将新项目加入公司促进了资产替代问题。而如果将新项目的经营与原有企业分离开来,即进行单独的项目融资,股东就不能利用借来的资金从事比当初向债权人承诺的风险更高的项目。因此,企业必须就新项目的组织形式在道德风险、逆向选择和资产替代问题之间进行权衡后再进行决策。

不同期限结构的负债的代理成本是不同的。短期负债使企业经常面临还本付息的压力,这就迫使股东及经理约束自身偏好风险的欲望,降低资产替代的动机。另外,短期负债总是先于长期负债到期,并获得偿付,所以短期负债在企业正常经营下比长期负债具有更有效的优先权,而且短期负债要求企业经常重新签订债务契约,这就迫使股东及经理不敢贸然放弃对债权人有利的投资项目,因此短期负债能够更好地控制投资不足问题。因此,以短期负债为主的企业的负债代理成本较低。负债期限越长,股东—债权人冲突越严重,负债代理成本越高,由此引起的投资歪曲程度也越大。因此企业可以通过缩短负债期限来减少股东—债权人冲突引起的投

---

[1] Berkovitch, E. and E. Kim. Financial contracting and leverage induced over and under-investment incentives. Journal of Finance, 1990 (45): pp. 765 – 794.
[2] Flannery, M. J., J. F. Houston and S. Venkataramen. Financing multiple investment projects. Financial Management, 1993 (22): pp. 161 – 172.

资歪曲。①

另外，资产替代问题由于经理人的风险规避态度也往往会被无意减轻。赫施莱弗和坦科（Hirshleifer and Thakor）通过详细分析得出结论，经理人出于建立自身声誉的考虑会避免从事风险较高的项目。② 在这个意义上可以说，经理人的风险规避态度无意中削弱了股东剥夺债权人财富的可能性，从而弱化了资产替代问题。③

5.4.2 负债融资对过度投资行为的约束功效

负债对企业投资决策的影响具有两面性：一方面负债带来的股东—债权人冲突催生了股东及经理的资产替代和投资不足的行为；另一方面，负债本息的固定支付有利于减少企业的闲置资金，抑制经理因闲置资金过多而进行的有利于自己而不利于股东的过度投资行为。负债的这种相机治理作用源于负债本身的性质，即在企业正常经营情况下，债权人按债务契约规定获取固定利息收入，债权人不拥有企业的剩余控制权；但当企业破产时，债权人通过清算，获取企业的剩余索取权。因此，负债可以从两个方面降低股东—经理人冲突引起的代理成本：一方面，负债本金与利息的支付可以减少可供经理支配的现金；另一方面，负债使经理面临更多的监控和破产风险，一旦企业不能按期偿还债务，则公司的控制权将归债权人所有，经理丧失从企业取得的各种利益。

约翰和塞本（John and Senbet）通过实证研究证明了，使用负债所带来的投资不足激励可以抵消股东—债权人冲突及股东有限责任所带来的过度投资问题。④ 黑科尔和曾赤纳（Heinkel and Zechner）证明，项目质量

---

① Myers, Barnea, Haugen, Senbet, Parrino, Weisbach 等都对短期负债在减少投资不足和资产替代等问题方面的作用进行了论述。可参见：[1] Myers S. C.. Determinants of corporate borrowing. Journal of Financial Economics, 1977 (5): pp. 147 – 175. [2] Barnea, Amir, Robert Haugen and Lemma Senbet. A rationale for debt maturity structure and call provisions in the agency theoretic framework. Journal of Finance, 1980 (35): pp. 1223 – 1234. [3] Parrino, R. and M. S. Weisbach. Measuring investment distortions arising from stockholder-bondholder conflicts. Journal of Financial Economics, 1999 (53): pp. 3 – 42.
② Hirshleifer, D. and A. V. Thakor. Managerial conservatism, project choice, and debt. Review of Financial Studies, 1992 (5): pp. 437 – 470.
③ 这也是股东、经理人、债权人出于维护自身利益进行博弈的过程。
④ John, K. and L. Senbet. Limited liability, corporate leverage, and public policy. New York University and University of Wisconsin-Madison Mimeo, 1988.

的信息不对称将会使企业存在过度投资行为，这种过度投资会在投资之前反映在证券价格上；而通过发行适当的负债可以消除这种次优投资行为，从而产生一个并不基于税收、破产成本或其他外部因素的最优负债比例。[1] 苏茨（Stulz）发现，在不考虑负债代理成本的情况下，最优融资政策能够减少经理过度投资给股东带来的成本，并且这些政策受每一时期现金流的分布及其净现值的影响。[2]

波可维赤和科姆（Berkovitch and Kim）同时分析了投资不足和过度投资问题，论证了减少投资不足动因的财务契约是如何对过度投资动因产生影响的。他们发现：当贷款人与借款人之间不存在信息不对称时，项目融资是减少风险负债引起的代理总成本的最有效的方法；当贷款人与借款人对新项目的回报情况存在信息不对称时，给新负债以更多的优先权将减少投资不足问题，但同时会加剧过度投资问题；限制向股东支付现金将有助于控制投资不足问题。[3]

综上所述，负债融资对企业投资行为的影响具有两面性：一方面负债融资带来的股东—债权人利益冲突引发了股东及经理的资产替代和投资不足行为，增加了负债代理成本；另一方面，负债又减少了股东—经理人利益冲突带来的过度投资行为，降低了经理委托代理成本。这也是造成该问题实证检验较为困难的重要原因，因为研究者很难判断负债与投资之间的相关关系究竟是由哪种理论引起的。

5.5 股东—经理人冲突对企业投资行为的影响

在现代企业中，企业的所有权和经营权是分离的，由于委托方（股东）与受托方（经理人）之间的目标不完全一致，不可避免地会发生代理成本。与股东相比，经理更关心企业的规模问题，因为一般来说，规模

---

[1] Heinkel Robert and Zechner Josef. The role of debt and preferred stock as a solution to adverse investment incentives. Journal of Financial and Quantitative Analysis, 1990 (25): pp. 1–24.

[2] Stulz, Rene. Managerial discretion and optimal financing choices. Journal of Financial Economics, 1990 (26): pp. 3–28.

[3] Berkovitch, E. and E. Kim. Financial contracting and leverage induced over and under-investment incentives. Journal of Finance, 1990 (45): pp. 765–794.

高速扩张的企业，管理层升迁的机会更多；大企业经理的社会地位及所获得的各种货币、非货币收入也高。因此，经理们存在扩张企业规模的动机，这种动机会促使经理将闲置资金投资于能够扩大企业规模的非盈利项目，从而牺牲股东的利益来增加自己的财富，产生过度投资。①

詹森（Jensen）于 1986 年提出了自由现金流量的代理成本理论。② 这一理论强调，由于经营权与所有权的分离、信息不对称以及监控成本的存在，自由现金流处于经理人控制之下，经理人具有将资源投入到非盈利最大化项目的能力。而且，由于经理人的报酬（包括显性报酬和隐性报酬）通常与企业规模正相关，这样经理人既有能力也有动机将本应发放给股东的红利和现金流投入到能够给自己带来私人受益的非盈利项目，从而导致过度投资。

5.5.1 经理人的六种非效率投资倾向

除了自由现金流代理成本问题，经理人出于建立自己的声誉、巩固自己的职位而采取的一些决策倾向也会带来非效率投资，尤其是过度投资问题。③ 这些倾向可归结为以下六种。

1. 短视倾向

这是指在经理能力未知且经理人市场和股东能够根据投资项目的业绩推断经理能力的情况下，经理人倾向于选择那些能够很快取得回报的项目，因为回报很快的项目才会迅速引起有关各方的关注，从而迅速建立起经理人的声誉。经理人通过短期投资和高现金流量可以使市场对自己能力的评价最大化，从而在损害股东长期利益的情形下使自己收益最大化。以

---

① Jensen, M.. Agency costs of free cash flow, corporate finance and takeovers. American Economic Review, 1986 (76): pp. 323 – 329.
② 按照詹森（Jensen）的定义，自由现金流量是指满足所有以相关的资金成本折现后净现值为正的项目所需要的资金后剩余的现金流量。参见：Jensen, M. Agency costs of free cash flow, corporate finance and takeovers. American Economic Review, 1986 (76): pp. 323 – 329.
③ Hirshleifer and Thakor, 以及我国学者周红霞、欧阳凌、袁卫秋等都曾对这些决策行为和倾向进行了总结。参见：[1] Hirshleifer, D. and A. V. Thakor. Managerial conservatism, project choice, and debt. Review of Financial Studies, 1992 (5): pp. 437 – 470. [2] 袁卫秋：《企业投资无效率的形成机理及解决方法》，载《华东经济管理》，2005 年第 2 期，第 14 ~ 16 页。[3] 周红霞，欧阳凌：《企业非效率投资行为研究综述——基于股东与经理利益冲突的视角》，载《管理科学》，2004 年第 6 期，第 23 ~ 29 页。

奈亚安（Narayanan）为代表的工资扭曲理论（Wage distortion theory）认为，当面临长期与短期两个互斥投资项目决策时，由于公司的投资机会不容易为外界观察，任职时间较短、能力尚未获得认可、风险规避性的经理自然会偏好选择盈利较快的短期项目，而放弃从长远来说符合股东利益最大化的长期项目。该理论同时指出，经理人任期越短，投资项目风险水平越高，短视投资行为越严重。[1] 贝克（Baker）也指出，年轻的企业经营者为了尽快建立自己良好交易的背景，提高自身的声誉，以便吸引投资者的关注，会比有良好交易经历的年老的经营者更倾向提高短期业绩，从而更易发生非效率性投资行为。[2]

2. 模仿倾向

即羊群行为。这是指经理人在进行投资决策的时候，仅仅简单地跟从大多数经理人的投资行为，而不是基于自己拥有的信息去为企业进行决策。这样做可以使得投资失败时经理人免受过多的惩罚，从而可以维护已经建立起的声誉。但这样做，却使企业易遭受过度投资的伤害，因为经理人们在整体上存有过度投资的倾向。茨威格（Zwiebel）指出，在真实信息与"噪音"并存的信息结构下，市场必然通过企业的投资是否与其他企业一致来判断企业属于何种类别和业绩，这无疑增加了企业不顾自身情况相互模仿的动机，导致经理人在固定资产投资决策中更容易产生羊群行为，从而引发企业过度投资。[3]

3. 敲竹杠倾向

施莱弗和威施尼（Shleifer and Vishny）认为经理偏爱投资那些能增加自己专用人力资本的长期项目，而不论这些项目是否对股东有利，因为这将增加他们稳固自己职位的机会。[4] 在此基础上，诺亚和瑞博罗（Noe

---

[1] Narayanan, M. P.. Managerial incentives for short-term results. Journal of Finance, 1985 (40): pp. 1469-1484.

[2] Baker, M.. Career concerns and staged investment: evidence from the venture capital industry. Working Paper, Harvard University, 2000.

[3] Zwiebel, J.. Corporate conservatism and relative compensation. Journal of Political Economy, 1995 (103): pp. 1-25.

[4] Shleifer, A. and R. Vishny. Managerial entrenchment: The case of manager-specific investment. Journal of Financial Economics, 1988 (25): pp. 123-140.

and Rebello)提出敲竹杠损失理论（Hold-Up Losses Theory），研究经理人力资本专用性特征和投资决策权的分配对经理投资行为的影响以及股东的对策。[1]该理论假设企业存在长期与短期两个互斥投资项目，从股东价值最大化的角度出发应该选择具有较大现金流的项目，而不论项目的期限长短，然而任职时间较长的经理往往总是选择长期投资项目。原因在于当经理基本能力已经获得认可后，人力资本专用性价值对企业的发展特别重要，股东与经理签订的契约不再体现股东的垄断性，双方都具备谈判能力，而且经理谈判能力的大小取决于资本专用性价值的高低。该理论认为长期项目使经理的留任对于项目的成功更加重要，在项目的现金流量实现之前，经理可以威胁离开公司以谋求报酬合同的增加，由于这种威胁是可信的，长期项目使得经理的地位更加稳固，这是典型的敲竹杠行为，通过敲竹杠，经理获得专用性人力资本租金。所以企业经理任职时间越长，其企业专用性人力资本价值越高，越有可能实施长期投资决策，即使这种投资决策对于股东来说并非是价值最大化的。然而如果股东存在合理预期，股东期望经理进行短期项目投资以减少敲竹杠损失，股东就会设计一个以短期盈余为基础的报酬契约诱导公司进行短期投资。

4. 不愿撤回投资倾向

这是指企业的投资项目在实施过程已经显示出其净现值（NPV）肯定为负，但经理人为了给人以当初决策是正确的良好印象而不愿放弃，甚至继续追加投资。这种情形导致的非效率投资问题更显严重。贝克（Baker）认为，管理者倾向继续经营业绩差的投资项目，而不是将其清算或退出，原因在于，清算或退出表示了管理者的失败。[2]

5. 过度自信倾向

这是指经理人决策时过于相信自己的判断能力，对不确定性事件过于狭窄的确定性预期心理。过度自信型经理人比风险厌恶型经理人愿意承担

---

[1] Noe, T. H. and M. J. Rebello. Renegotiation, investment horizons and managerial discretion. Journal of Business, 1997 (70): pp. 385-407.

[2] Baker, M.. Career concerns and staged investment: evidence from the venture capital industry. working paper, Harvard University, 2000.

更大的风险，企业过度投资的危险被进一步放大。罗（Roll）认为，企业管理者对自己控制的资产显得过于乐观和自信，这种心态将会导致在股东看来损害企业价值的过度投资，譬如企业经理人在兼并其他企业时可能会过多支付。[1] 霍尔、海闻和伊顿（Hall、Hevin and Heaton）等认为，过度自信的经理人如果比外部投资者对投资项目更乐观，则容易认为资本市场低估了公司价值。他们将不情愿通过外部融资支持投资项目，投资对现金流的敏感性将增加。[2] 玛门第尔和泰特（Malmendier and Tate）首次运用实证方法研究了经理人过度自信下投资与现金流之间的敏感性，检验结果支持了伊顿（Heaton）等的理论分析。[3]

6. 建造个人帝国倾向

姆菲（Murphy）认为经理人存在使企业的发展超出理想规模的内在激励，通过不断的投资新项目，经理拥有更多可以控制的资源。[4] 苏茨（Stulz）以股权高度分散的公司为研究对象，发现经理有动机对于负的净现值项目投资，这使经理能够掌握更多的资源，获得更多的在职消费，但是他认为不管代理问题多么严重，从经理的建造个人帝国倾向直接得出过度投资行为的经验预测是不严谨的，只有在自由现金流量大于投资机会所需资金的情况下，才会出现过度投资。[5]

需要注意的是，上述六种倾向是经理人在职业生涯不同阶段、特定情形下所表现出来的，在某一阶段可能只表现出一种或几种倾向。如在经理人职业生涯早期，可能更多地表现出短视倾向和模仿倾向；在经理人职业生涯中期，可能更多地表现出敲竹杠倾向和不愿撤回投资倾向；在经理人

---

[1] Roll, Richard. The hubris hypothesis of corporate takeovers. Journal of Business, 1986 (59): pp. 197-216.

[2] 参见：[1] Hall, Brian J. and Murphy J. Kevin. Stock options for undiversified executives. Journal of Accounting and Economics, 2002 (33): pp. 3-42. [2] Heaton, J.. Managerial optimism and corporate finance. Financial Management, 2002 (31): pp. 33-45.

[3] Malmendier and Tate. CEO over-confidence and corporation investment. Working Paper, Stanford University, 2003.

[4] Baumol、Williamson 和 Murphy 等都曾对经理人建立个人王国的行为做过详细分析。可参见：[1] Baumol, W.. Business behavior, value, and growth. Macmillan, 1959. [2] Williamson, O.. Economics of discretionary behavior: managerial objectives in a theory of firm. Prentice Hall, 1964. [3] Murphy, K. J.. Corporate performance and managerial remuneration: An empirical analysis. Journal of Accounting and Economic, 1985 (7): pp. 11-42.

[5] Stulz, Rene. Managerial discretion and optimal financing choices. Journal of Financial Economics, 1990 (26): pp. 3-27.

职业生涯晚期,可能更多地表现出过度自信倾向和建造个人帝国倾向。

多元化投资是过度投资的重要体现形式,通常将多元化投资所带来的价值减少现象称为"多元化折扣"。郎(Lang)等认为通过多元化投资,经理能够获得额外的私人收益,包括多元化投资产生的个人威望、权力、地位和在职消费的提高以及多元化经营背景使得经理更易于寻找高级职位。① 罗斯和舍潘德(Ross and Shepand)认为经理多元化投资有利于提高股东对其显性报酬的支付。② 施莱弗和威施尼(Shleifer and Vishny)认为经理通过多元化投资能够巩固自己的职位,股东很难轻易替换他们。③ 舒弗斯坦、斯坦、波淡德和姆兰娜散(Scharfstein、Stein、Bertrand and Mullainathan)等从寻租角度出发,认为经理通过多元化投资使经理能掌握和转移更多的资源,从而有利于发现可供利用的寻租机会,增加个人财富。④

5.5.2 经理人非效率投资行为的治理

关于如何减少股东—经理人冲突引起的非效率投资问题,学者们一般从发放股利、发行负债、薪酬计划及经理层持股等途径进行探讨。

发放股利减少了企业的自由现金流,在一定程度上限制了经理人从事净现值为负的项目的机会。⑤ 罗斯弗和伊斯特伯克(Roseff and Easterbrook)认为,红利支付增加了企业发行新证券的概率,这促使了潜在投资者对企业的审查,从而迫使经理人遵从股东和企业的利益。⑥ 伯德

---

① Lang, L. and R. Stulz. Tobin's q, corporate diversification and firm performance. Journal of Political Economy, 1994 (102): pp. 1248 – 1280.
② Ross, N. L. and A. Shepand. Firm diversification and CEO compensation: Managerial ability or entrenchment?. Rand Journal of Economics, 1997 (28): pp. 489 – 514.
③ Shleifer, A. and R. Vishny. Managerial entrenchment: The case of manager-specific investment. Journal of Financial Economics, 1988 (25): pp. 123 – 140.
④ 参见:[1] Scharfstein, David S. and Jeremy Stein. The dark side of internal capital markets: Divisional rent seeking and inefficient investment. Journal of Finance, 2000 (12): pp. 2537 – 2564. [2] Betrand, M. and S. Mullainathan. Are executives paid for luck? The ones without principals are. Quarterly Journal of Economics, 2001 (116): pp. 901 – 932.
⑤ Jensen, M.. Agency costs of free cash flow, corporate finance and takeovers. American Economic Review, 1986 (76): pp. 323 – 329.
⑥ 参见:[1] Rozeff, Michael S.. Growth, beta and agency costs as determinants of dividend payout ratios. Journal of Financial Research, 1982 (5): pp. 249 – 259. [2] Easterbrook, F.. Two agency-cost explanations of dividends. American Economic Review, 1984 (74): pp. 650 – 659.

(Bird)等则指出,红利的支付对于限制经理人利用自由现金流过度投资的效力较债务偿还要弱,因为红利支付不像债务偿还那样具有强制性和法律保障。[1]

詹森(Jensen)认为发行负债可以对经理的这种任意利用现金流而损害股东的行为加以有效限制,因为负债要求经理到期按照契约规定支付本金和利息,如果到期违约,企业可能面临破产,经理面临被解雇。[2] 负债的这种约束功效是资本结构的内在决定力量,对于那些具有较少盈利项目和较多现金流的企业来说,债务减轻了自由现金流代理问题,对经理投资行为有一种约束作用;但是负债的约束功效是有范围的,例如,快速增长和有较好投资机会的企业很少有自由现金流,负债的这种约束功效就成为一种经营压力。伯杰(Berger)等则指出,经理人为了增加自己对现金流的操纵能力、减少经营压力将努力避免发行债务,因此,该机制的效率取决于经理人壕沟防御水平的高低。[3]

巧妙设计经理人薪酬政策是减少股东—经理人冲突引起的非效率投资问题的另一条途径。薪酬一般由固定报酬和非固定报酬组成,常见的非固定报酬包括年金、股票赠与、股票期权以及其他奖励。非固定报酬的使用力度一般取决于企业投资机会的多少。盖威(Gaver)等以237家成长公司及非成长公司为样本研究公司投资机会对经理人报酬的影响,结果发现,成长机会高的公司支付给经理人的报酬也较高。[4] 在随后的研究中,盖威指出,具有较多投资机会的企业应特别重视非固定报酬以激励经理努力去寻找和挖掘新的投资机会。[5] 詹森认为,薪酬政策必须与企业的市场价值相联系,他强调赠与股票和股票期权会促使经理与股东目标一致,只要经理能最大化股东的财富,则赠与股票和股票期权都会给经理带来很高的收益,因此,这两种政策对激励经理努力工作有重要作用。然而,股票和股票期权之间有一个重要的区别,那就是在企业

---

[1] Bird, J., R. Parrino and G. Pristsch. Stockholder-manager conflicts and firm value. Financial Analysts Journal, 1998 (11): pp. 36 – 42.

[2] Jensen, M.. Agency costs of free cash flow, corporate finance and takeovers. American Economic Review, 1986 (76): pp. 323 – 329.

[3] Berger, P. G., E. Ofek and D. L. Yermack. Managerial entrenchment and capital structure decisions. Journal of Finance, 1997 (50): pp. 1411 – 1438.

[4] Gaver, J. J. and K. M. Gaver. Additional evidence on the association between the investment opportunity set and corporate financing, dividend and compensation policies. Journal of Accounting and Economics, 1993 (16): pp. 125 – 160.

[5] Gaver, J. J. and K. M. Gaver. Compensation policy and the investment opportunity set. Financial management, 1995 (24): pp. 19 – 32.

市场价值减少时，经理人可以放弃实施股票期权避免损失，但经理人持有股票则要承担跌价损失，遭受惩罚。正是由于这个原因，一般认为，当企业面临低风险时，薪酬政策应是赠与股票；当企业面临高风险时，薪酬政策则应是赠与股票期权。

5.6 大股东—中小股东冲突对企业投资行为的影响

大股东控制了公司的经营决策权，为其掠夺中小股东财富提供了可能。施莱弗和威施尼（Shleifer and Vishny）指出，当大股东股权比例超过某一点、基本上能充分控制公司决策时，大股东更倾向于获取中小股东不能分享的私人收益。[1] 拉波塔、斯兰和施莱弗（La Porta, Lopez-de-Silanes, and Shleifer）通过研究 27 个国家企业的最终控制人通过交叉持股的金字塔式股权结构进行控制的行为，发现在世界各地的大型企业中，主要的代理问题是由大股东掠夺小股东利益导致的。[2] 实践中，大股东掠夺小股东获取私人收益的一个主要方式就是投资资金的滥用以及不正当关联交易。

当第一大股东持股比例相对较低时，大股东和管理者与小股东利益不一致，他们谋求更多的私人利益，企业中代理成本高；随着持股比例的增加，大股东与小股东的利益一致性提高。随着持股比例的进一步增加，由于壕沟效应的存在，大股东利用手中的控制权开始掠夺小股东的财富，大股东和小股东利益一致性可能在持股比例到达某个水平后下降，呈现非线性变化趋势。克拉森斯、简科戊、凡和郎（Clasessens, Djankov, Fan and Lang）通过考察亚洲地区上市公司数据发现，公司价值随着第一大股东的现金流所有权的增加而增加，持股比例具有正向的激励作用。但是，当第一大股东的控制权超过现金流所有权时，公司价值会下降。[3]

---

[1] Shleifer, A. and R. Vishny. A survey of corporate governance. Journal of Finance, 1997 (52): pp. 737 – 783.

[2] La Porta, Rafael, Florencio Lopez-de-Silanes, and Andrei Shleifer. Corporate ownership around the world. Journal of Finance, 1999 (2): pp. 471 – 516.

[3] Clasessens, S., S. Djankov, J. P. H. Fan and L. H. P. Lang. Disentangling the incentive and entrenchment effects of large shareholders. Journal of Finance, 2002 (6): pp. 2741 – 2771.

当对应投资过度的自由现金流量假说成立时，投资—现金流敏感性问题主要是由于缺乏对大股东的有效监管导致的。随着持股比例的增加，大股东与小股东利益一致性提高，将使得大股东减少损害小股东利益的非理性投资，从而降低企业投资对内部现金流的敏感性。随着持股比例的进一步增加，由于壕沟效应、大股东和小股东利益一致性可能在持股比例到达某个水平后下降，投资—现金流的敏感性会随之增加。

当对应投资不足的信息不对称理论成立时，投资—现金流敏感性问题主要是由于大股东和小股东的信息不对称导致的，即随着第一大股东持股比例的增加，大股东将承担更多的外部融资错误定价产生的不利后果，因而不愿意扩大外部融资，从而使得企业投资对现金流的敏感性更强；但是，当在持股比例到达某个水平后大股东与小股东利益一致性下降时，投资—现金流敏感性将相应下降。

5.7 中国上市公司治理问题对企业投资行为的影响

公司治理问题对企业投资行为的影响与作用机制，已逐渐成为西方管理学和财务学领域研究的热点问题，我国学者在该领域的研究虽然刚处于起步阶段，但在某些方面已涌现了不少富有学术价值和实践指导意义的研究成果。

童盼和陆正飞基于股东—债权人利益冲突视角，从资产替代、投资不足等方面对股东—债权人冲突对企业投资决策的影响进行了理论综述和实证研究。他们的研究结果表明，企业负债来源、负债比例和负债期限结构都会对投资决策产生影响；负债融资一方面会增加股东—债权人冲突引起的资产替代与投资不足行为，另一方面负债的相机治理作用会约束股东—经理人冲突引起的过度投资行为。他们发现，在中国上市公司中，负债比例与企业投资规模显著负相关，而且两者之间的关系受新增投资项目风险与投资新项目前企业风险的大小关系的影响，低项目风险企业比高项目风险企业，投资额随负债比例上升而下降得更快。这表明在低项目风险企业中，负债不但引起投资不足，而且发挥了它的相机治理作用；而在高项目风险企业中，负债在发挥其相机治理作用的同时引起了资产替代效应，而且负债的相机治理作用更强些。① 江伟和沈艺峰分析了不同成长性企业中，负债对固定资产投资的影响。他们的实证结果表明，对于高成长性企业，负债没有引起上市公司的投资不足，反而导致了严重的资产替代行为；而对于低成长性企业，负债并没有导致资产替代，但是负债的约束功效也没有得到发挥。②

王满四指出，负债减少自由现金流代理成本效应的获得是以健全的债权保护机制（尤其是健全的破产机制）为前提的，而中国企业负债的行政性和非理性导致的预算软约束状况至今仍未根本改观，使公司现金流及其代理成本大量存在，负债的相机治理作用并未有效发挥。③ 覃斌以2002~2003年沪深上市公司为研究对象，对企业负债水平与投资效率进行了相关性检验，并就负债水平对国有控股企业的投资约束功效进行了回归分析，研究结果表明，负债融资的相机治理机制并没有在国有控股的上市公司中发挥作用，这些企业的过度投资现象仍然明显。④ 兰艳泽通过对上市公司2000~2003年财务数据的截面分析，得到了和覃斌相同的结论，即中国国有控股上市公司的负债没有对过度投资产生明显的约束功效。⑤ 李胜楠和牛建波使用上市公司2000~2002年的数据，检验了中国上市公司的负债水平与其投资支出间的关系及其影响机制。实证结果表明，在国有股比例低的公司中，高负债抑制了高增长性企业的投资支出；国有股比例高的公司中，高负债既没有约束低增长性公司的过度投资，也没有抑制高增长性公司的正常投资。⑥

---

① 童盼和陆正飞发表了系列文章，对负债融资（负债来源、负债比例、负债期限结构等）和股东—债权人利益冲突对企业投资行为的影响进行了较深入的研究。可参见：[1] 童盼、陆正飞：《股东—债权人冲突对企业投资决策影响研究述评》，载《中国注册会计师》，2004年第6期，第54~57页。[2] 童盼、陆正飞：《负债融资、负债来源与企业投资行为——来自中国上市公司的经验证据》，载《经济研究》，2005年第5期，第75~84页。[3] 童盼：《负债期限结构与企业投资规模——来自中国A股上市公司的经验研究》，载《经济科学》，2005年第5期，第93~101页。[4] 童盼、支晓强：《股东—债权人利益冲突对企业投资行为的影响——基于中国上市公司的模拟研究》，载《管理科学》，2005年第5期，第65~74页。[5] 童盼、陆正飞：《负债融资对企业投资行为影响研究：述评与展望》，载《会计研究》，2005年第12期，第71~76页。
② 江伟、沈艺峰：《大股东控制、资产替代与债权人保护》，载《财经研究》，2005年第12期，第95~106页。
③ 王满四：《上市公司自由现金流效应实证分析》，载《证券市场导报》，2004年第8期，第50~55页。
④ 覃斌：《企业融资方式与投资效率的相关性研究》，载《暨南大学博士学位论文》，2004年。
⑤ 兰艳泽：《对我国上市公司债务约束功效的实证检验和分析》，载《中央财经大学学报》，2005年第10期，第76~80页。
⑥ 李胜楠、牛建波：《上市公司负债水平与投资支出关系的实证研究》，载《证券市场导报》，2005年第3期，第44~48页。

周红霞和欧阳凌基于股东—经理人利益冲突视角，从多样化投资、过度投资、投资短视等方面对股东—经理人冲突对企业投资决策的影响进行了理论综述，并认为增加经理人的内在激励程度和外部控制权市场力量是提高中国企业投资效率的有效途径。① 刘怀珍和欧阳令南研究了经理私人收益与企业投资行为的关系，指出经理私人收益是企业过度投资行为产生的决定性因素，显性报酬只是影响经理的努力程度而与投资行为无关。他们据此认为，合理的负债、完善的监督以及人力资本产权化是解决过度投资行为的有效措施。② 王艳等建立了一个股东与经理层之间的契约模型，研究了股东如何设计最优契约来降低经理的过度投资问题，并通过比较静态分析表明投资项目的风险状况通过经理层的持股比例变化间接影响过度投资程度。③

潘敏和金岩从信息不对称的角度出发，结合我国上市公司现有的股权制度安排，运用一个包含有信息不对称和现有股权制度安排下的股东目标差异等因素在内的企业股权融资投资决策模型，分析了我国上市公司股权融资偏好下过度投资的形成机制。他们的研究结果表明，我国上市公司同股不同权、流通股比例偏低的股权制度安排大大增加了股权融资下的过度投资行为发生的可能性。④ 欧阳凌、欧阳令南和周红霞研究了不同股权制度安排和股权结构下的企业非效率投资行为，指出在信息不对称和股权分置情况下，低质量企业表现出更多投资过度倾向，高质量企业表现出更多投资不足倾向；达到一定股权集中度的分散性竞争型股权结构和达到一定负债水平的资本结构的结合，对于降低自由现金流的整体代理成本、提高投资效率最为有效。⑤

刘星和曾宏将中国上市公司非效率投资行为划分为"不自量力"、"为所欲为"、"任人宰割"三类，并指出中国上市公司非效率投资行为的

---

① 周红霞、欧阳凌：《企业非效率投资行为研究综述——基于股东与经理利益冲突的视角》，载《管理科学》，2004年第6期，第23～29页。
② 刘怀珍、欧阳令南：《经理私人收益与过度投资》，载《系统工程理论与实践》，2004年第10期，第44～48页。
③ 王艳、孙培源、杨忠直：《经理层过度投资与股权激励的契约模型研究》，载《中国管理科学》，2005年第1期，第127～131页。
④ 潘敏、金岩：《信息不对称、股权制度安排与上市企业过度投资》，载《金融研究》，2003年第1期，第36～45页。
⑤ 参见：[1] 欧阳凌、欧阳令南、周红霞：《股权制度安排、信息不对称与企业非效率投资行为》，载《当代经济科学》，2005年第4期，第72～78页。[2] 欧阳凌、欧阳令南、周红霞：《股权"市场结构"、最优负债和非效率投资行为》，载《财经研究》，2005年第6期，第107～119页。

根源在于公司治理机制的不完善。① 封思贤分析了企业过度投资的具体表现,指出中国上市公司存在严重的过度投资倾向,其主要原因在于中国资本市场严重的信息不对称加剧了委托代理中的道德风险,以及"融资约束"机制的缺乏。②

参 考 文 献

一、中文部分

1. 冯巍:《内部现金流量和企业投资——来自中国股票市场上市公司财务报告的证据》,载《经济科学》,1999 年第 1 期,第 51~57 页。
2. 何金耿:《股权控制、现金流量与公司投资》,载《经济管理》,2002 年第 22 期,第 59~64 页。
3. 何金耿、丁加华:《上市公司投资决策行为的实证分析》,载《证券市场导报》,2001 年第 9 期,第 44~47 页。
4. 姜秀珍、全林、陈俊芳:《现金流量与公司投资决策——从公司规模角度的实证研究》,载《工业工程与管理》,2003 年第 5 期,第 30~34 页。
5. 李鑫:《基于自由现金流的企业投资行为研究》,载《北方经济》,2007 年第 2 期,第 53~54 页。
6. 邱龙广:《股权集中下投资—现金流问题探讨》,载《重庆大学学报》(自然科学版),2006 年第 1 期,第 154~158 页。
7. 魏锋、刘星:《融资约束、不确定性对公司投资行为的影响》,载《经济科学》,2004 年第 2 期,第 35~43 页。
8. 郑江淮、何旭强、王华:《上市公司投资的融资约束:从股权结构角度的实证分析》,载《金融研究》,2001 年第 11 期,第 92~99 页。
9. 周立:《自由现金流代理问题的验证》,载《中国软科学》,2002 年第 8 期,第 43~47 页。

二、英文部分

1. Allayannis, G. and E. Ofek. Exchange-rate exposure, hedging, and the use of foreign currency derivatives, forthcoming. Journal of International Money and Finance, 2000 (76): pp. 324 – 331.
2. Athey, M. J. and P. S. Laumas. Internal funds and corporate investment in Indi-

---

① 刘星、曾宏:《我国上市公司非理性投资行为:表现、成因及治理》,载《中国软科学》,2002 年第 1 期,第 65~69 页。
② 封思贤:《我国上市公司过度投资研究》,载《唯实》,2005 年第 5 期,第 25~26 页。

a. Journal of Development Economics, 1994 (45): pp. 287 - 303.

3. Bernanke, Ben S. and Mark Gertler. Agency costs, net worth, and business fluctuations. American Economic Review, 1989 (79): pp. 14 - 31.

4. Cantor, Richard. Effects of leverage on corporate investment and hiring decisions. Federal Reserve Bank of New York Quarterly Review, 1990 (7): pp. 31 - 44.

5. Chirinko, R. S and H. Schaller. Why does liquidity matter in investment equations? Journal of Money, Credit and Banking, 1995 (27): pp. 527 - 548.

6. Cleary S. . The relationship between firm investment and financial status. Journal of Finance, 1998 (2): pp. 673 - 692.

7. Dekle Robert, Dale Henderson and Sebastian Thomas. The stock market, fundamentals cash flow, and private investment: evidence from Japan. Japan and World Economy, 2002 (12): pp. 295 - 310.

8. Faccio, M. and M. Lasfer. Do occupational pension funds monitor companies in which they hold large stakes. Journal of Corporate Finance, 2000 (6): pp. 71 - 110.

9. Fazzari, Steven M. , R. Glenn Hubbard and Bruce C. Petersen. Financing constraints and corporate investment. Brookings Papers on Economic Activity, 1988 (1): pp. 141 - 195.

10. Fazzari, Steven M. , R. Glenn Hubbard and Bruce C. Petersen. Investment-cash flow sensitivities are useful: a comment on Kaplan and Zingales. Quarterly Journal of Economics, 2000 (115): pp. 695 - 705.

11. Front, K. , D. Scharfstein and J. Stein. Risk management: coordinating corporate investment and financing policies. Journal of Finance, 1993 (12): pp. 3 - 25.

12. Gedajlovic, Eric R. , Toru Yoshikawa and Motomi Hashimoto. Ownership structure, investment behavior and firm performance in Japanese manufacturing industries. Organization Studies, 2005 (1): pp. 7 - 35.

13. Gilchrist, S. and C. P. Himmelberg. Evidence on the role of cash flow for investment. Journal of Monetary Economics, 1995 (36): pp. 541 - 572.

14. Goergen, Marc and Luc Renneboog. Investment policy, internal finance and ownership distribution in the UK. Journal of Corporate Finance, 2001 (7): pp. 257 - 284.

15. Hadlock, Charles J. . Ownership, liquidity, and investment. Rand Journal of Economics, 1998 (29): pp. 487 - 508.

16. Kadapakkam, Palani-Rajan, P. C. Kumar and Leigh A. Riddick. The impact of cash flows and firm size on investment: the international evidence. Journal of Banking and Finance, 1998 (22): pp. 293 - 320.

17. Kaplan, Steven N. and Luigi Zingales. Do investment-cash flow sensitivities provide useful measures of financing constraints. Quarterly Journal of Economics, 1997 (112): pp. 169 - 215.

18. Kaplan, Steven N. and Luigi Zingales. Investment-cash flow sensitivities are not valid measures of financing constraints. Quarterly Journal of Economics, 2000 (115): pp. 707-712.

19. Lewent, J. and J. Kearney. Identifying, measuring and hedging currency risk at Merck. Continental Bank Journal of Applied Corporate Finance, 1990 (1): pp. 19-28.

20. Myers S. C. and Nicholas S. Majluf. Corporate financing and investment decision when firms have information that investors do not have. Journal of Financial Economics, 1984 (13): pp. 187-221.

21. Pindado, Julio and Chabela de la Torre. The effect of ownership structure on under-investment and over-investment process. www.ssrn.com, 2004.

22. Stiglitz, Joseph E. and Andrew Weiss. Credit rationing in markets with imperfect information. American Economic Review, 1981 (71): pp. 393-410.

第 6 章

上市公司关联交易及其治理

本质上,关联交易是一种中性的经济行为,其特殊点在于,尽管双方的交易是在市场行为方式下进行,但由于交易一方往往对另一方具有控制或重大影响能力,因此交易的结果对上市公司具有不确定性。21 世纪之初美国资本市场中接连爆出的上市公司通过关联交易进行财务造假的丑闻,说明即使是发达国家对上市公司关联交易的治理制度仍然存在诸多问题,而以帕玛拉特事件为代表的欧洲公司财务丑闻的发生,更显示了这一问题的全球性和重要性。因此,加强对关联交易的规范与治理以减少不公允关联交易的产生,目前已成为各方的共识,而对上市公司关联交易及其治理进行深入研究,则成为理论界面对的课题。

6.1 关联交易及相关概念的界定与分析

关联交易(Affiliated Transaction 或 Connected Transaction)又称关连交易、关联方交易(Related Party Transaction)或关连人士交易(Connected Person Transaction),是具有关联方关系的各方之间进行的交易。自 1997 年中国证监会要求各上市公司按照财政部制定的《企业会计准则——关联方关系及其交易的披露》的要求对关联交易进行披露以来,各方对关联交易的关注和讨论逐渐增多,但对关联交易的界定并不明晰甚至并不科学，因此，在对上市公司关联交易进行规范治理的讨论之前对其含义进行科学界定非常必要。

6.1.1 对国内外关联交易界定的考察与分析

1. 国外对关联交易的界定

在美国，对各州的公司立法影响较大的《修订示范公司法》中并不存在关联交易这一术语，但有类似含义的"董事的抵触利益交易"的规定[①]，在文献中又称为自我交易（Self-Dealing），是指某个董事与公司的交易有利益冲突。而关联方交易最早出现于美国注册会计师协会1975年发布的《审计准则第6号——关联方交易》中，并被美国财务会计准则委员会1982年颁布的《财务会计准则第57号——关联方披露》所采纳（Chong and Dean, 1985）。根据该会计准则，关联方之间的交易被认为是关联方交易，即使它们在会计上没有确认。并认为关联方之间的交易一般发生在企业的正常活动中，进而对关联交易的类型以及发生关联交易的情形进行了列举式说明。

在德国，《股份公司法》中并没有给出关联交易的术语，但以关系企业的方式，对其进行了详细规定[②]。在日本，除在财务准则中对关联公司间交易进行界定外，在商法中，类似交易被称为董事与公司相反利益的交易[③]，并规定该种交易包括两种情形：一是直接交易，即董事受让公司的产品和其他财产、向公司转让自己的产品及其他财产，由公司借出金钱以及其他为自己或第三者与公司进行交易；二是利益相反交易，包括公司为董事的债务提供担保及与其他董事以外的人进行的与公司和董事间利益相反的交易。

2. 我国对关联交易的界定

在我国，香港联合交易所在其《上市规则》（2004年1月修订）中

[①] 卞耀武：《当代外国公司法》，法律出版社1995年版，第63~64页。
[②] 卞耀武主编，贾红梅、郑冲译：《德国股份公司法》，法律出版社1999年版，第178~208页。
[③] 吴建斌：《日本公司法规范》，法律出版社2003年版，第106页。

规定，关连交易是指上市发行人与关连人士之间的任何交易，或收购或出售公司权益。而上市发行人与一名非关连人士之间的任何交易，在满足特定条件时，亦认为是关连交易，进而对关连交易做出了详细的列举式界定。我国财政部在 1997 年发布的《会计准则——关联方关系及其交易的披露》中认为，关联方交易是指关联方之间发生转移资源或义务的事项，而不论是否收取价款；并用举例的方式界定了属于关联方交易的十一种情形。而沪、深证券交易所在其《上市规则》（2004 年 11 月修订）中亦用概括加列举的方式，对上市公司关联交易进行了界定，认为上市公司关联交易是指上市公司或者其控股子公司与上市公司关联人之间发生的转移资源或义务的事项。

3. 比较与分析

可以看出，不同的国家和地区对于关联交易的界定并不相同，概括而言，差异主要表现在两个方面：界定方式和界定内容。

在界定方式上，作为大陆法系典型代表的德国和日本都将对关联交易的规范纳入到《公司法》中，规范的法律层次较高，从而可对企业的关联交易行为产生较强的法律约束力。而在普通法系的美国，并没有统一的《公司法》，在《修订示范公司法》中对董事的抵触利益交易也进行了相应规范，但这与本书所讨论的关联交易并不完全一致。而对关联交易做出全面界定和规范的是美国的《会计准则》，虽然其法律层次和效力可能稍低一些，但对于企业仍然具有较强的约束力。同样，虽然我国的法律体系接近于大陆法系，但目前我国采取的也是在《会计准则》中对关联交易进行界定和规范。值得指出的是，我国对于关联交易的规范目前仅仅适用于上市公司，对其他公司并不适用。

在界定内容上，德、日将关联交易仅限于关联企业之间，而没有将企业和关联个人间的交易纳入到法律规范中。虽然这种规范方式简洁、易于执行，但无疑不够周严，致使当某些股东通过关联交易对公司利益造成侵害时，只能通过其他的法律途径进行矫正。美国和我国对关联交易的界定范围要宽泛的多，不仅包括了关联企业，还包括具有关联关系（直接或间接）的自然人。这样规范的优点是可以涵盖关联交易的各种形式，但也容易产生理解和执行上的歧义，因此需要给出清晰、可执行的界定和规范。当然，在对关联交易类型的划分方面，我国和美国也存在一定的差异。

尽管存在上述差异，但在对关联交易的判定方面，各个国家和地区存在着共同的标准：存在关联方关系；关联方之间发生交易行为。因此，界定的重点应是关联方关系的判断。

6.1.2 关联交易的构成要素分析

1. 关联方关系的科学判定

目前，许多国家和地区都以法律或规章的形式对关联方进行了界定，但不同国家和地区的界定并不一致，甚至同一国家和地区在不同时期及不同规章中的界定也不一样[①]。虽然这些差异的存在具有一定的客观原因，如不同国家和地区的企业发展状况和治理模式不同、各个国家和地区的文化习俗、法律传统不同以及规章的制订部门和制订目的不同等，但对一个国家而言，同一时期的法律规范还应相互协调，以免存在脱节之处。事实上，我国目前对关联方及其交易的界定就存在某些不协调问题[②]。目前，我国对企业关联方关系及其交易的规范主要集中在上市公司，并以财政部于1997年颁布的《企业会计准则——关联方关系及其交易的披露》（以下简称《准则》）为主。虽然《准则》借鉴了国际会计准则委员会和美国财务会计准则委员会的相应界定，但该规范并没有达到预期的规制目的，显然还存在一些不足之处，应考虑对其进行完善。

依据我国的现实情况和已有的法律规范，考察并借鉴国外对关联方的界定情况，我国目前对关联方及其交易的界定应以促进企业治理、保护中小投资者和债权人的利益为主要目标。在确定企业的关联方关系时，应重点关注如下几个方面：首先，关联方关系存在于两方或多方之间，任何单独的个体不能构成关联方关系；其次，一方对另一方的经营决策具有控制能力，而这种权利的实施要有一定的法律依据，即要基于

---

① 相关内容的比较可参见美国的《1933年证券法》、1940年的《投资公司法》、1975年的《审计准则第6号——关联方交易》、1982年的《财务会计准则第57号——关联方披露》以及《德国股份公司法》和日本《商法典》、《财务诸表规则》中的具体规定。

② 参见《中华人民共和国外商投资企业和外国企业所得税法实施细则》、《关联企业间业务往来税务管理实施办法》、《关联企业间业务往来税务管理规程》、《企业会计准则——关联方关系及其交易的披露》以及沪、深两市的《股票上市规则》等规范的有关规定。

一定股份权益或其他契约。值得强调的是，随着我国资本市场的逐步发展，股权较为分散的企业日渐增多，由于中小股东的理性漠然（Rational Apathy）和"搭便车"（Free-Riding）行为，第一股东的持股比例即使低于50%，也可能实质上处于控制地位，此时就应以实际作用能力而非持股比例作为判定依据；再次，一方对另一方的经营决策具有重大影响能力，对此，我国会计准则的定义是，"对一个企业的财务或经营政策有参与决策的权利，但并不决定这些政策"。从现实情况看，该定义有一定局限性。通常判断是否具有"重大影响"应以是否能对政策的决定权人产生影响为准，而不应仅限于是否参与决策为界。如果一方有能力实质性影响某项政策的决定权人，并能达到限制其完全以追求自身利益为出发点，则应成为关联方；最后，关联方是一种客观状态，其界定并不以其在交易中主观上是否具有控制或施加重大影响的故意或行为上的作为为构成要件，只要在交易中具备了控制或施加重大影响的能力，就应视作关联方。

基于上述分析，笔者认为，我国在对关联方的界定中应拓宽关联方的涵盖范围，以确保规范目的的实现，为此，应对关联方做如下重新界定。在企业的财务和经营决策中，出现下列情形者视为关联方：一方有能力直接或间接控制、共同控制另一方或对另一方施加重大影响；两方或多方同受一方控制或同受一方重大影响；两方中一方受第三方控制而另一方受同一第三方重大影响；两方之间拟出现上述情形之一者（12个月之内）；上述关系结束不足12个月者。

2. 关联交易的一般特征

在对关联方有了明确界定的基础上，对关联交易的理解应该不再困难，然而由于现实中交易的复杂性，致使清晰地判定关联交易并不容易。一般而言，作为有别于一般市场交易的特殊行为，关联交易应具有如下特征：

其一，交易的对方是企业的关联方（直接或间接）。关联方的存在是关联交易产生的基础，如果关联方之间发生某种交易行为（交易行为及其方式具有多样性），无论是否导致价款的转移，都应视作关联交易，而该关联方可能是个人，也可能是企业。另外，交易的发生也可能借助第三者而进行。例如，A欲与关联方B发生交易，则A先与非关联方C交易，然后C再与B交易，从而间接达到A与B之间的交易目的。此时，应将C视作间接关联方，并确定该交易为关联交易。

其二，交易通常是在具有决策权人的控制、许可或影响下进行的。企业交易行为的发生通常是由企业的决策权人控制实施，如果企业的决策权人与关联方具有特定的利益联系，则企业与关联方间的交易往往受其操纵，即使在一般市场条件下不会发生的交易也可能出现，这自然就是关联交易。当然，关联交易也可能以关联方通过影响企业决策权人的决策行为的方式而实现。对此，美国学者克拉克认为，关联交易"表面上发生在两个或两个以上当事方之间，实际上却只由一方决定。"①

其三，交易是在市场行为方式下进行的，但交易结果不一定是公平的。关联方之间的交易通常以市场行为的方式进行，但对企业而言，交易的结果并一定是公平的。如果交易结果对关联方而不是对企业更有利，那么企业的决策权人将"会从第三方收益中获得更大的私人利益"②。也正是由于关联交易具有掩饰交易内容的隐蔽性，各国都将信息披露作为控制不公允关联交易的主要手段之一。

6.1.3　实务中的关联交易判定原则

在遵循一般定义及其特征的前提下，实务中对关联交易进行判定时，应遵循实质重于形式的原则。这主要表现在如下几个方面：其一，与企业进行交易的一方虽然目前并非关联方，但拟成为关联方（12个月之内）或经过交易后将成为关联方，此时的交易应视作关联交易。其二，与企业进行交易的一方虽然目前不是企业的关联方，但曾经是企业关联方，并且仍能产生相应的影响（关系结束不足12个月），则此交易应视作关联交易；其三，一方虽然不是企业的关联方，但由于企业与该方经济往来对企业的生存至关重要（例如是产品的唯一销售商），那么，双方之间的交易也应被视作关联交易。当然，应该视为关联交易的情形很多，而且随着经济环境的变化，还会产生更多的形式，但只要坚持实质重于形式的原则，就可以准确判定。

---

①② [美] 罗伯特·C. 克拉克：《公司法则》，工商出版社1999年版，第117页、第120页。

6.2 关联交易的产生及国内外的确认

6.2.1 国外关联交易的产生及其确认

1. 国外关联交易的产生

在市场经济国家,关联交易究竟源于何时,目前并无翔实的资料可供考证,但对于关联交易的治理最早可以追溯到19世纪中期(Marsh,1966)。

事实上,西方国家对关联方及其交易的界定是随着公司的演进及其交易形式的变化而逐步完善的。在19世纪中期,公司股东的有限责任制度确立的时间并不长(Blumberg,1986),公司的主要股东一般直接参与公司治理,两权分离现象还不明显,此时,与公司发生交易的关联方主要是公司董事及高级管理人员。而英美法院在该阶段的判例是,公司董事和高级管理人员作为公司的代理人不得与公司进行利益冲突型交易(Marsh,1966;Sealy,1985),即法院认为,公司董事及高级管理人员为公司的关联方。其后,随着现代公司的演进,企业集团(特别是跨国公司)及其关联企业的出现使关联方的范围得以逐步扩大,关联企业开始被纳入到关联方的范围中。此后,西方国家对关联方及其交易的确认日趋完善,并被规定于相应的法律规范之中。

2. 关联方的确认

对关联交易的确认应以关联方的判定为基础,目前,西方国家对关联方的确认已趋于完善,并被规定于相应的法律规范中。但由于立法目的和国别的差异,对关联方确认的内容及方式并不相同。概括而言,基本上可以分为如下两种类型:

其一,英美式。美国和英国对关联方的界定较为详细,不仅包括关联个人,也包括关联企业,而且在法律规范和证券交易所的上市规定中都有涉及。在美国，早在《1933年证券法》中对证券发行人进行界定时，就涉及了关联人范围的界定[①]。其后，在1940年的《投资公司法》中，明确提出了关联人（Affiliated Person）的概念，并对其做出了详细规定[②]，但该法的适用范围仅限于投资公司。而针对上市公司关联交易的关联方（Related Party）一词最早出现在美国注册会计师协会（AICPA）于1975年发布的《审计准则第6号——关联方交易》中（Chong and Dean, 1985），1982年3月，美国财务会计准则委员会在发布的《财务会计准则第57号——关联方披露》（SFAS57）中采纳了这一概念及相应的界定。根据SFAS57规定，如果一方能够控制或能够显著地影响另一方的管理和经营政策，以至于交易的一方可能无法完全地追求其个人单独的利益；如果另一方能显著地影响交易各方的管理或经营策略或者它拥有交易一方的所有权利益并能够显著地影响另一方，使得交易的一方或多方完全追求自己单独的利益受到阻碍，那么该方也被认为是一个关联方。可以看出，该规定的范围较为宽泛，基本涵盖了涉及关联交易的各方，但其不足之处是较具原则性，缺乏清晰的数量标准。因此，美国证券交易委员会在其发布的《S-X规则》和《S-K规则》中，根据具体的交易情形对关联方的确认进行了相应的细化：一方面，提出了诸多数量标准，例如企业的主要所有者是指拥有企业发行在外股票5%以上的股东；另一方面，拓宽了关联方的范围，例如关联方包括即将与公司发生交易的董事候选人。这样，对关联方的界定便基本上完善起来，而美国各证券交易所在上市规则中也大多沿用了美国证交会的界定。

在英国，尽管在《所得税与公司税法案》中给出了关联方的规定，但对上市公司关联方的确认主要体现在证券监管机构的规定中。其中，伦敦证券交易所在其上市规则的第十章和第十一章中，对关联方的范围做出了较为详细的规定。综合而言，在对关联方的确认方面，英国的界定尽管与美国的相关规定存在部分差异，但与美国的规定基本类似。

其二，德国式。德国对关联方规定的主要特点是，关联方仅包括关联企业，而且是以关系企业专章的形式纳入公司立法。早在1965年9月颁布《股份公司法》中，德国就率先将对关联企业的规范纳入其中。根据

[①] Securities Act of 1933, Section 2 (a) 11.
[②] Investment Company Act of 1940, Section 2 (a) (3).

该法规定①，关联企业是指法律上独立的企业，这些企业在相互关系上属于拥有多数资产的企业和占有多数股份的企业、从属企业和支配企业、康采恩企业、相互参股企业或互为一个企业合同的签约方。概括而言，关联企业必须具备下列条件之一：（1）一个企业直接或间接拥有另一企业25%以上的股权；（2）一企业可以直接或间接地对另一企业施加决定性影响；（3）两企业间形成企业合同。

日本虽然没有像德国那样将关联交易的规范以专章的形式纳入公司法中，但其对关联方的确认也仅限于关联企业，而且主要规定于会计准则和证券交易所的上市规则中。另外，我国台湾地区也效仿德国公司立法，在1997 年对《公司法》修订时，加入了关系企业专章内容，并将关联方的范围仅限于关联企业。

应该说，以德国为典型的这种仅将关联企业列为关联方的规定方式较为简洁，非常有利于实践中操作的需要，但这种方式的缺点也很明显：关联方的范围太狭窄。因此，不能有效满足实践中对关联交易规范的需要。

值得指出的是，一些国际组织也先后出台了一些文件，对关联方做出了不同的规定，其中较为重要的是，《联合国关于发达国家与发展中国家间避免双重征税的协定范本》、《经济合作与发展组织关于避免双重征税的协定范本》以及国际会计准则委员会于 1984 年颁布的《国际会计准则第 24 号——关联方披露》（IAS24）。前两个文件主要用于规范跨国公司的双重征税问题，对关联方的界定较为简单；而后一个文件主要是为各国的会计准则提供范本，因此规定得较为详细，但该准则主要借鉴了美国会计准则的相关规定，二者实质上没有重大差异，而且其规定不如美国的规定详细②。

3. 关联交易的确认

关联方关系的存在是关联交易发生的基础，但关联方的存在并不意味着一定会产生关联交易，只有关联方之间进行某种形式的交易，才会导致关联交易的出现。目前，尽管各个国家和地区对关联方的规定存在较大差

---

① 具体内容请参阅：卞耀武主编，贾红梅、郑冲译：《德国股份公司法》，法律出版社1999 年版，第 178~208 页。
② David Alexander and Simon Archer. Miller International Accounting Standards Guide. Aspen Publishers, 2003. p. 28.

异，但对于关联交易的确认基本保持一致。例如，根据美国SFAS57的定义，关联方之间的交易被认为是关联方交易，即使它们在会计上没有确认。而国际会计准则委员会在IAS24中将关联交易定义为关联方之间发生转移资源或义务的事项，而不论是否收取价款（Alexander and Archer，2003）。可以看出，尽管两者的表述方式不太一致，但其表达的内容却完全一样，都强调如下两个要点：关联方关系的存在；风险和报酬的转移。因此，只要满足上述条件，就应确认为发生了关联交易，而不论双方是否进行了资金交割或会计确认。

4. 关联交易的表现形式

现实中，关联交易的表现形式多种多样，而且随着社会经济的发展和科学技术的进步，关联交易的新形式还将不断出现，因此，要详细列举关联交易的所有表现形式并不现实。尽管如此，还是可以对关联交易的各种具体表现形式进行归纳和总结，而且，许多国家及某些组织也已做了诸多类似的工作，并初步进行了总结（Ackerman and Hobster，2002；IASB，94；SEC，1999）。概括而言，关联交易主要体现为如下几个方面：商品或原材料的购销；其他资产的购销；服务的提供或接受；代理或租赁安排；研发项目及无形资产的使用；融资、担保和抵押；其他方面的合同等。

6.2.2 国内关联交易的产生及其确认

我国上市公司及其关联交易产生的时间并不长，而学术界对关联交易治理的研究也是近年来的事情。目前，我国对关联交易及其表现形式的确认与考察，主要借鉴了《国际会计准则》和美国《财务会计准则》中的相关规定，而学者们的研究也以这些规定为主，并从理论上进行了必要的完善与补充，从而使关联交易的界定更加科学，也更易于理解和判定。

1. 关联方及关联交易的确认

在我国[①]，对关联方及其交易的学术讨论和正式界定较企业关联交易行为的出现要晚一些，而且，最早出现的对该种行为进行规范的法律术语是关联企业。在 1991 年颁布的《外商投资企业和外国企业所得税法》中，首次出现了关联企业一词，但没有对其含义做出必要的界定。在同年出台的该法的《实施细则》中，开始对关联企业做出具体规定，关联企业是指"有下列关系之一的公司、企业、其他经济组织：（1）在资金、经营、购销等方面，存在直接或者间接的拥有或者控制关系；（2）直接或者间接的同为第三者所拥有或者控制；（3）其他在利益上具有相关联的关系。"但该法仅适用于外资企业，对国内企业的关联交易行为不具有规范作用。1992 年颁布的《税收征收管理法》及 1993 年颁布的该法的《实施细则》，将国内关联企业的税收纳入规范，但对于关联企业仍采用了上述界定。此后，1992 年 10 月，国家税务局发布了《关联企业间业务往来税务管理实施办法》（1998 年 4 月又颁布《关联企业间业务往来税务管理规程》），对关联企业做出了详细的解释和界定。然而，这些规范主要为税务机关的税收征管服务，其中也没有提出关联交易的概念，它对投资者理解上市公司关联交易没有实质性作用，也基本不具备保护投资者利益的作用。但这些法律规范的出台，引起了人们对关联交易问题的关注，也为人们研究上市公司关联交易提供了借鉴。

面对现实中愈演愈烈的上市公司关联交易行为，财政部于 1997 年 5 月发布了《企业会计准则——关联方关系及其交易的披露》（以下简称《会计准则》），对关联方及其交易进行了详细规定，并要求企业在会计报表中披露关联方关系及关联交易。根据该准则，关联方是指在企业财务和经营决策中，有能力直接或间接控制、共同控制另一方或对另一方施加重大影响的一方；或受同一方控制的两方或多方。而关联交易是指在关联方之间发生转移资源或义务的事项，而不论是否收取价款。随后，沪深证券交易所也分别修改了其上市规则，将关联方及其交易纳入到上市公司信息披露的范围内。值得指出的是，沪深证券交易所在对关联方界定时，将关

[①] 我国台湾、香港和澳门地区的关联交易及其治理情况与大陆地区并不相同，本文对我国关联交易的讨论主要限于大陆地区。

联人分为关联法人和关联自然人,并增加了潜在关联人的概念。这些规范为投资者理解关联交易奠定了基础,也为进一步规范关联交易奠定了基础。

　　财政部的《会计准则》发布后,国内学者对关联交易的研究逐步增多,其中对关联方及其交易的科学确认进行探讨者也有了明显增加。乔彦军(1997)在研究了财政部的《会计准则》后认为,应对关联方做进一步完善,并明确四点:关联方是一个集合体;关联方可能是企业或个人;应包括能控制它或对它施加重大影响的企业及人员;上市公司与其关联方之间存在着控制、重大影响等关系。而肖虹(2000)也认为应该对关联方关系进一步完善。原红旗(1998)针对首次披露上市公司关联交易的1997年中报中所存在的问题指出,应考虑股权结构的集中度和与持股股东的交易量作为重要指标来量化规定关联方标准,但并没有提出具体的界定建议。施天涛(1998)虽然首次系统研究了关联企业及其界定情况,但由于问题研究的角度不同等原因,并没有对关联交易进行界定。徐兆宏(1999)认为,关联交易有广义和狭义之分,并认为狭义的关联交易是指上市公司与关联人之间所进行并达到一定交易量或具有重要影响的交易,这显然大大缩小了关联交易的范围,并不利于上市公司关联交易的治理。金德环(1998)、汤伟洋(1999)、柳经纬等(2001)、黄本尧(2003)和管强(2003)等人都认为应按照实质重于形式的原则来界定关联方,并认为关联交易就是指上市公司与关联方之间发生的交易,应该说这种界定方式基本抓住了关联交易的本质,但稍嫌笼统。姚钟炎和杨琴(2004)认为,关联交易就是关联人之间的交易,因此界定关联交易的重点在于对关联交易的主体——关联人的界定,并将关联人分为关联企业和关联人士,同时对关联企业和关联人士进行了分析和列举。应该说,这种界定方式较为简洁,突出了关联交易界定中的关键点,但其界定中的不足之处是对关联企业和关联人士的分析不够透彻,关联人的涵盖范围也不能满足现实的需要,还需要进一步完善。另外,卞江生(2001)、刘生国(2002)、温烨(2003)和韩德洋(2003)分别从法学的角度考察了世界各国对关联交易的规定情况后指出,对于关联交易,国际上并没有统一的界定标准,但都强调界定中的"控制"和"重大影响"能力,这为深刻理解并界定我国上市公司的关联方及其交易提供了有益的启示。而徐向艺(2006)和陈振华(2005)在系统分析了国内外关联交易界定的基础上,提出了涵盖面较广且较具操作性的关联交易新概念,为系统研究关联交易及其治理奠定了良好的基础。

2. 关联交易的表现形式

尽管我国上市公司关联交易产生的时间并不长,但其表现形式的复杂多样性并不亚于国外,而且还因我国国情及经济发展的特殊性而具有自身的特点,因此,对我国上市公司关联交易的表现形式进行详细归纳并不容易。但为便于投资者识别并了解上市公司的关联交易情况,我国各界还是努力对关联交易的表现形式进行了概括性总结。

我国监管部门在对关联交易进行规定的过程中,采取了原则规定与列举式说明相结合的方式,首先对我国上市公司可能存在的关联交易形式进行了系统归纳(财政部,1997;上海、深圳证券交易所,1997)。此后,学者们根据现实中上市公司的表现,从理论上对上市公司关联交易的表现形式进行了系统归纳。陈朝晖(2001)从关联交易是否有利于关联方的角度,将上市公司关联交易分为两种类型:索取型和奉献型。与此相似,段亚林(2001)将上市公司的关联交易分为了公平和非公平两类,而李明辉(2002)则从是否有利于上市公司的角度,将关联交易分为输入利益型和抽取利益型两类,并分别列举了其常见的表现形式。李薇、许新强(2004)和马军(2004)则将上市公司的非公平关联交易按照利益转移的方向分为索取型和付出型两类,并列举说明了其常见的交易方式,但概括得不够全面。孟焰(2004)根据关联交易的后果将关联交易分为公允和不公允两类后,又提出了判定关联交易公允与否的三个基本要素:交易价格是否偏离市场价格;交易目的是否为提升企业的核心竞争力;交易后果是否损害企业和关联方的利益,并列举了常见的不公允关联交易类型,这对正确理解关联交易及其表现形式具有重要意义,但该判定和分类标准还有待进一步完善。与此相似,彭晓洁(2005)也根据交易中的利益转移方向的不同而将非公平关联交易分为了输出型和索取型两类,并从信息不对称的角度进行了理论分析。金德环(1998)则将关联交易分为业务经营中的关联交易、资产重组中的关联交易、二级市场中的关联交易和会计报表中的关联交易,这种分类方式虽然易于理解,但显然不够科学,且存在遗漏和重复问题。其他学者(卞江生,2001;柳经纬等,2001;温烨,2003;韩德洋,2003;管强,2003)对关联交易表现形式的分析,主要采纳了我国监管当局的分类方式,并分别做了有益补充,如增加了对关联交易表现形式的列举、补充了对各种交易形式的分析等。

综合而言,尽管我国上市公司关联交易的形式多种多样,但大部分学者认为,可以根据结果的不同而将关联交易分为公允与非公允两类,其在实践中的表现形式则主要反映在如下一些方面:商品、原材辅料、劳务以及其他资产的买卖;代理、租赁及综合服务;融资、担保和抵押;研发、投资等合作行为;债务、责任或义务的契约等。

6.3 关联交易产生的原因分析

作为一种经济行为,关联交易的产生有其内在的经济原因,对该种原因的深刻分析是对上市公司关联交易进行规范和治理的基础。

6.3.1 国外对关联交易产生原因的分析

尽管针对关联交易的治理已做了大量研究,但西方国家对关联交易产生原因的详细分析却较少。综合目前已有的研究,对关联交易产生的原因有以下几种解释。

1. 节约税收或避税的观点

税收作为国家财政收入的主要来源,是国家向企业无偿而强制性征收的,是对企业收益的一种分享,它会减少企业的利润,增加企业的负担。因此,作为追求经济收益最大化的理性经济人,尽量节约或规避税收就成为其现实的经济选择之一。而不同国家或同一国家不同地区间税率或税收优惠政策的差异,则为企业的这种行为提供了必要条件。根据顾伯特和玛缇(Grubert and Mutti, 1991)、赫因和赖斯(Hines and Rice, 1994)、弗德利科和贝特曼(Fraedrich and Bateman, 1996)以及威森(Swenson, 2001)等人的研究,跨国公司通常会利用关联交易将收入从高税率国家转移到低税率国家,以实现集团收入的最大化,也就是说,节约税收而谋求利润最大化是关联交易产生的原因。但上述研究都没有展开进一步分析来说明避税的基本原理及作用方式，而且没有涉及国内企业进行关联交易的原因分析问题。同样，尽管艾莱安、兰姆和科特（Al-Eryani、Alam and Akhter，1990）、顾伯特和斯莱姆德（Grubert and Slemrod，1998）以及顾伯特（Harry Grubert，2003）利用模型分析了跨国公司利用关联交易避税的影响因素，但并没有对避税的原理展开分析，而且仍然没有涉及一般公司从事关联交易的原因分析。

2. 契约弥补的观点

依据现代企业理论，公司是由利益相关者组成的契约组织，各参与人的权利和义务都由契约来规范。然而，由于契约是不完善的，并不能预先规定在各种情况下每个参与人的行为规范，因此，并不能保证他们都会为公司的最大化利益而努力。在这种情况下，难免有公司董事、经理、股东和关联企业为了追求自身利益而损害公司利益的现象，而关联交易则可以弥补契约不完善的这一缺陷。依据戈登、亨利和巴利亚（Gordon、Henry and Palia，2004）、科贝克和梅赫（Kohlbeck and Mayhew，2004a、2004b）、戈登和亨利（Gordon and Henry，2003）以及建和王（Jian and Wong，2003）等人的观点，关联交易是公司契约的有效组成部分。例如，对公司董事和经理而言，关联交易可以成为其报酬的有效补充部分。当公司给予董事和经理人员的现金报酬较低时，他们的经营积极性可能会受到影响，就可能不会为公司利益而竭尽全力，而关联交易可以弥补报酬契约中的这一不足。通过关联交易，董事和经理人员可以获得薪酬契约以外的收益，提高其实际收入，从而有效弥补现金报酬较低的不足。另外，当外部董事具有公司需要的专业技能、知识时，通过关联交易就可以满足企业的这种经济需求，同时，可以减少企业与独立的第三方交易而获取这些资源时所必须付出的交易成本。

3. 滥用有限责任的观点

依据现代公司制度，公司具有独立的法人人格，可以独立从事经济活动，公司以资本多数决定原则而运营，而股东对公司的债务仅以其出资额为限承担有限责任。这样，参与公司运营的控股股东就可能会以其他股东和公司的利益为代价而优先满足自身的利益追求，而仅对公司的损失承担有限责任。研究表明（Grossman and Hart, 1988; Harris and Raviv, 1988），当控股股东的控制权大大超过其现金流权利时，这种情况将会发生。此时，控股股东就可能利用关联交易来满足自身利益，而侵害公司和中小股东的利益。戈里森和戈登（Gilson and Gordon, 2003）以及米勒（Miller, 1998）的研究也证明了控股股东会利用自身的控制权优势和有限责任原则来侵害中小股东和公司的利益的问题，而约翰逊（Johnson, 2000）等人则将该种行为称为掏空（tunneling），并进行了专门的研究。

4. 代理成本的观点

在现代公司中，由于所有权和经营权的分离，代理成本不可避免。根据詹森和迈克林（Jesen and Meckling, 1976）的观点，在股权分散的公司中，由于经理人员和外部股东之间存在代理冲突，经理人员可能会侵占公司的资源以用于个人的消费，从而损害外部股东的利益，在缺乏必要监督的情形下，这种情形就会发生。根据戈登、亨利和巴利亚（2004）、库贝克和梅赫（2004a, 2004b）、戈登和亨利（2003）以及建和王（2003）等人的观点，上市公司管理层与公司之间的关联交易就属于该种代理成本的一部分。由于公司管理层与公司股东之间存在潜在的利益冲突，通过关联交易，公司管理层可以将公司的资源据为己有，或将公司资源作为额外津贴而消费，从而侵害公司及股东的利益。而在缺乏必要监控的情况下，这种交易将难以避免。

6.3.2 国内对关联交易产生原因的分析

与国外上市公司关联交易的产生原因相比，我国上市公司关联交易的产生原因更为复杂，它既有经济人追求效率的内在动因，也有规避制度约束或谋取私利的机会主义行为因素。综合而言，学者们认为，我国上市公司关联交易产生的原因表现在以下几个方面。

1. 交易费用的节约

依据新制度经济学的观点，企业要进行相应的市场交易需要付出一定的交易费用，包括搜寻交易对象、获取交易信息、谈判、签约、监督契约的履行等方面的支出。这样，在交易收益不变的情况下，企业总会尽量节约交易费用，以获取更多的剩余收益，而利用关联交易就是其中的节约方式之一。

肖虹（2000a；2000b）和温烨（2003）认为，在市场经济条件下，上市公司与其关联方之间形成了相容利益集团，在该集团中，关联方之间较一般市场参与者拥有更多的对方信息，可以有效降低信息不对称的状况，从而决定了关联交易具有节约交易成本的作用。然而，她们没有对此做进一步系统分析。金德环（1998）和卞江生（2001）认为，在关联交易中，信息成本和监督成本要低于市场交易，而管理成本要少于企业内交易，因此导致了交易成本的降低。应该说，该分析比较准确地阐明了交易费用节约的原因，但稍显不足的是，他们也没有对此做更加深入的分析。而陈振华和徐向艺（2005）认为，关联交易是介于市场交易和企业内部组织中间的一种交易形式，能够有效降低关联企业间的交易费用，并利用交易费用经济学理论进行了详细分析，从而较好地解释了关联交易存在的经济动因。

2. 企业上市制度不合理

上市公司的质量取决于企业上市的制度安排，合理的制度安排可以保证获准上市的那些企业市场发展前景良好，而且具有较强的市场竞争能力和盈利能力，能够给投资者带来较好的投资回报。相反，不合理的制度安排，可能会使一些本来不具备上市资质的企业得以上市，或者是上市企业的独立性不够，因此，上市公司需要通过关联交易来维持正常运营。陈朝晖（2001）、卞江生（2001）、天津证管办、渤海证券联合课题组（2004）、何俭亮（2004）和顾银宽（2005）就认为，我国新股发行中长期实施的行政审批制及额度控制，使得许多企业采取了部分改制的模式上市，上市公司的独立性不够，在生产经营上必须依赖大股东，因此出现了关联交易大量发生的后果。而肖虹（2000b）也认为，我国企业上市制度以帮助国有企业摆脱困境为指导思想，致使上市企业的选择难以遵循"择优"原则，而且企业上市后的摘牌程序难以启动和执行，这就为关联方通过关联交易侵害上市公司利益提供了条件。而陈振华（2005）则从理论和实证两方面对该问题做出了详细解释，指出我国企业上市制度的不合理，导致了公司治理结构的不完善，从而出现了控股股东控制和内部人控制下的关联交易问题，从而揭示了我国上市公司关联交易产生的特殊性。

3. 法律机制不健全

完善的法律制度可以维护社会的公平与正义，确保投资者在利益受到侵害时能够得到相应的救济，但目前我国有关公司规范的法律制度显然没有达到这样的完善程度。因此，金德环（1998）、肖虹（2000b）、柳经纬（2001）、陈朝晖（2001）、卞江生（2001）、天津证管办、渤海证券联合课题组（2004）、马军（2004）和陈振华（2005）都认为，我国有关上市公司规范和监管的法律机制不健全，是导致我国上市公司关联交易的原因之一。他们认为，我国法律对公司独立人格和股东有限责任原则的坚持，为上市公司控股股东滥用表决权，占用上市公司资源创造了条件。而中小股东的利益受到侵害时，相应的损害追偿机制的缺失，也助长了控股股东的滥权行为。这样，上市公司的控股股东难免会通过关联交易来侵害公司及中小股东的利益。张秀梅（2004）和顾银宽（2005）则认为，我国现行的关联交易法律规范缺乏协调统一，存在需进一步完善之处，致使上市公司在实施关联交易时可以轻易规避，因而没有达到应有的监管效果。刘建民和刘星（2005）认为，上市公司关联交易的增多与我国在此方面的立法滞后有关，致使不公平关联交易缺乏相应的法律制约，从而在一定程度上滋长了该行为的存在范围和空间。可以看出，这些分析在不同程度上揭示出了我国现行法律在规范关联交易方面所存在的问题。

4. 成本收益方面的解释

作为一种经济行为，上市公司关联交易的发生具有内在的经济原因，那么，作为理性经济人的上市公司为什么会发生关联交易，在什么情况下会发生？对此，周阳敏（2000；2001）等利用建立经济模型的方式，对有限公司—有限公司和有限公司—上市公司的关联交易行为进行了经济学阐释。该分析为进一步理解关联交易的经济动因开辟了一条新的途径，但其建立的模型过于简单，且忽略了诸多因素，使得该模型的解释力不够强。而陈振华和徐向艺（2005）则做出了较为系统全面的分析，他们分别对一般产品或服务的关联交易行为、资产交易型关联交易行为以及上市公司的关联交易行为进行了系统分析，并利用数学模型证明了，在没有相应监管的情况下，如果控股公司通过关联交易能够获取收益，则交易的发生就具有必然性，这就从经济学的角度对关联交易的发生做出了较好的解释。

6.4 关联交易的影响分析

依据现代企业理论，上市公司是不同利益相关者的契约联结，参与各方利益的实现以上市公司收益的实现为前提。而关联交易的实施直接关系到上市公司的利益，并可能影响或损害上市公司的正常运营能力，因此，必然会对股东及其他参与方的利益产生不同影响。

6.4.1 国外对关联交易影响的分析

目前，西方国家对关联交易影响的研究主要集中于对上市公司价值及公司股东利益的影响方面，而对其他方面影响的研究则较少。

1. 关联交易对上市公司及其他股东的影响

上市公司的关联方（特别是控股股东）利用关联交易转移上市公司的利润或资源，会直接影响到上市公司的运营和盈利能力，甚至会减弱上市公司的市场竞争力及其生存能力。内博（Neighbour）（2002）在研究跨国公司的关联交易时指出，跨国公司通过关联交易的方式转移国外子公司的利润或收入，可能会使子公司处于零利润甚至是亏损的状态，从而直接影响到子公司的正常发展与运营。对上市公司而言，关联方利用关联交易转移上市公司的资源，可能会使上市公司的价值降低，并使其他股东的利益受到侵害。戈登、亨利和巴利亚（2004）对美国 112 家上市公司在 2000 年和 2001 年中发生的关联交易进行了实证分析，结果表明，在公司管理层与上市公司发生关联交易时，公司股东不仅没有获得收益的增加，反而受到某些交易的利益侵害。库巴克和梅赫（2004a，2004b）则利用标准普尔 1 500 家企业（S&P1500）中的 1 261 家企业作为样本，对管理层与上市公司间的关联交易进行了实证分析，其结果同样表明了公司及其他股东在关联交易中利益受损现象的存在。而建和王（2003）以及伯克曼、科勒和弗（Berkman、Cole and Fu，2003）等人则通过对中国上市公司关联交易的实证分析表明，在上市公司存在控股股东时，更容易发生盈余操纵、侵害上市公司及其中小股东利益的问题，并导致公司价值的降低。

2. 关联交易对注册会计师的影响

由于关联方关系的存在，关联交易具有异于一般市场交易的特殊性，即该种交易可能不是在双方地位完全平等、各自追求自身利益最大化的情况下发生，因此，其结果具有潜在的不公平性。然而，由于交易双方的特殊关系及信息的不对称性，人们要准确判断该交易的影响或危害性却很难，这就增大了注册会计师的审计结论可能失实的风险。根据美国证券交易委员会（SEC，1999）和美国注册会计师协会（AICPA，2001）的研究，当上市公司存在没有被披露的关联方时，虚假财务报表和关联方非法挪用公司资产的情况较易发生。但由于关联交易一般难以识别、难以受企业内部审计的控制，以及外部审计人员通常依赖公司管理人员的配合来进行审计等原因，对关联交易进行准确审计的难度较大。现实中，美国安然公司等企业利用关联交易进行财务造假丑闻的爆出，更是说明了关联交易对审计人员影响的重要性（黄世忠，2003）。

6.4.2 国内对关联交易影响的分析

客观而言，关联交易有其积极作用，例如，优化资源配置、降低交易费用、实现规模经营等，但由于关联方之间存在着事实上的地位不平等性，使得交易结果常常出现利益的倾斜，从而影响到公司及相关者的利益。基于此，我国一些学者对关联交易的影响也进行了初步分析，目前的研究主要表现在如下几个方面。

1. 对上市公司的影响

关联交易对上市公司的影响表现在两个方面：积极影响和消极影响。金德环（1998）和卞江生（2001）认为，公平的关联交易可以降低交易费用，提高市场竞争力，同时可以改善资产质量、提高资源配置效率。但现实中，关联交易的表现却与此不同，更多地表现为对上市公司利益的侵害。因此，原红旗（1998）、徐兆宏（1999）、李维安和栾祖盛（2000）、陈朝晖（2001）、卞江生（2001）、柳经纬（2001）、管强（2003）和温烨（2003）等人认为，上市公司与其关联方之间的交易往往涉及上市公司的主营业务、关键技术、知识产权等方面，这会使上市公司的经营自主权受到多方限制，市场主体功能严重弱化，独立经营能力较差，甚至出现类似"生产车间"的现象。同时，控股公司还大量挪用上市公司的资产或资金，并要求上市公司为其提供担保或贷款，这使上市公司的财务风险增大、盈利能力下降。另外，韩德洋（2003）认为，由于关联交易发生在上市公司与其关联人之间，处于一种不完全竞争状态，是一种系统内部的自我循环，因此，上市公司改进技术的动力会减弱，提高效率的积极性会降低，这样，公司就会处于一种"半休眠状态"。而潘鸿（2005）则认为，上市公司的控股股东利用控制权进行外部套利的行为导致了上市公司经营效率的降低和资源配置效率的降低。

就关联交易对上市公司的影响，部分学者还进行了实证研究与检验。李增泉、孙铮和王志伟（2004）研究发现，控股股东对上市公司资金的占用与第一大股东的持股比例之间存在先正向后反向的非线性关系，但与其他股东的持股比例却表现出严格的负相关关系。李增泉、余谦和王晓坤（2005）通过对上市公司并购行为的实证研究发现，当上市公司具有配股或避亏动机时进行的并购活动能够在短期内显著提升上市公司的会计业绩，而无保资格之忧时进行的并购活动目的在于掏空资产，会损害上市公司的价值。而陈晓和王琨（2005）则通过对关联交易与股权结构之间关系的研究，揭示了"一股独大"的危害和控股股东间的制衡能力对降低关联交易发生的作用。应该说，这些实证分析为相应的理论研究提供了一定的经验数据，然而，这些研究都没有直接涉及不公允关联交易对上市公司绩效影响方面的分析，也没有对影响上市公司关联交易的因素进行分析。为此，陈振华（2005）、徐向艺和陈振华（2007）通过建立相应的模型，利用相关分析和回归分析的方法，分析了关联交易对上市公司绩效的影响以及影响上市关联交易的各种因素。他们的研究表明，当上市公司的控股股东是集团母公司时，最容易导致关联交易的发生，而且高层管理人员的持股比例与关联交易的发生具有潜在的相关性。而被寄予厚望的独立董事和增加其他大股东的股权比例以抗衡第一股东的方式，却没有发挥出明显的作用。

2. 对中小股东的影响

关联交易通常会造成上市公司利益受损，因此自然会影响到其中小股东的利益。施天涛（1998）、李明辉（2002）和温烨（2003）认为，控股股东往往利用自身的控制地位，对关联交易做出有利于自身的安排，以抽取上市公司利益。尽管上市公司利益受损也会影响到作为股东的控股股东的利益，但由于他从关联交易中获取的利益大于该部分的损失，因此，实际受损的是上市公司的中小股东。而原红旗（1998）、徐兆宏（1999）、卞江生（2001）、陈朝晖（2001）、柳经纬（2001）、刘生国（2002）和韩德洋（2003）等人认为，控股股东通常会利用利润转移、资产转移或其他不利于上市公司的经营业务来侵害上市公司的利益，从而使中小股东的利益受到侵害。潘鸿（2005）分析认为，控股股东利用套利性的关联交易来掠夺中小股东的财富，损害中小股东的权益。而余明桂和夏新平（2004）通过对五种常见的关联交易的实证分析表明，控股股东往往通过关联交易转移上市公司的资源、侵占小股东的利益。而陈振华（2005）、徐向艺和陈振华（2007）的实证分析则验证了控股股东利用关联交易的方式侵害上市公司的利益，进而损害中小股东的利益。

3. 对公司债权人的影响

上市公司的运营和发展离不开资金的支持，这些资金一部分是由上市公司自身的经营积累和股东的投资所获取，另一部分则需要靠借贷来获得。因此，上市公司的运营和盈利能力将直接影响到债权人的利益。

原红旗（1998）和卞江生（2001）认为，上市公司与关联方之间在资金借贷时相互担保的现象较为普遍，而且还通过关联交易调整财务状况和盈利能力，以突破相应的贷款限制条件，这将使债权人的资金安全性和获利性受到影响。而施天涛（1998）、李维安和栾祖盛（2000）、柳经纬（2001）、陈朝晖（2001）、李明辉（2002）、温烨（2003）和韩德洋（2003）等人认为，关联交易将直接影响上市公司的盈利和生存能力，甚至会导致上市公司资不抵债或破产，从而使债权人遭受其债权无法受偿或无法全部受偿的损失。另外，控股股东还可能利用关联交易转移公司资产和利润，逃避债务，直接损害债权人的合法权益。而董军和余道春（2004）认为，关联企业的生产经营具有较大的不确定性，而且还会利用关联交易转移资产、操纵利润来掩盖真实的生产经营情况和财务状况，因此使银行难以了解关联企业的真实信息情况，从而产生信贷风险。而陈振华（2005）利用实证分析表明，关联交易在损害上市公司利益时，可能导致上市公司无力偿还债务，从而间接损害债权人的利益。

4. 对国家税收的影响

上市公司与关联方之间通过利润转移进行收益调节，可能会造成国家税收的流失。原红旗（1998）、徐兆宏（1999）、李维安和栾祖盛（2000）、卞江生（2001）、李明辉（2002）和温烨（2003）等人认为，由于上市公司与关联企业之间往往存在税率差异、盈亏差异等现象，在控股股东的操纵下，一般会通过关联交易来调节盈余而规避税收。进一步，上市公司与关联方之间甚至会利用相互拆借资金的方式调节利息费用，以减少应税所得而规避税收。另外，赵魁媛（2005）还认为，由于我国现行税收制度中还存在不完善之处，上市公司还可能利用资产重组或税收优惠政策进行税收规避。由此，上市公司的关联交易通常会造成国家税收收入的流失。而陈振华（2005）则利用经济模型，从理论上证明了关联企业利用关联交易进行税收规避的经济原因，从而佐证了关联交易对国家税收的影响。

6.5 关联交易的规范与治理

由于关联交易的结果具有潜在的不公平性，对上市公司、公司的中小股东及其他参与方的利益可能会造成侵害，因此，各国政府对关联交易的治理和规范都给予了高度重视，纷纷出台了一系列的法律法规对其进行规范，而学者们对此也展开了相应的理论研究。

6.5.1 国外对关联交易的规范与治理

目前，西方发达国家对关联交易的规范和治理主要体现在会计规范和法律法规规范两个方面。

1. 会计规范

目前，西方发达国家对关联交易实施的会计规范主要体现在两个方面：用"一臂假设"的原则对关联交易进行重新计量；在财务报告中对关联交易进行信息披露。

（1）关联交易的公允计量。对关联交易进行公允计量的主要目的是防止上市公司利用关联交易进行利润转移而规避税收，所采用的基本原则就是"一臂假设原则"（An Arm's Length Standard），也称正常交易原则。根据该原则（Durst and Culbertson，2003；Avi-Yonah，1995；Fraedrich and Bateman，1996），在确认某一项关联交易的定价是否合理时，税务部门将参照同类产品在相似的销售条件下，由相互独立的买卖双方交易时形成的价格为标准价，将关联交易的价格与其进行比较，如果关联交易的价格超越了"正常交易原则"确定的标准，税务部门有权实施"转移价格审计"，调整并重新分配该公司的利润、税收扣除额及其他收入项目，并按照调整后的数额确定纳税人的真实应税所得额，强制其缴纳税款及罚款。

按照"一臂假设原则"对关联交易重新进行会计计量的做法始于美国（Avi-Yonah，1995；Durst and Culbertson，2003），其后，经合组织

(OECD) 在借鉴美国经验的基础上发布了相应的规范指南,目前,该种做法已被西方各国采纳 (Dodge and Dicenso, 2002)。在美国,税法中规定了三种关联交易价格的重新计量方法 (Durst and Culbertson, 2003; Neighbour, 2002; Fraedrich and Bateman, 1996; Avi-Yonah, 1995)。其一,可比非受控价格法 (Comparable Uncontrolled Price Method),该法要求关联交易的价格应与同种货物由独立的买卖双方交易时的价格相一致,并将交易所得同与其经营活动相类似的独立企业的获利相比较,得出可比利润的上下限。该法最能体现"正常交易原则"的要求,但是在质量、数量、商标、品牌甚至市场经济水平的差别等方面,直接对比并非易事。其二,转售价格法 (Resale Price Method),此法将从事交易的关联企业视为相互独立的供销双方,要求供应方的转移价格相当于销售方转售给第三方的价格减去合理的销售毛利。合理的销售毛利是指转售者获得的毛利要与市场上同类商品的其他销售者的毛利相一致。此法尤其适用于企业集团内部交易中接受产品的一方不需要再进行物质加工使产品增值而将其直接销售出去的情况。其三,成本加成价格法 (Cost-Plus Method),此法是在生产者或销售商的实际成本上加毛利来确定转移价格的方法,毛利的确定需参照执行同种职能的独立公司所享有的毛利水平。

应该说,以上三种方法都是采用了"独立实体"(Separate Entity Theory) 理论,即将关联企业视为彼此独立、互不关联的"独立实体",并将交易价格与市场上正常的销售价格相对比,判断交易价格的合理与否。但是,当无法取得可比价格或无法取得可参照信息时,"独立实体"理论将失效。为此,美国税务部门引入了"单一实体"(Unitary Entity Theory) 理论,将整个关联企业视为"单一实体",利用"利润分配法"来评估交易价格。此法将企业集团的整体利润按各成员所占用的资产、履行的职责及承担的风险比例进行分配,通过考察各成员的利润,间接评估交易价格的合理性。

另外,为解决传统的事后调整容易引起争议、税务处理具有不确定性等问题,美国于1991年推出了"预约定价协议制"(Advance Pricing Agreements, APAs),随后日本、澳大利亚、加拿大、西班牙和英国等国也开始实行 (Durst and Culbertson, 2003; Dodge and Dicenso, 2002; Fraedrich and Bateman, 1996; Avi-Yonah, 1995)。根据这一制度,纳税人从事有关此类交易活动,必须事先将其和境内外关联企业之间的内部交易与财务收支往来所涉及的交易定价方法向税务机关报告,经审定认可,作为计征所得税的会计核算依据,并免除事后税务机关对其交易定价进行调整。实质上,APAs 就是把交易定价的事后调整改为预先约定,从而避免了事后审查与税务调整的麻烦,节约了各方的相关费用。但也有学者认为(Durst and Culbertson,2003),APAs 的作用和适用范围有限,同时,在调整中出现的不易解决的问题,在事先的约定中也不易解决。而且,现实中企业对该种方法的采用也没有明显的增加。

(2) 关联交易的信息披露。现实中,对关联交易进行重新计量的方法主要由税务机关实施,目的是保证国家税收征管的完备。但该种方法在实际操作中具有较大的难度和较高的成本,而且,税收征管中的计量方法与企业财务报告中所采用的计量方法存在一定差异,因而该种方法并不适于上市公司向投资者提供的财务报表,对普通投资者准确了解关联交易的情况并没有实质意义。因此,现实中,各个国家普遍采用的方法是要求上市公司在其财务报表及相关的报告中对关联交易进行充分披露,以引起投资者的注意,并作为投资决策的参考。

以美国为例,根据美国《财务会计准则第 57 号——关联方披露》(SFAS57,1982),财务报表应当披露重大的关联方交易,包括:所涉及关系的性质;对交易的描述,包括没有金额归属或没有正常金额归属的交易,以及其他理解这些交易对财务报告的影响非常重要的信息;列明收益表的每一个期间内交易的金额,以及建立术语的方法相对于以前期间的变动所带来的影响;在每一资产负债表日列明应付关联方或关联方应付的数额,如果不确定,披露清算的条款和方式;在存在控制的情况下,不论关联者之间是否发生交易,都必须揭示这种控制关系的性质。另外,美国证交会也在 S-X 和 S-K 规则及相关规章中对上市公司关联交易的信息披露做出了较为具体的规定[1],例如,要求公司在向美国证券交易委员会提交的注册上市报告书中,以及年度报告、征集代理权说明书和其他文件中,应该对关联关系及关联交易进行披露:披露董事、CEO 以及其他某些重要雇员;拥有相当数量股票的持有者;与公司股票持有者之间的合同以及管理当局在某些交易中的利益等,而且还具体界定了需要进行披露的关联交易最低金额。同时,美国各证券交易所也都要求上市公司对关联交易进行详细披露,当然,其披露规范基本上遵循联邦政府的规定。

需要说明的是,尽管国际会计准则委员会专门出台了《国际会计准

---

[1] SEC, Regulation S-X, Rules 4-08 (k) (1) and (2); SEC, Regulation S-K, Item 404.

则第24号——关联方披露》来对各国在财务报中的关联交易披露进行指导，而国际证券委员会也对此给予了积极支持（格鲁宁、科恩，2001），但由于不同国家的会计规范、法律传统以及企业的具体情况存在一定差异，因此，对关联交易的披露要求也存在一定差异。但可以明确的是，西方发达国家大都强制性要求对上市公司的关联交易进行披露。

2. 法律法规规范

对关联交易进行会计规范并不能保证交易本身的公平性，也难以对处于支配地位的控股公司起到有效的制约作用。事实上，按照资本多数决定原则，控股公司对上市公司的操纵和支配是其作为控股股东所拥有的权利。当然，尽管这种做法符合资本多数决定原则，却使中小股东的利益难以得到保证，并时常受到侵害。因此，在遵循传统法律的基础上，西方国家还针对具体情况在法律实践中进行了积极探索，利用法律、法规或判例的形式对关联交易的治理做出了必要规范。

（1）对控股股东或关联股东的权力限制。对控股股东或关联股东的权力进行限制就是指，当股东大会就控股股东或其他股东与上市公司发生关联交易事项进行表决时，关联股东必须就该交易事项进行充分的信息披露，并且控股股东或关联股东不得就其所持有的股份行使表决权，也不得代理其他人行使表决权（Hamilton，1996；ALI，1994）。该制度的主要目的是，排除有利害关系的股东对关联交易决议可能造成的影响，防止关联股东滥用其表决权。

目前，该制度在美国已被广泛实施，而且，部分州已将其载入公司法（ALI，1994）。在欧洲，《欧共体第5号公司法指令》中对关联股东表决权限制也做了严格规定，根据该指令，就下列事项进行决议时，无论是股东还是代理人都不得行使自己的股份，或者属于第三人的股份的表决权：该股东责任的解除；公司可以对该股东行使的权利；免除该股东对公司所负的义务；批准公司与该股东之间订立的协议。在德国，根据《股份公司法》的规定[①]，在对有利害关系的事项进行表决时，关联股东不得为自己或为他人行使表决权。在日本，曾一度确立"股东决议权排除"制度，即当某一股东与股东大会决议的事项有特殊利益关系时，该股东及其代理

[①] 卞耀武主编，贾红梅、郑冲译：《德国股份公司法》，法律出版社1999年版，第92~93页。

人不得就其持有的股份行使表决权,以防止不公平的关联交易的发生,保护其他股东的利益。后来,这一规定被放松,只是对控股股东的表决权予以限制而不是绝对地排除。根据最新修订的日本公司法①,相互持股公司在满足特定条件时,其表决权受限;有利害关系的股东参与表决而形成明显不当的决议时,可以诉讼请求决议撤销。

(2) 对控股股东课以诚信义务。对控股股东课以诚信义务,就是要求控股股东在行使其权利时,对公司及其他股东负有诚信义务。此时,控股股东应以公司的利益为优先考虑,在遇有利益冲突时应加以充分公开或披露,不得利用自己的控制地位为自己或第三人谋取利益。而且,控股股东不论是直接以股东身份行使其影响力,还是间接地通过公司董事、经理人而影响公司政策,都不得压迫小股东(Loke,1999;Hamilton,1996)。该规则实质上是对公司治理中资本多数决定原则滥用的遏制,是为了防止控股股东或大股东以合法的形式侵害公司及其中小股东的利益而对控股股东的一种约束。对控股股东课以诚信义务最早源于普通法系的美国(何美欢,1999),目前已被德国等大陆法系国家所采纳。

(3) 对股东有限责任原则的突破。依据现代企业制度,股东以投资额为限,对公司债务负有限责任,这也是现代公司能得以融资、扩展的主要理论基础。但在特定情况下,如果过分忠实于股东有限责任论,则为控股股东利用关联交易侵害上市公司的利益而逃避责任提供了保护。因此,西方很多国家已在判例中对这一原则进行了突破,这就是英美所称的"揭开公司面纱"(Piercing the Corporate Veil) 原则(也称法人格否认)。根据该原则(Freedman,2000;Matheson and Eby,2000;Miller,1998),如果控股股东滥用表决权促成不公平的关联交易,使公司遭受损失,那么上市公司的债权人就可以向控股股东追索其债权,此时,法律就可以透过公司面纱,迫使控股股东承担相关责任。该原则目前已被西方各国广泛采纳,在德国被称为"直索责任",在日本被称为法人格否认,并有相应的法律规范(Miller,1998;朱慈蕴,1998)。进一步,在母子公司存在关联交易且母公司拥有子公司债权的情况下,如果子公司资不抵债或破产清算,则母公司不能与其他债权人共同参与清偿,或者清偿顺序要居次于其他债权人。这就是所谓的深石原则(Deep-Rock Doctrine),其主要目的也是防止控股公司对上市公司的利益侵害。

---

① 吴建斌:《日本公司法规范》,法律出版社2003年版,第90~111页。

(4) 对中小股东的法律救济。现实中，由于上市公司的运营实际由控股股东所控制（直接或间接），控股股东可以凭借其控制权优势获取较多的信息，这样，在信息不对称的情况下，控股股东可以很方便地进行有利于自身的关联交易，从而造成对公司及中小股东利益的侵害。为此，西方国家引入了相应的法律规范，以对受到利益侵害的中小股东实施相应的法律救济。

一方面，股东可以提起损害赔偿诉讼（Hamilton，1996；ALI，1994），即当中小股东的利益因控股股东的关联交易行为而受到侵害时，该股东可以直接向法院提起诉讼，要求控股股东对其损害行为进行赔偿。这一救济制度现已普遍存在于西方各国的公司立法中，并为保护中小股东的利益发挥了良好的作用。另一方面，股东可以提起派生诉讼（Poole and Roberts，1999；Hamilton，1996；ALI，1994），即当上市公司的利益受到控股股东或董事的侵害而公司管理当局又不主动提起诉讼时，少数股东可以自己的名义代表公司对控股股东或董事提起诉讼，要求侵害人返还所侵占的财物或赔偿相应的损害，以维护公司从而间接维护自身的利益。该项救济制度起源于普通法系的英美，目前已被大陆法系国家广泛采纳，例如，日本在其公司法中就对此做出了详细规定①。

6.5.2 国内对关联交易的规范与治理

近年来，在我国上市公司中，因关联交易而导致广大中小投资者利益受损的事件频繁发生，关联交易因此备受社会各界关注。于是，学者们对关联交易治理的研究日趋增多，管理当局也针对关联交易的治理而出台了一系列政策法规。综合而言，我国对关联交易的治理和研究，主要遵循了国际惯例，也是从会计规范、法律法规规范两个方面进行。

1. 会计规范

我国对上市公司关联交易的会计规范主要由《会计法》以及财政部所颁布的一系列会计准则来实现，其主要目的是，使关联交易的会计计量

---

① 吴建斌译：《日本公司法规范》，法律出版社2003年版，第111~114页。

科学化，尽量压缩其盈余操纵的空间。同时，使关联交易的相关信息能够在财务报表中得以披露，以降低关联交易信息分布的不对称性。

目前，我国针对上市公司关联交易信息披露的会计规范文件是财政部于1997年5月颁布的《企业会计准则——关联方关系及其交易的披露》，该准则首次要求上市公司将关联交易的相关信息披露在财务报表附注中，为投资者了解和判断上市公司关联交易提供了必要条件。但该准则的不足之处是，对披露的要求还存在不完善之处，而且只是对上市公司关联交易的披露做出了规范，并没有对交易的确认和计量做出规范要求。而对此做出要求的则是1999年颁布、2001年修订的《企业会计准则——非货币性交易》和《企业会计准则——债务重组》，两个准则针对现实中上市公司利用包括资产置换、股权转让在内的非货币性交易及债务重组操纵利润的行为，做出了相应的会计计量和确认要求，切断了上市公司利用债务重组收益虚增利润的途径。但这两个准则仍然存在不足之处，这为企业通过关联交易操纵盈余留下了漏洞。而财政部于2001年12月发布的《关联方之间出售资产等有关会计处理暂行规定》对这个漏洞做出了相应的修补，根据该规定，上市公司与关联方之间的交易，如果没有确凿证据表明交易价格是公允的，对显失公允的交易价格部分，不得确认为当期利润，应作为资本公积金处理，且不得用于转增资本或弥补亏损，但规定并没有对企业应该采取的定价方法做出规定。

可以看出，针对我国上市公司关联交易形式的不断演变，相应的会计准则也在不断地完善。然而，上市公司关联交易方式的不断翻新，也说明了现有的会计规范还存在一定的缺陷（王蕾，2003）。为此，理论界也在跟踪研究关联交易及其演变情况，并针对关联交易的会计规范提出了诸多完善建议。乔彦军（1997）在详细考察了《关联方关系及其交易的披露》后认为，应该细化上市公司披露的关联交易内容，并加强对会计报表附注编制的研究。原红旗（1998）在研究了1997年中报中上市公司关联交易的披露情况后建议，应该对关联交易各种形式的定价制度做出规范，并对关联交易的重要性做出界定。而肖虹（2000）认为，还应该对企业集团内部交易的部分重要信息进行披露，而且应该制定披露的标准格式。李姝（2000）认为，应该加强对上市公司所披露的关联交易的审计力度，以确保披露的正确性。另外，陈朝晖（2001）认为，应该要求上市公司在表内披露重大的关联交易项目，而且，还应该披露关联交易对企业经营业绩和财务状况的影响情况。孟焰（2004）进一步认为，还应该对关联交易的支付方式以及控股比例的变更时限和变更对象做出披露。曾小玲和黄文锋（2004）在对上市公司关联交易隐性化表现研究后提出，应要求上市公司按关联方标准披露重要上下游客户的交易金额及余额，以防止财务欺诈和不当关联交易。这一建议显然有些激进，但如前文中所论述的那样，确实可以将关键的客户列入关联方范围并进行必要的披露。姚钟炎和杨琴（2004）认为，应要求上市公司编制关联报告及联合财务报表，明确控制公司与从属公司之间的法律行为及其他关系，以便于确定控制公司对从属公司的责任。而邹雄（2005）则认为，应要求上市公司披露其现金流的控制权，并将信息披露作为关联交易成立的法定条件。另外，顾银宽（2005）、赵爽和李敏（2006）认为，还应该加强对中介机构的管理，完善独立财务顾问报告制度，以保证中介机构的独立性及其报告的客观真实性。徐向艺（2006）和陈振华（2005）认为，还应加大对违规企业及其责任人的处罚力度，并提出财务报表重编制度，以提高中小投资者的索赔胜诉概率。

2. 法律法规规范

如前所述，对上市公司的关联交易实施会计规范只是缩小了其盈余操纵的空间，并不能确保其公正性，而要求对关联交易信息进行披露，也只是增加了投资者了解关联交易信息的途径，并不能保证投资者的利益完全不受侵害。因此，为保护投资者利益和证券市场的健康发展，利用法律法规对上市公司的关联交易进行相应的规范与治理就非常有必要。现实中，由于我国的《公司法》和《证券法》没有对关联交易做出相应的规范，对上市公司关联交易的规范和治理主要由中国证监会和沪深证券交易所实施。而学者们也对关联交易的治理进行了大量研究，并提出了相应的建议。综合而言，目前的治理研究集中于如下方面。

（1）关联交易的事前预防。加强对关联交易的事前预防，就是通过完善相应的制度安排，使得上市公司的关联交易能够尽量减少，或尽量以较为公正的条件实施，以避免侵害上市公司和中小股东利益的交易出现。

其一，优化上市公司的股权结构。在此方面，近年来我国监管当局已做了诸多尝试，2005年4月，中国证监会又出台了股权分置改革方案，以推动上市公司股权结构优化，而学者们也提出了诸多建议。张秀梅（2004）提出，可以采取国有股回购、存量发行、定向转让给公众股老股东的方式对国有股进行减持。而陈晓和王琨（2005）经过实证研究后提出，可以将国有股的所有权分配给利益不完全一致的政府机构和控股公司，增加控股股东的数量和相互间的制衡能力，改"一股独大"为"多股同大"。并建议将国有股股权在中央和地方、在与上市公司业务有关的不同政府主管部门和国有大型企业间进行适度的分配，或者在市场机制的基础上直接将部分国有股出售给外资和民营企业等战略投资者，使这部分国有股变成外资和民营法人股，从而优化股权结构，完善公司治理。当然，这些建议的理论及实证基础还需要进一步验证。

其二，强化公司机关权力的制衡，以避免和减少控股股东对中小投资者利益的侵害。一方面，健全股东大会制度，实行重大关联交易事项须经股东大会批准制度及相应的表决回避制度。对此，中国证监会已出台了相应的规章，沪深证券交易所也做出了相应规范，要求股东大会在就某项关联交易表决时，关联股东不得参与表决，也不得代理他人进行表决。但学者们认为（汤伟洋，1999；柳经纬，2001；卞江生，2001；李明辉，2002；刘生国，2002；温烨，2003；曾小玲、黄文锋，2004；陈振华，2005；徐向艺，2006），这些规范表述不够明确，存在疏漏之处，也没有对违反规定者如何处理的规定，因此，需要进一步完善：详细规定关联股东表决回避制度的适用范围；明确无法回避时的核准单位；规定对应回避而没有回避情况的处理方式等，而且，应该将该制度纳入公司立法中。而陈朝晖（2001）则认为，为防止控股股东滥用表决权，应该对大股东的表决权进行打折，即让大股东的表决权比例低于其持股比例。该观点显然有些激进，并不利于上市公司的治理与发展。另外，段亚林（2001）、陈朝晖（2001）、刘生国（2002）、张秀梅（2004）、刘俊海（2004）、陈振华（2005）和徐向艺（2006）等人认为，为使中小股东的意志能在董事会中得以体现，应实行累积投票制度。目前，该制度已被纳入最新修订的《公司法》中，但采取的方式是选入式，上市公司可以选择不实行该制度，这就使该制度的预期效果难以保证。另一方面，引入独立董事，发挥其保护上市公司及其股东利益的作用。尽管中国证监会已于2001年发布了在上市公司建立独立董事的制度要求，而且该制度也被2005年修订的《公司法》所采纳，但该制度还存在需要完善之处（卞江生，2001；李明辉，2002；李明辉，2004；段从清，2004；曾小玲、黄文锋，2004；张秀梅，2004；陈振华，2005；徐向艺，2006），例如，应在独立董事制度的任职资格、权利与义务、职责范围、报酬和选聘等方面做进一步完善，以保证其作用的发挥。而陈振华（2005）和徐向艺（2006）则提出，应该在上市公司的监事会中引入独立监事，以增加监事会的独立性和监控能力，进而实现对上市公司关联交易的实质性监控。

其三，调整控股股东的权利和义务，以保护少数股东的合法利益。施天涛（1998）、汤伟洋（1999）、柳经纬（2001）、卞江生（2001）、陈朝晖（2001）、刘生国（2002）、李明辉（2002）、温烨（2003）、陈振华（2005）和徐向艺（2006）等人认为，对控股股东课以诚信义务，可以促使其在进行关联交易时以上市公司和中小股东的利益为优先考虑，尽量减少不公允的关联交易，从而有利于上市公司和中小股东利益的保护。为此，中国证监会已在相关规章中引入了控股股东的诚信义务，但其法律效力有限，而且，在如何确保控股股东履行该义务、违反该义务时如何处理等方面，还需要做进一步的研究与完善。

（2）关联交易的事后补偿。实施关联交易的事后补偿，就是在发生了侵害上市公司或中小股东利益的交易后，有完善的机制确保所受到的损失能得到应有的补偿。目前，我国学者们在研究了国外的相关制度后认为，可以引入一些在国外已较为成熟的治理制度。

其一，建立股东派生诉讼制度。我国上市公司的关联交易主要发生在上市公司与其控股公司之间，由于控股公司通常实际控制着上市公司的运营，因此，容易操纵关联交易而侵害上市公司的利益，而上市公司的管理层由于受该控股公司所控制，也不会追究控股公司的责任。在这种情况下，上市公司的利益将会受到侵害，并间接影响到中小股东的利益。对此，施天涛（1998）、陈朝晖（2001）、柳经纬等（2001）、卞江生（2001）、刘生国（2002）、温烨（2003）、韩德洋（2003）、张秀梅（2004）、陈振华（2005）和徐向艺（2006）等人认为，应该引入股东派生诉讼制度，赋予中小股东代位公司进行诉讼的权利，以对公司所受的侵害进行追偿。目前，这一制度也已被2005年修订的《公司法》所采纳，但具体的实施程序和方法还有待于进一步研究和实践。

其二，实行股东异议评估权制度。现实中，当上市公司与其控股股东间发生资产买卖或转换时，上市公司的经营可能会产生重大变动，导致股东的利益目标发生冲突。此时，可以让提议交易的持多数股份的股东继续实施该项交易，而让对提议持异议的股东退出公司，同时公司以公平价格收购其股份。这就是异议股东评估权制度，它是中小股东保护自身权益的最后一道救济措施，而且对控股股东的滥权行为具有一定的威慑力，因此，可以考虑引入关联交易的治理规范中，而我国已有部分学者对此做了探讨（蒋大兴，2001；徐向艺、卞江，2004；卞江，2004）。目前，2005年修订的《公司法》中已引入了该制度，但其规定的适用范围并不包含关联交易，因此还需要对其适用范围做进一步的拓展。

6.6 本章评析与展望

6.6.1 国外关联交易治理研究的成就与不足

应该说，西方国家对上市公司关联交易治理的研究已较为深入和全面，其研究范围涉及关联交易的各个方面，既有对关联交易的界定和产生原因的分析，也有对其表现形式、相应影响及其治理的研究。特别是在关联交易的界定和治理方面，目前已积累起了较为丰富的研究和实践成果。而且，随着以安然公司为代表的上市公司财务丑闻的爆发，西方国家，特别是美国对关联交易的研究日趋重视，相应的实证分析也开始增多，而这将进一步促进对关联交易的科学治理。

这些研究成果无疑为我国理论界进行关联交易治理研究提供了相应的理论基础，特别是在关联交易的确认、表现形式及其治理方面，为我国学术界的研究提供了必要的积累。同时，它也为我国证券监管机构有效规范和治理上市公司关联交易、保护投资者利益，以及促进资本市场的规范发展提供了有益的借鉴。

然而，西方国家对关联交易的研究和治理并非完美无缺，而且，由于社会制度、经济发展水平以及法律习惯等方面的差异，这些研究成果在解决我国上市公司关联交易问题时，还存在一些不足之处。

其一，这些研究主要集中在对关联交易的界定和治理方面，而很少涉及或很少深入研究关联交易产生的经济原因，这就使得相应的治理研究缺乏足够的理论支撑，并会产生治理中的治标不治本的问题。而我国上市公司产生的历史虽然不长，且一直处于政府的监管之下，但上市公司的关联交易却已成泛滥之势，这就说明探究上市公司关联交易的产生原因，以采取针对性的治理与规范，将是非常重要的。否则，可能难以达到预期目的。

其二，西方国家对关联交易的治理主要依靠法律法规的规范，但由于社会制度和法律习惯的差异，我国在借鉴这些治理经验时将面临一些法律上的冲突和障碍。西方国家对关联交易的治理规范主要以美国的经验为主，而美国是属于普通法系的国家，许多治理措施是以判例的方式出现，即使不够严谨和完善，仍然可以用于关联交易的治理而推广使用。但我国的法律更接近于大陆法系，较为严谨，并不允许法官自主创法。这样，在借鉴西方国家的某些治理经验时，就会出现与现有的法律相冲突的情况。这样，如何在西方国家的经验、教训与我国的国情之间找到一个有效、合理的解决办法，无疑是我国上市公司关联交易治理研究的重要内容之一。

6.6.2 国内关联交易治理研究的成就与不足

由于我国上市公司及其关联交易产生的时间较短，我国上市公司关联交易治理研究的历史并不长，但由于有国外的经验可资借鉴，我国目前对关联交易的研究已取得了较为丰富的成果，该项研究已初步形成体系。但与我国关联交易的现状及国外的研究相比，这些研究还存在一些不足之处。

其一，目前的研究大多围绕着如何完善财政部的《会计准则——关联方关系及其交易的披露》而进行，研究的重点主要是关联方及其交易的界定、关联交易的信息披露两个方面，对于关联交易产生的原因、关联交易的影响及其治理方面的研究尚不足，目前仅有少数学者做了相应的尝试研究。应该说，完善关联方及其交易的界定固然有利于关联交易的信息披露规范，但如果不深入了解我国上市公司关联交易泛滥的原因、准确评价其影响，对关联交易的治理就难免有失偏颇，而且，仅对关联交易实施信息披露规范，并不能有效保护投资者免受不公允关联交易的侵害。

其二，我国目前对关联交易的研究还停留在政策评论和国外经验的介绍方面，对关联交易治理的深入系统研究还不够。总的来看，我国目前对关联交易的研究还较为分散，现有的少数系统研究主要集中在法学研究方面，且研究的视野较为狭窄，而从经济学和管理学角度展开的系统研究还较少。

其三，目前的研究对我国国情的考虑不足。我国目前正处于转轨经济过程中，证券市场的发展有自身的特点，上市公司及其关联交易的出现有其特殊的原因，而且，我国的社会制度、法律传统也异于西方各国，因此，在研究我国关联交易治理的过程中，必须全面考虑这些因素，否则，研究的结果将无益于我国上市公司关联交易的治理。

6.6.3 我国关联交易治理研究的展望

作为一种既有积极作用又有潜在危害的经济行为，关联交易是在企业演进到一定阶段后才出现的，它的出现具有特定的经济和制度动因，而对处于转轨经济中的我国上市公司而言，关联交易的产生还具有特有的制度安排等原因，因此，深刻把握和洞悉这些原因，将是有效治理上市公司关联交易的基础和前提。而正确分析和评价关联交易的作用和影响，则是采取分类治理的基础和依据。当然，合理借鉴国外的有效治理经验，将是减少治理成本的捷径。综合而言，今后可以在如下方面展开进一步的研究：

1. 关联交易的产生机理

关联交易是企业的一种经济行为，按照经济学的基本假设，只有当收益大于成本时，企业才会实施该种交易行为，这在企业利用关联交易来实现规避税收、节约交易费用、提高市场竞争力等目的时，很容易进行解释和验证。但当上市公司的交易行为受控股股东控制时，这一问题就会变得复杂起来，此时就需要对上述公式中的各项内容做出必要的调整，以准确推演出在各种条件下，上市公司会发生什么样的交易行为，从而对上市公司关联交易的生成机制做出科学地解释。

当然，关联交易并非是企业制度的伴生物，而是在企业制度变迁的过程中出现的一种经济行为。一般而言，企业制度变迁与企业组织形式是紧密相连的，而在不同的组织形式下，企业的运营方式及相应的交易行为是不同的。因此，企业制度变迁中行为规则的变化是促进关联交易行为出现的主要动因之一，而有效的制度安排则可以降低关联交易的潜在危害性，减少相应的利益冲突。因此，有必要从制度经济学的角度对关联交易做出合理解释，并结合法学分析来阐明中国制度变迁过程中上市公司关联交易形成的制度原因。

2. 关联交易影响的分析

上市公司的关联交易将会给不同的参与方造成相应的影响，而不同种类的关联交易的影响也是不同的，准确评估关联交易对各方的实际影响是规范关联交易的前提。但传统分析方法只是对上市公司的关联交易进行描述性分析，并不能给出符合要求的评价，甚至会给人以误导。这种情况下，应当采取科学的方法正确区分各种交易形式及其受益方，在此基础上，建立起科学合理的数学模型以对相应的交易做出精确数量评价。

另外，与国外上市公司相比，我国上市公司的关联交易行为到底处于什么样的状况？交易的相对比例如何，对投资者和证券市场的影响如何，交易的危害性和有利性比例如何，等等，都需要做出科学的判断和评价。此时，需要根据关联交易治理类型的划分，选取具有典型代表性的国家或地区的上市公司（如美国、日本、中国台湾和香港地区等）进行实证分析，并做出相应的对比分析，从而准确评价我国上市公司的关联交易情况。

当然，还需要对我国在海外上市企业的关联交易情况做相应的实证分析，并与国内上市的企业进行相应的对比分析，这样将为合理评价监管政策及其效果提供有益的思路。而在上述分析的基础上，进行典型的案例分析可能会得出一些有益的结论。

3. 中外上市公司关联交易治理理论、实务和法律比较分析基础上的国外治理的经济、法律手段的借鉴与对接

在对上市公司的关联交易行为进行引导与治理方面，学习和借鉴市场经济发达国家的成熟经验是少走弯路的捷径之一，因此，广泛考察国外的治理经验并进行比较选择是必要的。但目前我国在借鉴国外治理经验时，基本上采取了全盘吸收或采取武断地取舍的方式，而没有考虑国情的差异和治理效果的考量。事实上，比较选择的过程应该是一个对治理效果进行评价的过程，这就需要对各种治理措施对上市公司关联交易的影响情况做出相应的评估，并根据国情的不同做出相应的变通或调整。当然，对效果的评估需要建立相应的数学模型进行必要的分析或推演，这需要与前述的实证分析结合进行。

4. 关联交易监管中的博弈均衡及监管政策效应的绩效评估体系构建

在对关联交易的监管中，控股股东、监管当局和中小股东的行为方式是不同的，它们之间存在一定的联系和相互作用，这种相互作用反过来又会影响到监管的实际效果，然而，现有的研究分析却忽视了这种博弈行为及其影响作用。因此，有必要利用博弈理论对上述各方的行为展开相应的分析，求解出相应的均衡结果。在此基础上，推演各方行为与监管政策的相互影响情况，进而建立起科学评价监管绩效的机制。

参考文献

一、中文部分

1. 陈晓、王琨：《关联交易、公司治理与国有股改革——来自我国资本市场的实证证据》，载《经济研究》，2005年第4期，第77~86页。
2. 陈振华：《中国上市公司关联交易治理研究》，山东大学博士论文，2005年版。
3. 程宗璋：《关联交易避税及其税法规制问题研究》，东南大学学报（哲社版），2003年第5期，第58~66页。
4. 顾银宽：《上市公司非公允关联交易治理研究》，载《技术经济》，2005年第4期，第54~57页。
5. 黄本尧：《上市公司关联交易监管制度的国际比较研究》，载《证券市场导报》，2003年第5期，第64~71页。
6. 李姝：《关联方关系及其交易的信息披露问题》，载《南开管理评论》，2000年第1期，第57~59页。
7. 李维安，栾祖盛：《上市公司治理与关联交易的规范问题》，载《现代会计》，2000年第5期，第1~5页。
8. 刘建民，刘星：《上市公司关联交易与盈余管理实证研究》，载《当代财经》，2005年第9期，第112~115页。
9. 刘俊海：《股份有限公司股东权的保护》，法律出版社2004年版。
10. 孟焰：《我国上市公司关联交易问题研究》，载《中国总会计师》，2004年第11期，第8~11页。
11. 彭晓洁：《信息不对称与非公平关联交易的透视》，载《会计研究》，2005年第8期，第67~71页。
12. 乔彦军：《掀起你的盖头来：关联者及关联交易——兼评〈关联方关系及其

交易的披露〉》，载《会计研究》，1997年第10期，第29~32页。

13. 徐向艺、卞江：《公司治理中的中小股东权益保护机制研究》，载《中国工业经济》，2004年第9期，第65~71页。

14. 徐向艺、孙召永：《论母子公司条件下有限责任制度》，载《东岳论丛》，2002年第1期，第14~17页。

15. 徐向艺、孙召永：《现代企业母子公司体制下的法律透视》，载《财经研究》，2002年第9期，第3~7页。

16. 徐向艺：《公司治理制度安排与组织设计》，经济科学出版社2006年版。

17. 徐兆宏：《论上市公司关联交易》，载《财经研究》，1999年第5期，第53~59页。

18. 虞政平：《美国公司法规精选》，商务印书馆2004年版。

19. 原红旗：《从中期报告看关联交易：现实问题与理性思考》，载《会计研究》，1998年第4期，第1~6页。

20. 曾小玲、黄文锋：《上市公司关联交易隐性化及治理对策》，载《证券市场导报》，2004年第8期，第28~32页。

21. 周阳敏、佘廉：《关联交易的经济学分析及政策建议》，载《科技进步与对策》，2000年第10期，第143~144页。

22. 朱慈蕴：《公司法人格否认法理研究》，法律出版社1998年版。

二、英文部分

1. Alexander F. H. Loke. Fiduciary Duties and Implied Duties of Good Faith in Contractual Joint Ventures. Journal of Business Law, Nov., 1999: pp. 538 – 558.

2. Andrei Shleifer and Robert W. Vishy. A Survey of Corporate Governance. Journal of Finance, Vol. LII No. 2, 1997: pp. 737 – 783.

3. Armen A. Alchian and Harold Demsetz. Production, Information Costs, and Economic Organization. American Economic Review, Vol. 62 No. 5, 1972: pp. 777 – 795.

4. Barry M. Wertheimer. The Shareholders' Appraisal Remedy and How Courts Determine Fair Value. Duke Law Journal, Vol. 47, 1998: pp. 613 – 715.

5. Deborah L. Swenson. Tax Reforms and Evidence of Transfer Pricing. National Tax Journal, Vol. LIV No. 1, 2001: pp. 7 – 25.

6. Eric Helland and Michael Sykuta. Who's Monitoring the Monitor? Do Outside Directors Protect Shareholders' Interests? The Financial Review. Vol. 40, 2005: pp. 155 – 172.

7. Financial Accounting Standard Board. Statement of Financial Accounting Standards No. 57 – Related Party Disclosures: Journal of Accountancy, June, 1982: pp. 132 – 134.

8. Garth, Nagel and Plager. The Role of Empirical Research in Assessing the Efficacy of the Shareholders' Derivative Suit: Promise and Potential. Law and Contemporary Problems,

Vol. 48, 1985: pp. 137 – 151.

9. Harold Marsh Jr. Are Directors Trustees? Conflict of interest and corporate morality. Business Law, Vol. 22, 1966: pp. 36 – 49.

10. Harry Grubert and Joel Slemrod. The Effect of Taxes on Investing and Income Shifting to Puert Rico. Review of Economics and Statistics, Vol. 80 No. 3, 1998: pp. 365 – 373.

11. Harry Grubert. Intangible Income, Intercompany Transactions, Income Shifting, and the Choice of Location. National Tax Journal, Vol. LVI No. 1, 2003: pp. 221 – 242.

12. Jill Poole and Pauline Roberts. Shareholder Remedies—Corporate Wrongs and the Derivative Action. Journal of Business Law, March, 1999: pp. 99 – 125.

13. John H. Matheson and Raymond B. Eby. The Doctrine of Piercing the Veil in an Era of Multiple Limited Liability Entities: An Opportunity to Codify the Test for Waiving Owners' Limited-Liability Protection. Washing Law Review, Vol. 75. 2000: pp. 147 – 193.

14. John Neighbour and Jerry Owens. Transfer pricing in the new millennium: Will the arm's length principle survive? George Mason Law Review, Summer, 2002: pp. 951 – 958.

15. Michael C. Durst, Robert E. Culbertson. Clearing away the sand: Retrospective methods and prospective documentation in transfer pricing today. New York University Tax Review, Fall, 2003: pp. 39 – 135.

16. Ming Jian and T. J. Wong. Earnings Management and Tunneling through Related Party Transactions: Evidence from Chinese Corporate Groups. Working Paper. June, 2003.

17. Reuven S. Avi-Yonah. The rise and fall of arm's length: A study in the evolution of U. S. international taxation. Virginia Tax Review, Summer, 1995: pp. 89 – 159.

18. Robert B. Thompson. Exit, Liquidity, and Majority Rule: Appraisal's Role in Corporate Law. Georgetown Law Journal, Vol. 84, 1995: pp. 1 – 60.

19. Ronald J. Gilson and Jeffrey N. Gordon. Controlling Controlling Shareholders. University of Pennsylvania Law Review, Vol. 152, 2003: pp. 785 – 843.

20. Zohar Goshen. The Efficiency of Controlling Corporate Self-dealing: Theory Meets Reality. California Law Review, Vol. 91, 2003: pp. 393 – 438.

21. David Alexander and Simon Archer. Miller International Accounting Standsnds Guide. Aspen Publishers, 2003.

第 7 章

公司职业经理人综合评价体系研究

职业经理人产生于经营权与所有权的分离。企业与职业经理人之间属于委托—代理关系，他们之间的合作是典型的动态博弈，在这个过程中存在着明显的"信息不对称"，构建信号传递机制是解决"逆向选择"与"道德风险"的有效手段。因此，职业经理人的评价历来都是企业很重视的问题，也是理论界关注的热点。但现有的研究成果往往都是关注绩效评价、素质评价和信用评价等某一个侧面，本章则是根据"利益相关者评价模式"构建的职业经理人综合评价体系框架（图 7-1）对相关理论研究进行评述。

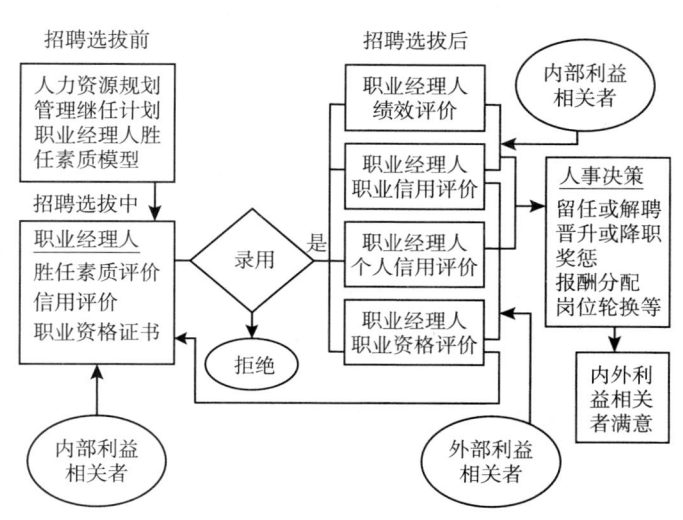

图 7-1 职业经理人综合评价体系框架

7.1 职业经理人绩效评价与管理的理论研究

7.1.1 绩效评价与绩效管理的一般性理论研究

1. 绩效、绩效评价与绩效管理的含义

目前学术界对绩效（Performance）概念的界定主要有三种观点[①]。第一种观点认为绩效就是结果。该观点的代表人物是伯纳丁（Bernadin，1995）和凯恩（Kane，1996）。他们认为绩效是在特定时间范围、在特定工作职能或活动上生产出的结果记录。第二种观点认为绩效就是行为。其代表人物墨菲（Murphy，1990）提出，绩效是一套与组织或组织单位的目标相互关联的行为，而组织或组织单位则构成了个人工作的环境；艾根和舒内德（Ilgen and Schneider，1991）指出，绩效是个人或系统的所作所为；Campbell（1993）认为，绩效可以被视为行为的同义词，它是人们实际采取的行动，而且这种行动可以被人观察到。绩效应该包括那些与组织目标有关的，并且是可以根据个人的能力进行评估的行动或行为。并且分析了不以任务或目标达成等结果作为绩效的原因：首先，许多工作结果并非必然是由员工的工作带来的，可能有其他与个人所做工作无关的其他因素带来了这些结果；其次，员工完成工作的机会并不是平等的，而且并不是在工作中所做的一切事情都必须与任务有关；最后，过度关注结果将使人忽视重要的过程和人际因素，使员工误解组织要求。第三种观点则将以素质为基础的员工潜能列入考核范围，关注员工的潜在能力与绩效的关系，关注员工素质。从评价内容的角度可以将绩效分为任务绩效、周边绩效和管理绩效。

任务绩效（Task Performance）是指与被考核人员（部门）的工作目标、职责、工作结果相联系，可以用工作数量、质量、时间和成本等指标

[①] 王怀明：《绩效管理》，山东人民出版社 2004 年版。

来衡量；周边绩效[①]（Contextual Performance）又叫关系绩效，是伯曼（Borman）和模特维多（Motowidlo）提出来的，是指员工主动帮助工作中有困难的同事，努力保持与同事间良好的工作关系，或通过额外的努力而准时完成某项任务等行为表现，相关学者通过研究提出，将关系绩效从任务绩效中分离出来很重要[②]，经验与任务绩效的相关性高于与关系绩效的相关性，而个性与关系绩效的相关性高于与任务绩效的相关性[③]；管理绩效（Management Performance）是指管理人员在进行计划、决策、指挥与控制、授权与协调等管理工作中的表现。

从评价对象的角度绩效包括个人绩效、部门（或团队）绩效和组织绩效。组织绩效是在一定时期内整个组织所取得的绩效，是建立在部门绩效实现的基础上的。部门或团队绩效包括部门或团队的任务目标实现情况以及为其他部门或团队的服务、支持、配合、协调、沟通等方面的行为表现。个人绩效是指在完成工作目标与任务过程中所体现的个人业绩。三者之间的关系如图7-2所示。企业、团队、个人三个层级的绩效目标都来自于企业战略，三者之间应该是层层分解和细化的关系。个人绩效是由员工的职业化行为决定的，即主要考察的是员工达成目标/结果的方法是否达到职业行为的标准，是否按照职业化工作程序做正确的事情；团队绩效则主要是由团队合作的程度所决定和形成的，团队建设、跨团队职能合作、知识经验共享、学习型组织的建立是团队高绩效的决定因素；而企业文化和共同愿景则将个人、团队与组织绩效有机契合，最终实现组织的战略目标[④]。因此，本书在探讨职业经理人绩效评价时将其与管理团队、企业绩效评价结合起来。

绩效评价又称为绩效考核、绩效评估等，是对员工工作业绩的考核和评定，即根据工作目标或一定的绩效标准，采用科学的方法，对员工的工作完成情况、职责履行程度等进行定期的评定，并将评定结果反馈给员工的过程。

绩效管理代表着一种观念与思想，代表着对于企业绩效相关问题的系

[①] Borman WC, Motowidio SJ. Expanding the Criterion Domain to Include Elements of Contextual Performance, 1993, p. 71.

[②] Walter C. Borman. Stephan J. Motowidlo. Task Performance and Contextual Performance: The Meaning for Personnel Selection Research. Human Performance, 1997, pp. 9 – 109.

[③] Motowidlo. Stephan J, van Scotter. James R, Evidence That Task Performance Should Be Distinguished From Contextual Performance. Journal of Applied Psychology, Aug. 1994, Vol. 79 Issue 4, pp. 475 – 480.

[④] 饶征、孙波：《以 KPI 为核心的绩效管理》，中国人民大学出版社 2003 年版。

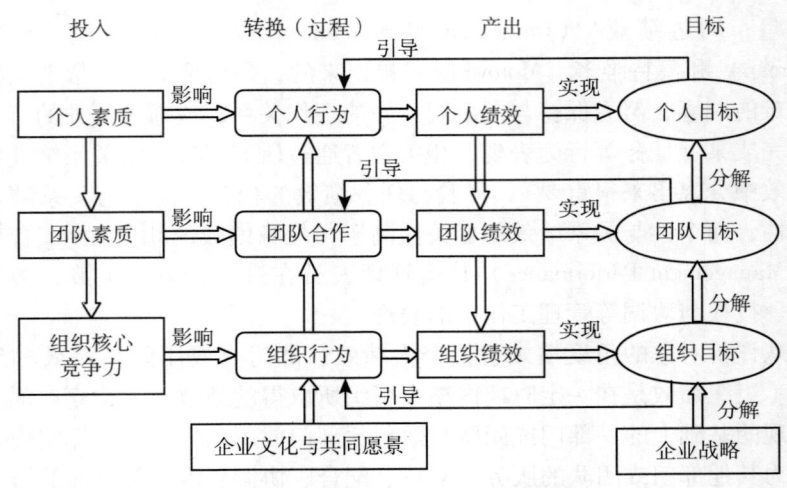

```
   投入          转换（过程）        产出          目标
                          引导
┌────────┐ 影响 ┌────────┐      ┌────────┐ 实现  ╱────────╲
│个人素质│═══▶│个人行为│─────▶│个人绩效│─────▶│个人目标│
└────────┘    └────────┘      └────────┘       ╲────────╱
                   ▲    引导        ▲               ▲ 分解
┌────────┐ 影响 ┌────────┐      ┌────────┐ 实现  ╱────────╲
│团队素质│═══▶│团队合作│─────▶│团队绩效│─────▶│团队目标│
└────────┘    └────────┘      └────────┘       ╲────────╱
                   ▲                                ▲ 分解
┌────────┐ 影响 ┌────────┐      ┌────────┐ 实现  ╱────────╲
│组织核心│═══▶│组织行为│─────▶│组织绩效│─────▶│组织目标│
│竞争力  │    └────────┘      └────────┘       ╲────────╱
└────────┘         ▲    引导                        ▲ 分解
            ┌──────────────────┐            ┌──────────┐
            │企业文化与共同愿景│            │ 企业战略 │
            └──────────────────┘            └──────────┘
```

图7-2 组织、团队、个人绩效关系

统思考。绩效管理的根本目的是为了持续改善组织和个人的绩效，最终实现企业战略目标。为改善企业绩效而进行的管理活动都可以纳入绩效管理的范畴之内。有三种有关绩效管理的思想①：第一，绩效管理是管理组织绩效的一种体系。由计划、改进与考察三个过程组成。绩效计划主要是制定企业的愿景、战略以及对绩效进行定义等活动。绩效改进则是从过程的角度进行分析，包括业务流程再造、持续性过程改进、全面质量管理等活动。绩效考察则包括绩效的衡量与评估。第二，绩效管理是管理员工绩效的一种体系，包括绩效计划、绩效评估和绩效反馈三个环节。第三，绩效管理是把对组织的管理和对员工的管理结合在一起的一种体系。该观点将前面两种观点结合起来，认为有必要对各个层次的绩效进行管理。

综合上述观点，我们认为，绩效管理是指为了达成组织目标，通过持续开放的沟通制定并实施绩效计划、进行绩效评价与反馈、绩效改进与指导等管理活动不断提高员工和组织绩效、提高员工职业能力与素质的过程。因此，绩效管理不同于绩效评价，绩效管理的最终目的是为了实现组织和员工的共同目标。

---

① 理查德·S. 威廉姆斯著，赵正斌、胡蓉译：《业绩管理》（Performance Management: Perspectives on Employee Performance），东北财经大学出版社2003年版。

2. 绩效评价方法

一般的绩效评价方法主要有交替排序法（排队法）、因素排序法、配对比较法（成对比较法）、强制分布法等相对评价法和关键事件法、叙述法（评语法）、目标考核法、图表尺度法（量表评估法）、行为锚定（定位）考核法、强制选择量表法等绝对考核法。这里仅介绍关键绩效指标考核法、平衡计分卡以及绩效棱柱等现代绩效评价方法。

（1）关键绩效指标考核法。一个好的评价表示评价要素的整合[1]。关键绩效指标（Key Performance Indicator or Index，KPI）是指企业宏观战略目标决策经过层层分解产生的可操作性的战术目标，是宏观战略决策执行效果的监测指针[2]。关键绩效指标是对企业运作过程中关键成功要素的提炼与归纳，并通过对组织内部某一流程输入、输出端的关键参数进行设置、取样、计算、分析，衡量流程绩效的一种目标式的量化管理指标。因此，KPI 是把企业战略目标分解为可运作的操作目标的工具，其目的是建立一种机制，将战略转化为内部的过程和活动，从而不断增强企业的核心竞争力并持续发展。KPI 强调对企业业绩起关键作用的指标，它提供了一种思路：绩效管理应该抓住关键绩效指标，通过关键绩效指标将员工行为引导到企业战略目标方向上来。关键绩效指标体系作为一种系统化的指标体系包括三个层面的指标[3]：一是企业级 KPI，是通过基于战略的关键成功要素分析得来的，具有方向性、指导性的作用；二是部门级 KPI，是根据企业级 KPI、部门职责、业务流程分解而来的，具有具体性、操作性的特点；三是个人 KPI，是根据部门 KPI、岗位职责和业务流程演化而来的。这三个层面的指标构成了企业关键绩效指标体系。通过 KPI 体系的建立，把企业的总战略和战略目标通过自上而下的层层分解落实为部门和员工个人的具体工作目标，将企业战略转化为内部过程和活动，从而确保战略目标的实现。设定关键绩效指标的一般程序为：首先，找出关键成功要素（Critical Success Factor，CSF），这是对企业的成功起关键作用的某个战略要素的定性描述，是制定关键绩效指标的依据，并由关键绩效指标具体化、定量化，从而使之可以衡量。其次，建立评价指标。评价指标是评价

---

[1] Ron Polaniechi, Cae. CEO Assessment. Credit Union Management, June2006, p. 26.
[2] 彭剑锋：《人力资源管理概论》，复旦大学出版社 2003 年版。
[3] 郑晓明：《人力资源管理导论》，机械工业出版社 2005 年版。

员工的角度，即确定 CSF 后从哪个角度对之进行考核。一般有数量、质量、成本和时限四种类型的指标。再次，建立评价标准。评价标准是评价员工绩效的尺度。一般说来，指标指的是从哪些方面对关键成功要素进行评估，解决的是"评价什么"的问题。而标准则指的是在各个指标上员工应该达到一个什么样的水平，解决的是员工做得怎样的问题。最后，确定数据来源。一般而言，数据的来源有两种途径：客观的数据记录和他人或自己的主观评价。战略导向的 KPI 指标体系不同于一般的绩效评价体系。具体区别见表 7-1。

表 7-1　　战略导向的 KPI 指标体系与一般绩效评价体系的区别

	战略导向的 KPI 指标体系	一般绩效评价体系
假设前提	假定人们会采取一切必要的行动努力达到事先确定的目标	假定人们不会主动采取行动以实现组织目标；假定制定与实施战略与一般员工无关
考核的目的	以战略为中心，指标体系的设计与运用都是为战略服务的	以控制为中心，指标体系的设计与运用来源于控制的意图，也是为更有效地控制个人的行为服务
指标的产生	在组织内部自上而下对战略目标进行层层分解产生	通常是自下而上根据个人以往的绩效与目标产生的
指标的来源	来源于组织的战略目标与竞争的需要	来源于特定的程序，即对过去行为与绩效的修正
指标的构成与作用	通过财务与非财务指标相结合，体现关注短期效益、兼顾长期发展的原则；指标本身不仅传达了结果，也传递了产生结果的过程	以财务指标为主，非财务指标为辅，注重对过去绩效的评价，指导绩效改进的出发点是过去绩效存在的问题，绩效改进行动与战略需要脱钩
收入分配体系与战略的关系	与 KPI 指标的值、权重相搭配，有助于推进组织战略的实施	与组织战略的相关程度不高，但与个人绩效的好坏密切相关

资料来源：饶征、孙波：《以 KPI 为核心的绩效管理》，中国人民大学出版社 2003 年版，第 41 页。

由此可见，战略导向的 KPI 在评价、监督被评价者行为的同时，强调战略在绩效评价过程中的核心作用。

（2）平衡计分卡。1992 年，哈佛大学商学院罗伯特·卡普兰（Robert S Kaplan）教授和复兴方案公司总裁戴维·诺顿（David P Norton）在哈佛商业评论上发表了第一篇平衡计分卡的论文《平衡计分卡——提升经营绩效的测评方法》①。1996年出版了《将战略转变为行动——平衡计分卡》②。1998年3月，二人合作出版了《平衡计分卡》，较系统地介绍了平衡计分卡的思想。平衡计分卡作为一种新型的战略导向的绩效评价方法在企业界得以推广。其最突出的特点是将企业的愿景、使命和发展战略与企业的业绩评价体系联系起来，将使命与愿景转变为具体的目标与测评指标，以实现战略与绩效的有机结合。平衡计分卡是以企业的战略为基础，并将各种衡量方法整合为一个有机的整体，它既包括了财务角度、内部流程、学习和成长的业务指标，使组织能够一方面追踪财务结果，一方面密切关注能使企业提高能力并获得未来增长潜力的无形资产等方面的进展，这样就使企业既具有反映"硬件"的财务指标，同时又具备能在竞争中取胜的"软件"指标③。从而使股东、管理者、雇员目标和行动达到一致。平衡计分卡进行绩效评价的四个角度如图7-3所示。

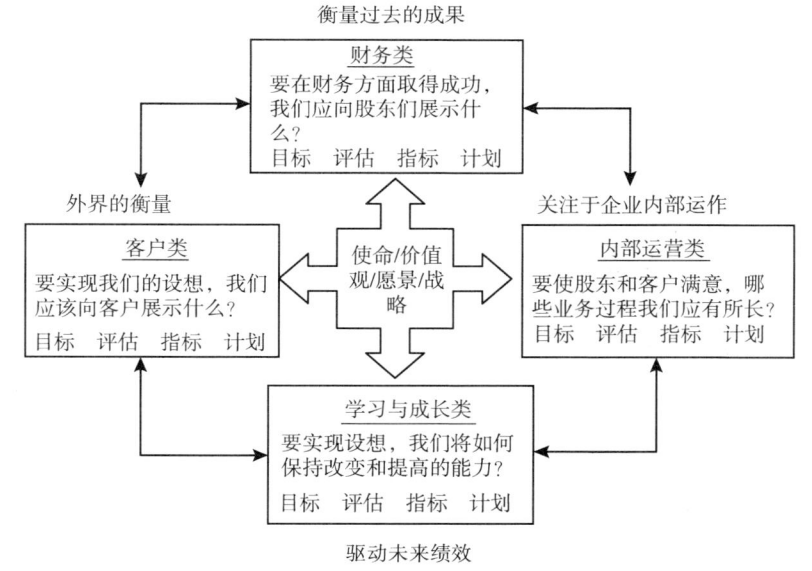

图7-3 平衡计分卡的四个维度

资料来源：秦杨勇：《平衡计分卡与绩效管理》，中国经济出版社2001年版，第14页。

---

① Kaplan, R. S. and D. P. Norton (1992), "The Balanced Scorecard: Measures That Drive Performance," Harvard Buniess Review, 70 (1), pp. 71-79.

② Kaplan, R. S. and Norton, D. P. (1996). Translating Strategy into Action—The Balanced Scorecard, Harvard Business School Press, Boston.

③ 彭剑锋：《人力资源管理概论》，复旦大学出版社2003年版，第340页。

第一，财务角度。财务方面的目标是解决"股东如何看待我们？"这一类问题。它反映企业的努力是否对最终的经济收益产生了积极的作用。因此，可以说财务方面是其他三个方面的出发点和归宿。通常包括利润、现金流、营业额、销售额与占用资产回报率等方面的指标。第二，客户角度。客户方面的目标是解决"客户如何看待我们？"这一类问题，是以客户的眼光来看待企业的经营活动。一般包括市场占有率、客户保留率、新客户开发率、客户满意度、产品退货率等方面的指标。第三，内部运营角度。内部运营方面的内容是解决如何使企业内部的各种业务流程更好地满足客户需求的问题，即解决"我们必须擅长什么？"的问题。结合迈克尔·波特的价值链理论，企业内部的核心业务流程主要有三方面：创新流程、经营流程及售后服务流程等。常用的指标有生产率、生产周期、成本、合格品率、新产品开发速度、出勤率等。第四，学习与成长角度。学习与成长方面的内容主要是从员工角度出发，为了更好地实现上述财务、客户及业务流程三个方面的战略目标，企业应如何去努力，即解决"我们能否持续提高并创造价值"的问题。通常包括员工培训周期、培训费用、受培训人员比例、员工满意度、员工留职率/流失率、员工建议数量及采纳率等方面的指标。

平衡计分卡四个方面的内容并不是相互独立、简单罗列出来的，而是紧紧围绕企业战略目标的实现，相互间具有因果关系的有机整体（卡普兰与诺顿称为因果链）。通过因果链分析的方法，可以将企业的战略在平衡计分卡的四个方面分解为不同的战略主题或目标，从而保证平衡计分卡与企业战略的紧密结合与一致性。为此，卡普兰与诺顿创建了战略地图来表示指标间的因果关系，并为我们提供了战略地图模板。如图7-4所示，战略地图提供了一个框架，用来说明战略如何将无形资产与价值创造流程联系起来。

与 KPI 和目标管理法等其他绩效评价方法相比，平衡计分卡融合了它们的精髓：既提出了绩效指标的设置必须能够体现、落实企业的战略，又强调了绩效的日常管理。同时平衡计分卡还明确了指标构建框架体系，明确提出包括财务、顾客、内部运营和学习与成长的四个甚至更多层面的指标，具有很强的操作指导意义：平衡计分卡弥补了传统财务指标考核的不足，从财务、顾客、内部流程、学习与成长四个角度来设计绩效评价体系，消除了单一考核指标的局限性；平衡计分卡把增强企业竞争力的看似毫无关联的事项联系在一起，如以顾客为导向，缩短反

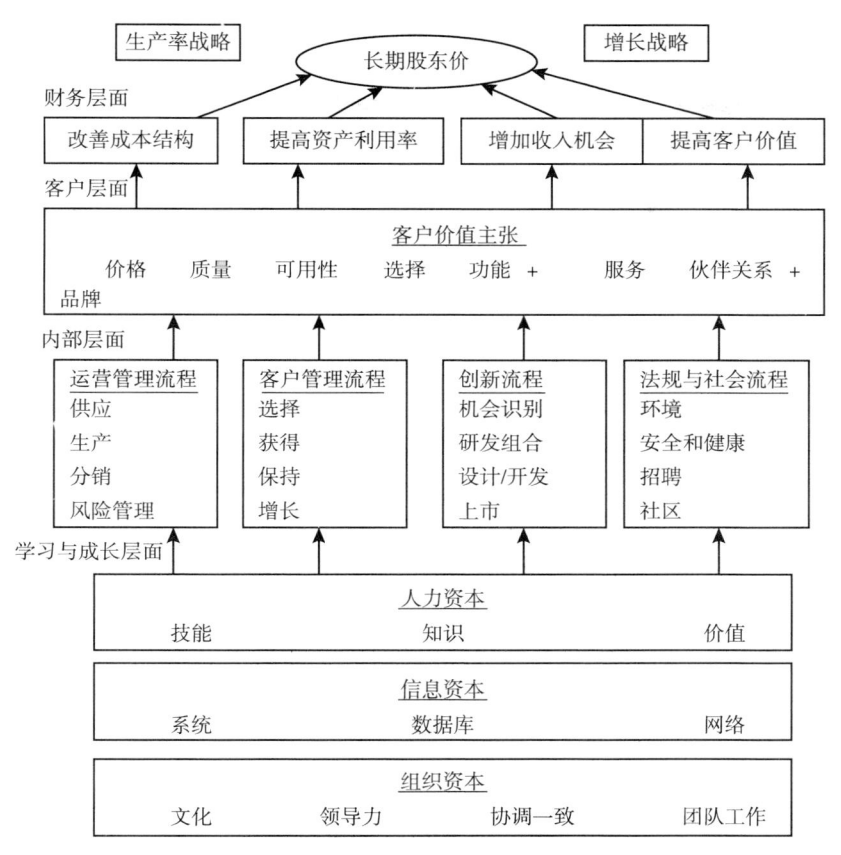

第7章 公司职业经理人综合评价体系研究

```
        生产率战略              增长战略
                    长期股东价
财务层面
  改善成本结构   提高资产利用率   增加收入机会   提高客户价值
客户层面
                    客户价值主张
  价格    质量   可用性   选择   功能 +   服务   伙伴关系 +
  品牌
内部层面
  运营管理流程   客户管理流程   创新流程     法规与社会流程
  供应          选择          机会识别      环境
  生产          获得          研发组合      安全和健康
  分销          保持          设计/开发     招聘
  风险管理      增长          上市          社区
学习与成长层面
                    人力资本
  技能              知识              价值
                    信息资本
  系统              数据库            网络
                    组织资本
  文化    领导力    协调一致    团队工作
```

图 7-4 平衡计分卡战略地图模板

资料来源：[美] 罗伯特·卡普兰，大卫·诺顿：《战略地图：化无形资产为有形成果》，经济出版社 2005 年版。

应时间，提高产品质量，重视团队合作，缩短产品投放市场的时间，以及面向长远而进行管理等；平衡计分卡不仅仅是一个战术性的或经营性的绩效衡量系统，更是一个战略管理系统，把战略管理和绩效管理连接起来；平衡计分卡实现了评价体系与控制系统的结合，既克服了传统绩效评价的片面性、主观性，又实现了评价体系与控制系统的协调统一，如图 7-5 所示。

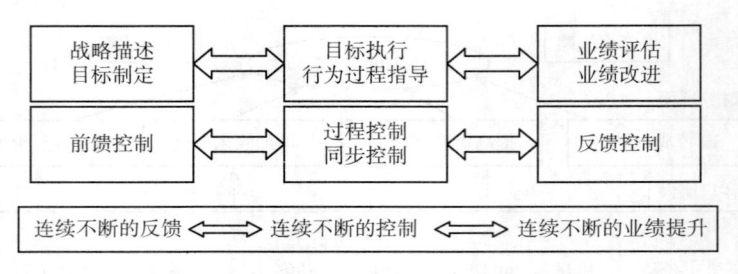

```
┌──────────┐      ┌──────────┐      ┌──────────┐
│ 战略描述 │ ⇔   │ 目标执行 │ ⇔   │ 业绩评估 │
│ 目标制定 │      │行为过程指导│    │ 业绩改进 │
└──────────┘      └──────────┘      └──────────┘
     ⇕                 ⇕                 ⇕
┌──────────┐      ┌──────────┐      ┌──────────┐
│ 前馈控制 │ ⇔   │ 过程控制 │ ⇔   │ 反馈控制 │
│          │      │ 同步控制 │      │          │
└──────────┘      └──────────┘      └──────────┘

 连续不断的反馈 ⇔ 连续不断的控制 ⇔ 连续不断的业绩提升
```

图7-5　绩效评价体系与控制系统的结合

资料来源：付亚和、许玉林：《绩效管理》，复旦大学出版社2003年版。

（3）绩效棱柱。绩效棱柱（The Performance Prism）是以现存的绩效测量框架和方法为基础，通过对它们进行创新和整合，进而提出一种更为全面并且易于理解的绩效管理框架，来弥补上述方法的局限性，从而更好地为企业管理服务。绩效棱柱模型有三个基本前提[①]：一是企业如果希望长期生存与发展不能仅仅把注意力放在一两个利益相关者（股东与顾客）身上；二是一个企业想将真正的价值传递给股东，其战略、流程及能力必须进行整合；三是企业与其利益相关者应该认识到它们之间的关系是互惠的。绩效棱柱包括五个相互关联的方面[②]：第一，利益相关者的满意。谁是我们的主要利益相关者？他们的愿望和要求是什么？第二，利益相关者的贡献。我们要从利益相关者那里获得什么？第三，战略。我们应该采用什么样的流程才能执行我们的战略？第四，流程。我们需要什么样的流程才能执行我们的战略？第五，能力。我们需要什么样的能力来运行这些流程？绩效棱柱展开图见图7-6。绩效棱柱框架的逻辑思路[③]：企业必须非常清楚地了解谁是他们的主要利益相关者以及他们的愿望和要求是什么。与此同时，为了满足他们自己的要求，企业还必须从他们的利益相关者那里获得一些东西，通常包括来自投资者的资金和信用、来自顾客的忠诚和利润、来自员工的想法和技术以及来自供应商的原料和服务等。他们还需要明确所要采取的战略以保证实现分配给利益相关者的价值。为了实施这些战略，他们还要考虑企业需要什么样的流程，必须做到既有效果又有效率。在其内部，如果企业拥有适当的能力、适当的人

[①][②] 安迪·尼利、克里斯·亚当斯、迈克·肯尼尔利，李剑锋等译：《战略绩效管理——超越平衡计分卡》，电子工业出版社2004年版。
[③] 全笑蕾、盛靖之：《超越平衡计分卡的绩效管理新框架——绩效棱柱》，载《科技创业》，2006年第3期，第87页。

力、良好的实践、领先的技术和物质基础结构的综合，那么流程才能得到执行。从本质上讲，绩效棱柱为以一种理性的方式通盘考虑公司的这些关键问题提供了一个结构。

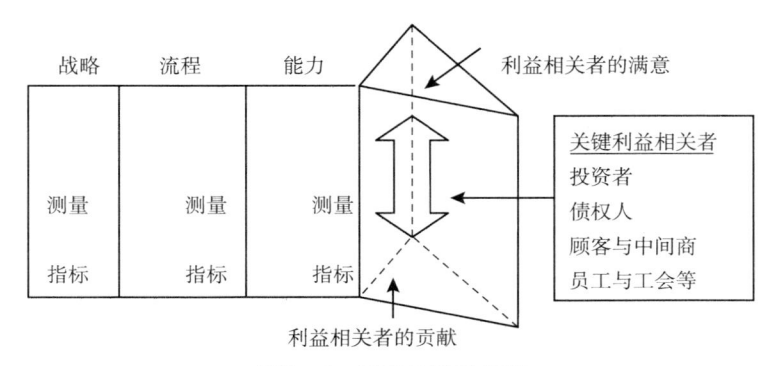

图 7-6　绩效棱柱展开图

资料来源：全笑蕾、盛靖之：《超越平衡计分卡的绩效管理新框架——绩效棱柱》，载《科技创业》，2006年第3期，第87页。

跟前面介绍的其他绩效管理方法比较，绩效棱柱的优势主要表现为：首先，绩效棱柱提出了关注所有重要的利益相关者的思想。而这对于企业的长期生存与发展是非常必要的。其次，绩效棱柱提出了对绩效管理起点的再认识。传统观点认为绩效管理的起点是战略。但绩效评价方法是为了帮助人们朝着他们想要达到的方向而设计的，战略并不是最终的目的，执行战略实际上是使公司能更好地将价值传递给其利益相关方。所以，绩效管理的起点应该是企业利益相关者的愿望和要求，即为利益相关者创造价值。最后，具有灵活性并能够不断完善。绩效棱柱框架设计得比非常有弹性，可以满足不同企业的要求。

3. 绩效管理流程

完整的绩效管理流程从绩效计划的制定开始，最终以绩效评价结果在人力资源管理实践中的应用结束。如图7-7所示。

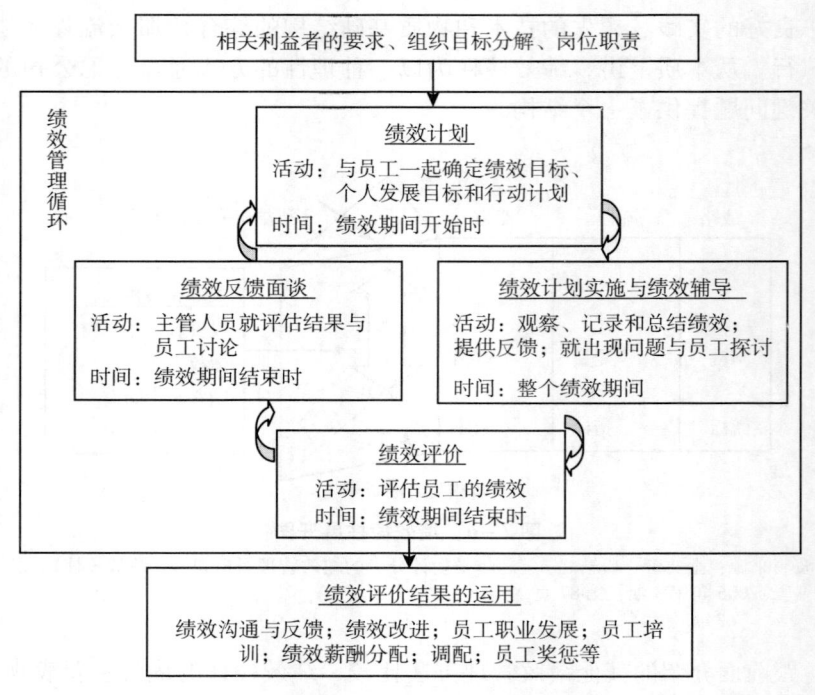

```
                    ┌─────────────────────────────────────────┐
                    │ 相关利益者的要求、组织目标分解、岗位职责 │
                    └─────────────────────────────────────────┘
   ┌─────────────────────────────────────────────────────────────┐
   │ 绩  ┌───────────────────────────────────────┐               │
   │ 效  │              绩效计划                 │               │
   │ 管  │  活动：与员工一起确定绩效目标、        │               │
   │ 理  │        个人发展目标和行动计划          │               │
   │ 循  │  时间：绩效期间开始时                 │               │
   │ 环  └───────────────────────────────────────┘               │
   │  ┌──────────────────────┐ ┌────────────────────────────┐    │
   │  │    绩效反馈面谈      │ │   绩效计划实施与绩效辅导   │    │
   │  │ 活动：主管人员就评估 │ │ 活动：观察、记录和总结绩效；│    │
   │  │      结果与员工讨论  │ │       提供反馈；就出现问题 │    │
   │  │ 时间：绩效期间结束时 │ │       与员工探讨           │    │
   │  │                      │ │ 时间：整个绩效期间         │    │
   │  └──────────────────────┘ └────────────────────────────┘    │
   │         ┌───────────────────────────────────┐               │
   │         │             绩效评价              │               │
   │         │  活动：评估员工的绩效             │               │
   │         │  时间：绩效期间结束时             │               │
   │         └───────────────────────────────────┘               │
   └─────────────────────────────────────────────────────────────┘
          ┌─────────────────────────────────────────────┐
          │            绩效评价结果的运用               │
          │ 绩效沟通与反馈；绩效改进；员工职业发展；员工培│
          │ 训；绩效薪酬分配；调配；员工奖惩等          │
          └─────────────────────────────────────────────┘
```

图 7-7　绩效管理流程

7.1.2　职业经理人绩效评价的理论研究

1. 财务指标导向的评价

周文辉[①]在研究"宝洁"职业经理人模式时提出中国职业经理的形成需要建立起科学的选拔机制、激励机制、监督机制与考核机制。在考核机制的构建方面应做到：考核的主体应当由政府主管部门转向董事会；考核的标准主要是企业的经济效益，如资产的安全增值、所有者权益的实现、员工收入的提高等；追究绩效不良、甚至造成企业亏损和资产流失经理的责任。从而形成职业经理的优胜劣汰。

---

① 周文辉：《经理人是怎样"炼"成的——"宝洁"模式及其对我国的启示》，载《经贸导刊》，2002 年第 7 期。

2. 工作成果评价与行为业绩评价

尹丽萍提出职业经理人的业绩评价应该由过去只重视工作成果的考核转向职业经理人完成工作的行为、过程，更重视对行为业绩的评价[①]。应包括职业经理人的职务内容、关键责任、成果目标、完成目标的一系列行为等的一整套指标体系的动态评价。具体的指标体系应该包括道德品质、企业文化塑造、战略规划、财务成果、人力资源规划、与利益相关者关系等的评价。

3. 根据经济附加值（EVA）、关连绩效价值（RPE）进行业绩评价

梁巧转等分析了传统的基于会计利润与股票价格对职业经理人的经营业绩进行评价的不足，提出了基于 EVA、RPE 的评价思路[②]。

EVA（Economic Value Added）
= 税后利润 – 所有资本成本
= NOPAT(税后净经营利润) – WACC(加权平均资本成本) * 投入资本
= [RIOC(税后投入资本回报率) – WACC] * 投入资本

以 $\Delta EVA = EVA_t - EVA_{t-1}$ 作为某一段时期经理人业绩考核的基础，只有当 $\Delta EVA > 0$ 时，企业才创造了价值。

RPE（Relative Performance Evaluation）是代理理论引发的一个重要的业绩评估思想，该方法在确定代理人报酬时，剔除系统风险，根据相对业绩来确定经理人员的报酬。

4. 用平衡计分卡设计职业经理人的评价体系

王冰洁等提出利用平衡计分卡评价体系设计经理人的业绩评价指标[③]。提出利用价值树和杜邦分析法相结合的方法，把企业的终极财务目

[①] 尹丽萍：《构建职业经理人业绩评价的指标体系》，载《技术经济与管理研究》，2002年第3期，第68页。

[②] 梁巧转、徐细雄、淦未于：《基于 EVA、RPE 的职业经理人业绩评估》，载《预测》，2003年第5期，第26页。

[③] 王冰洁、李传昭、弓宪文：《用平衡计分卡设计经理人的业绩指标》，载《决策参考》，2004年第2期。

标分解到具体的项目，然后从中寻找企业价值的关键驱动因素。通过分析与顾客有关的业务流程来设计顾客满意类指标。从企业价值链上的可控指标寻找内部经营方面的业绩指标。学习与成长类指标主要关注员工技能的培养，包括员工培训合格率等指标。

5. 职业经理人评价应考虑其人力资本价值

职业经理人的价值是由其学识、经验、能力和业绩等因素决定，在长期企业经营实践中形成的，主要包括职业经理人的人力资本价值、劳动绩效价值、社会贡献价值三个方面。因而对职业经理人价值的评价可以从这三个方面展开[①]。职业经理人所拥有的人力资本是其各方面经营管理才能的总和，是自身素质的一种综合表现。职业经理人的劳动绩效价值即职业经理人通过自身经营管理才能的发挥和劳动的付出为企业所带来的利润的增加、劳动生产率的提高、市场占有率的提升等各方面所创造的价值的总和。社会贡献价值是指为社会创造的社会效益和贡献。相关评价指标见图 7-8。

职业经理人价值评价

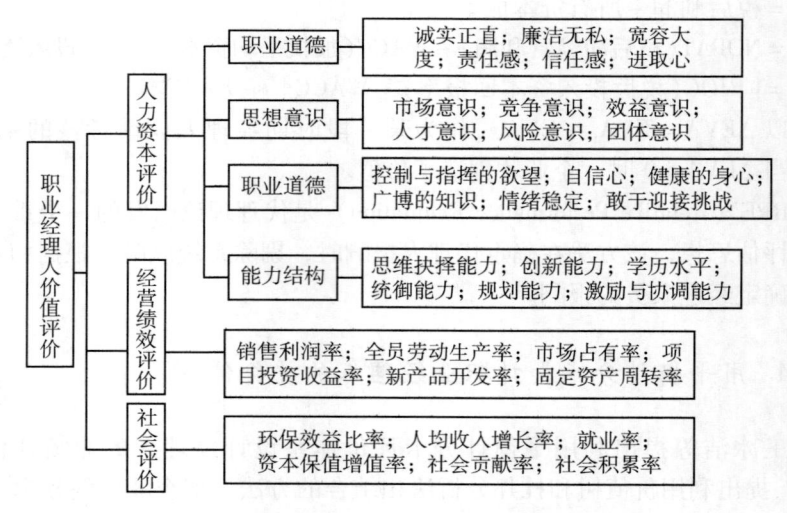

- 人力资本评价
  - 职业道德：诚实正直；廉洁无私；宽容大度；责任感；信任感；进取心
  - 思想意识：市场意识；竞争意识；效益意识；人才意识；风险意识；团体意识
  - 职业道德：控制与指挥的欲望；自信心；健康的身心；广博的知识；情绪稳定；敢于迎接挑战
  - 能力结构：思维抉择能力；创新能力；学历水平；统御能力；规划能力；激励与协调能力
- 经营绩效评价：销售利润率；全员劳动生产率；市场占有率；项目投资收益率；新产品开发率；固定资产周转率
- 社会评价：环保效益比率；人均收入增长率；就业率；资本保值增值率；社会贡献率；社会积累率

图 7-8 职业经理人价值评价指标体系

资料来源：白玉、陈建华：《职业经理人价值评价模式探讨》，载《武汉理工大学学报》，2002 年。

---

① 白玉、陈建华：《职业经理人价值评价模式探讨》，载《武汉理工大学学报》，2002 年第 11 期，第 104 页。

6. 经理人业绩评价应该考虑各种决定因素的影响

王化成等在研究上市公司业绩的提升与公司治理结构之间的关系时提出，经理人业绩的决定因素除了经理人的管理能力、经理层的激励机制及表现机会（个人的工作环境）因素外，业绩目标设定与业绩评价也是重要的影响因素①。因此，要提升经理人的业绩，就需要合理设定业绩目标，客观公正地评价他们的业绩，在业绩评价标准中应充分纳入各项决定因素的影响，考虑到他们对经理人业绩之间的联动作用与贡献水平。尤其是应考虑环境因素，如公司治理结构对经理人业绩的支持程度，经理人与董事会、股东及其他利益相关者等。

7. 两维业绩考核方格

方军雄与李雪颖提出上市公司高级管理人员业绩考评指标体系的设计应当以财务绩效→市场份额→竞争优势→核心竞争能力链为纵轴，结果性目标←→工具性目标为横轴，既能引导公司高级管理人员追求长远的财务绩效目标，又能适时指导和评价他们在实现长远绩效目标过程中所处的位置。根据这一评价指标体系总体设计思想列出了两个层面的业绩评价指标方格图②。结果性目标层面的业绩评价指标包括盈利能力、偿债能力、资产负债管理能力、成长能力和现金流量能力五项财务指标。工具性目标包括内部流程导向与客户价值导向指标两个方面。并提出了业绩评价标杆可以选择纵向（公司自身预定的目标）和横向（同行业的水平）两个维度。

7.2 职业经理人素质评价的理论研究

素质是影响绩效的重要因素，本书构建职业经理人综合评价体系包括素质评价。此处所用的"素质"一词来源于英文"Competency"，很多学

---

① 王化成等：《上市公司经理人业绩提升与公司治理结构》，载《东南大学学报》（哲学社会科学版），2001年第8期，第42页。
② 方军雄、李雪颖：《上市公司高级管理人员业绩考评方格》，载《中国人力资源开发》，2001年第12期。

者将其译为"胜任特征"、"胜任能力",本书采纳中国人民大学彭剑峰等人的观点,将其译为"素质"或"胜任素质"。在了解素质评价理论研究之前有必要了解与之相关的素质和素质模型的研究成果。

7.2.1 素质的含义

《美国同源》大辞典对素质的定义是"具有或者完全具有某种资格的状态或者品质[1]"。韦伯斯特的定义是"机能上足够或者具有完成某一特定任务足够的知识、判断、技能或实力的品质或状态"[2]。有关素质的研究最早可追溯到管理科学之父泰勒(Taylor)对科学管理的研究,称之为"管理素质运动"。泰勒认为,完全可以按照物理学原理对管理进行科学研究,他所进行的时间——动作研究就是对素质进行的分析和探索。1973年,哈佛大学的著名心理学家David McClelland发表了"测量素质而不是智力(Testing for Competency Rather Than Intelligence)"的文章,对以往的智力和能力性向测验进行了批评,他提出,采用智力测验的方式预测未来工作的成败是不可靠的,智力测验的结果与工作的成功之间并没有太大的联系,它们之间的关系要视具体情况而定[3]。即传统的性向测验与知识测验并不能预测职位候选人在工作中一定会取得成功。他倡导用素质模型设计取代智力测验作为预测未来工作绩效的方法,由此学术界掀起了素质研究的高潮。人们使用Competency(Competencies)时,又有三种不同的观点:素质是潜在的、持久的个人特征(Personal Attributes)——人是什么;素质是个体的相关行为的类别(Clusters of Related Behaviors)——人做什么;行为不是素质,但我们可以从行为表现中识别素质。下面分别介绍前两种观点。

1. 素质是个体的潜在特征

素质是个体的潜在特征(Underlying Characteristic),它与一定工作或情景中的、效标参照的(Criterion-Referenced)、有效或优异绩效有因果关系

---

[1] [美]安托尼特·D.露西亚·理查兹·莱普辛格,郭玉广译:《胜任——员工胜任能力模型应用手册》,北京大学出版社2004年版,第7页。

[2] Webster's Third New International Dictionary, Meriam-Webster, Chicago, IL, 1981, p. 63.

[3] McClelland, D. C. Testing for competence rather than for intelligence, American Psychologist, (1973), 28 (1), pp. 1–14.

(Causally Related)。根据这种观点,素质可以分为五个种类或层次,由低到高分别为:动机(个体想要的东西)、特质(个体的生理特征和对情景或信息的一致的反应)、自我概念(个体的态度、价值观或自我形象)、知识(个体所拥有的特定领域的信息、发现信息的能力、是否能用知识指导自己的行为)和技能(完成特定生理或心理任务的能力)。其中,知识和技能素质是可以看见的、相对较为表层的个人特征,而自我概念、特质和动机素质则是个性较为隐蔽、深层和中心的部分。该观点认为,所有的个体特征,不管是生理的还是心理的,也不管是潜在的还是外显的,只要能将绩效优异者和绩效一般者区分开,都可以界定为素质。基于该观点的素质定义主要有:素质是指与工作或工作绩效或生活中其他重要成果直接相似或相联系的知识、技能、能力、特质或动机[1](McClelland,1973);素质是指一个人所拥有的导致在一个工作岗位上取得出色业绩的潜在的特征[2](Yeung,1996),不同的行为导致不同的结果,特性与能力使人做出恰当的行为[3](Boyatzes,1982);斯宾塞(Spencer)认为素质是指能将某一工作(或组织、文化)中有卓越成就者与表现平平者区别开来的个人的深层次特征,它可以是动机、特质、自我形象、态度或价值观、某领域知识、认知或行为技能——任何可以被可靠测量或计数的并且能显著区分优秀与一般绩效的个体特征,并且只有当这种特征能够在现实中带来可衡量的成果时,才能称作为素质(Lyle. M. Spencer,1993),并提出了"素质结构冰山模型[4]"(见图7-9),我国学者时勘[5]等的研究也采纳了此观点;李查德(Richard)认为素质是与工作的高绩效相联系的知识、技能、能力或特征[6](Richard,1997);美国管理协会认为素质是在一项工作中,与达成优良绩效相关的知识、动机、特征、自我形象、社会角色与技能[7](Hays,1979)。

---

[1] McClelland, D. C., Testing for competence rather than for intelligence, American Psychologist, (1973) 28, 1, pp. 1–14.

[2] Yeung, A. Competencies for HR professionals: An interview with Richard B. Boyatzis, Human Resource Management, 1996, 35 (1), pp. 119–131.

[3] Boyatzis, A. R. The Competent Manager: A Model for Effective Performance, New York: J. Wiley, 1982. pp. 20–2.

[4] Lyle M. Spencer, Jr. and Signe M. Spencer. Competence at work: Models for superior performance. New York: John Wiley & Sons, nc, 1993.

[5] 时勘、王继承、李超平:《企业高层管理者胜任特征模型评价的研究》,载《心理学报》,2002年第3期,第306~311页。

[6] Mirabile, Richard J. Everything you wanted to know about competency modeling, Training &Development, 1997, Vol. 51 Issue 8, pp. 73–78.

[7] Hays. J. A new look at managerial competence: The AMA model for worthy performance, Management Review, 1979, 59, pp. 2–3.

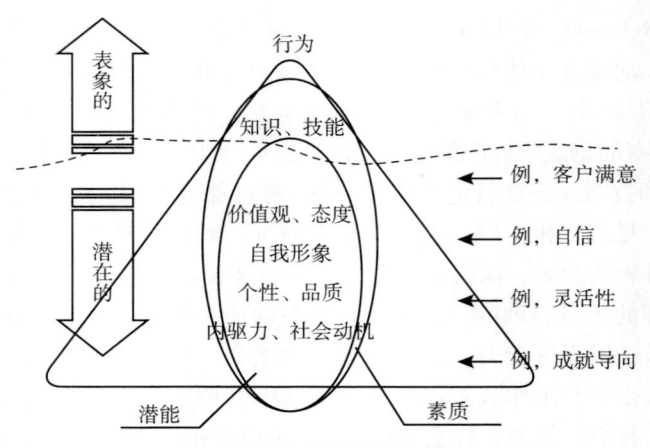

图7-9 素质结构冰山模型

资料来源：Lyle M. Spencer, Jr. and Signe M. Spencer. Competence at work：Models for superior performance. New York：John Wiley & Sons, Inc, 1993.

彭剑锋等人认为，素质是驱动一个人产生优秀工作绩效的各种个性特征的集合，它反映的是可以通过不同方式表现出来的个人的知识、技能、个性与内驱力等。素质是判断一个人能否胜任某项工作的起点，是决定并区别绩效差异的个人特征。如图7-10所示，素质可以分为通用素质、可迁移素质与专业素质三个层次。

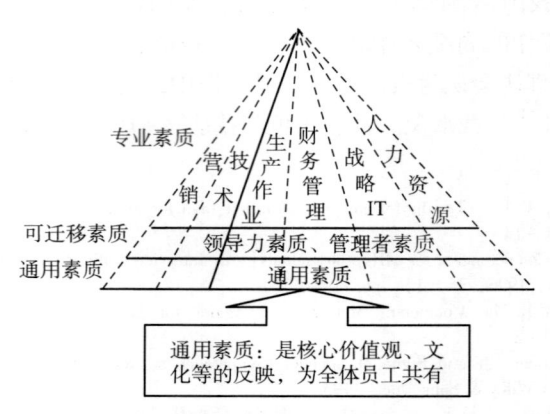

图7-10 素质分类

资料来源：彭剑锋：《人力资源管理概论》，复旦大学出版社2003年版，第232页。

国际人力资源管理研究院何志工等人认为，素质是指个体所具备的、能够以之在某个或者某些具体职位上取得优秀绩效表现的内在的稳定特征或特点,包括技能、知识与态度,思考方式与思维定式,内驱力、社会动机与自我意识等的具体组合。可用图7-11所示的胜任素质梯形来描述。图7-11中分为四个层级,图形最上端的为"绩效行为",也就是个体在具体职位上的工作绩效表现。"绩效行为"下面的三个层级共同决定了个体在工作中的绩效行为。下面的三个层级存在着递进关系,最底层的因素在决定个体的行为表现上起着更稳定的决定作用。也就是说,是"自我意识——内驱力——社会动机"因素决定了一个人的思考方式和思维定式等个体特质,然后才是个体所具备的态度、知识和技能等因素发挥具体的作用,最后由这些因素共同决定了个体在实际工作和生活上的行为表现。

图 7-11 胜任素质梯形

资料来源:国际人力资源管理研究院编委会:《人力资源经理胜任素质模型》,机械工业出版社2005年版。

2. 素质是个体的行为

目前,英国的人力资源实践中普遍接受该观点,认为素质是保证一个人胜任工作的、外显行为的维度(Dimension),如努力取得结果、深刻理解和对他人的观点敏感等。弗莱彻(Fletcher,1993)认为,维度(Dimensions)是指一类行为(A Cluster of Behaviors),这些行为是具体的、可以观察到的、能证实的,并能可靠地和合乎逻辑地归为一类,比如敏感、主动、分析等。显然,在这里,维度是指用来完成工作任务的行为,素质仅仅是维度的替代物或同义词。

7.2.2 素质模型的研究

由于人们对素质的界定不同,构成素质模型的要素不同,得到的素质模型也差别较大。对素质模型的描述主要有:素质模型(Competency Model)描述了有效地完成特定组织的工作所需要的知识、技能和特征的独特结合(Richard S. Williams,1998);素质模型是一组相关的知识、态度和技能,它们影响一个人工作的主要部分、与工作绩效相关、能够用可靠标准测量和能够通过培训和开发而改善(David. C. McClelland,1973);素质模型描绘了能够鉴别绩效优异者与绩效一般者的动机、特质、技能和能力,以及特定工作岗位或层级所要求的一组行为特征(Guiford,1997)等;素质模型包括完成工作需要的关键知识、技能与个性特征以及对于工作绩效与获得工作成功具有最直接影响的行为[1](Sanchez,2000);担任某一特定的任务角色所需要具备的素质的总和[2](时勘,2002);素质模型就是为了完成某项工作,达成某一绩效目标,要求任职者具备的一系列不同素质的组合,其中包括不同的动机表现、个性和品质要求、自我形象与社会角色特征以及知识与技能水平等[3](彭剑锋,2003)。

1. 国外的研究

麦柯利兰(McClelland)等运用工作分析、关键事件访谈、成对关键事件访谈的系统方法,经过多年的研究和实践,提出了21种素质,如获取信息的技能、分析思考的技能、概念思考的技能、策略思考的技能、人际理解和判断的技能、帮助/服务导向的技能、影响他人的技能、知觉组织的技能、发展下属的技能、指挥技能、小组工作和协作技能、小组领导技能等等。斯宾塞(1993年)通过研究列出了能预测大部分行业工作成

---

[1] Sanchez. The art and science of competency models (book review), Personnel Psychology. Summer 2000, Vol. 53 Issue2, pp. 509–512.
[2] 时勘、王继承、李超平:《企业高层管理者胜任特征模型评价的研究》,载《心理学报》,2002年第3期。
[3] 彭剑锋:《人力资源管理概论》,复旦大学出版社2003年版。

功的最常用的 20 个素质，主要分为六大类[1]：成就特征、助人/服务特征、影响特征、管理特征、认知特征和个人特征，并将 20 项素质划分为 6 个基本的素质族，再依据每个素质族对行为与绩效差异产生影响的显著性程度划分 2~5 项具体的素质，而相对于每一项具体的素质都有一个具体的释义与至少 1~5 级的分级说明，并辅以典型的行为表现或示例。这样就构成了图 7-12 所示的素质词典。斯宾塞提出了专业技术人员、销售人员、社区服务人员、管理人员和企业家五个通用素质模型，每一个模型都由十多个不同的素质组成。其中的经理人员素质模型如表 7-2 所示。美国知名人力资源咨询企业 DDI 公司（美国智睿咨询有限公司）经过 30 多年的研究，提出高级职业经理人必须掌握的七项基本技能（领导力要素）：辅导发展员工、带动绩效提升、促进忠诚信任、有效管理企业、提倡合作精神、发挥个人影响、选拔优秀人才[2]。

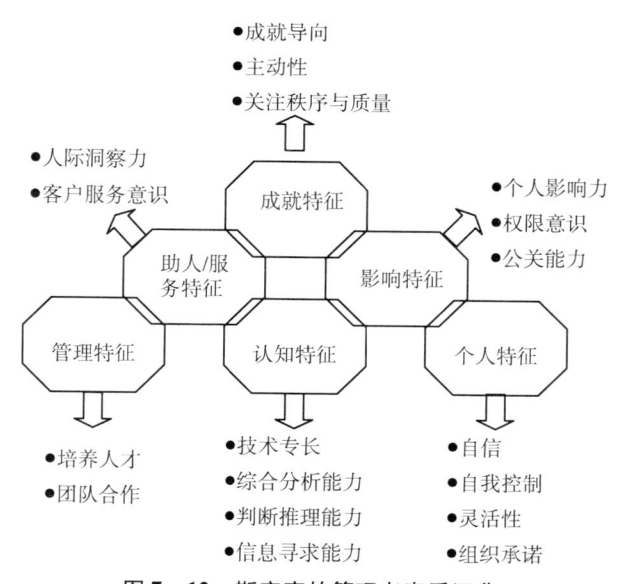

图 7-12 斯宾塞的管理者素质词典

资料来源：Lyle M. Spencer and Signe M. Spencer. Competence at work：Models for superior performance. New York：John Wiley & Sons．INC. 993.

---

[1] Lyle M. Spencer and Signe M. Spencer. Competence at work：Models for superior performance. New York：John Wiley & Sons，Inc，1993.
[2] 胡宏峻：《成为职业经理人》，上海交通大学出版社 2004 年版。

表 7-2　　　　　　　　　　经理人员通用素质模型

权　重	素　质
6	影响力、成就欲
4	团队协作、分析性思维、主动性
3	发展他人
2	自信、指挥、信息需求、团队领导、概念性思维
阈限	权限意识、公关、技术专长

资料来源：Lyle M. Spencer and Signe M. Spencer. Competence at work: Models for superior performance. New York: John Wiley & Sons, Inc, 1993.

2. 我国学者的研究

（1）时勘、王继承等人对我国通信业管理干部素质的实证研究。时勘、王继承等（1999）运用事件访谈（BEI）技术，对我国通信业管理干部的素质进行了实证研究，结果表明：我国通信业管理干部的素质模型包括[1]影响力、组织承诺、信息寻求、成就欲、团队领导、人际洞察能力、主动性、客户服务意识、自信和发展他人 10 项素质。这与西方研究所揭示的高层管理者的素质模型（影响力、成就欲、团队协作、分析思维、主动性、发展他人、自信、指挥、信息寻求、团队领导和概括性思维）是一致的。

（2）仲理峰、时勘的家族企业高层管理者素质模型。仲理峰、时勘（2002）采用 BEI 方法对家族企业高层管理者素质模型进行了研究，表明我国家族企业高层管理者的素质模型包括威权导向、主动性、捕捉机遇、信息寻求、组织意识、指挥、仁慈关怀、自我控制、自信、自主学习、影响他人 11 项素质[2]。其中，与国外企业高层管理者的通用素质模型的 9 项相一致，与国有企业高层管理者的通用素质模型的 5 项相一致。而威权导向、仁慈关怀是我国家族企业高层管理者独有的素质。

（3）王重鸣等人的正副职管理者素质研究。王重鸣等（2002）对正副职管理者素质进行了分析，结果表明[3]：管理者素质由管理素质和管理技能两个维度构成，但在具体的要素上，不同层次的管理者具有不同的结

---

[1] 时勘、王继承、李超平：《企业高层管理者胜任特征模型评价的研究》，载《心理学报》，2002 年第 3 期，第 306~311 页。
[2] 仲理峰、时勘：《家族企业高层管理者胜任特征模型》，载《心理学报》，2004 年版，第 110~115 页。
[3] 王重鸣、陈民科：《管理胜任力特征分析：结构方程模型检验》，载《心理科学》，2002 年第 5 期。

构要素。正职的价值倾向、诚信正直、责任意识、权力取向等构成了管理素质维度,而协调监控能力、战略决策能力、激励指挥能力和开拓创新能力则构成了管理技能维度。对于副职来说,管理素质维度由价值倾向、责任意识、权力取向 3 项素质构成,管理技能维度由经营监控能力、战略决策能力、激励指挥能力 3 项素质构成。正副职层次职位在管理素质上形成差异结构:正职的战略决策能力更为关键,而副职的责任意识更为重要,同时,正职岗位在诚信、正直和开拓创新能力两项素质上有更高的要求。

(4) 姚翔、王垒、陈建红等人的项目管理者素质模型。姚翔、王垒、陈建红等人对某外资企业中国研发中心的 322 名项目经理和项目小组成员进行问卷调查,研究发现,IT 业项目经理的素质包括个性魅力、应变能力、大局观、人际关系处理能力和品格五个方面[1]。

(5) 中国人民大学彭剑峰等人的通用素质模型研究。中国人民大学彭剑峰等人通过研究提出了企业通用素质模型。认为建立通用素质模型可以区别并找出导致同一职位绩优人员与一般人员差异的因素。管理类通用素质模型[2]见图 7 - 13 所示。

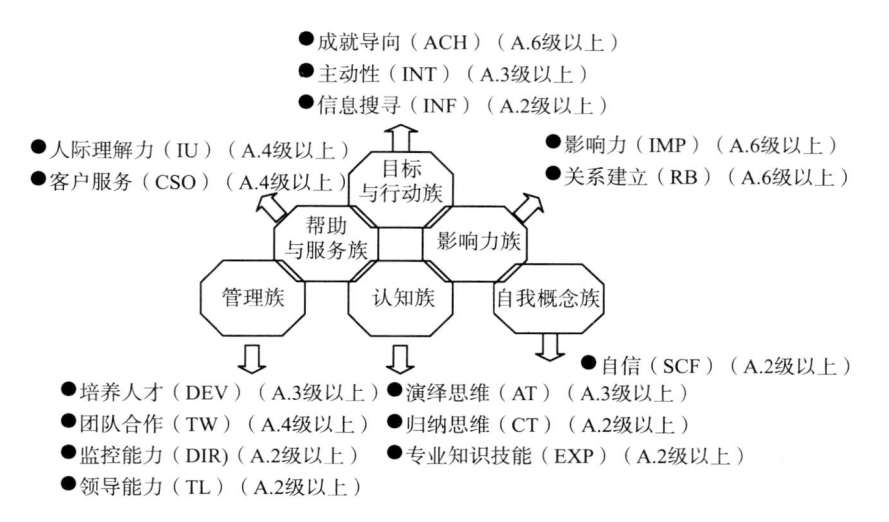

图 7 - 13 管理类通用素质模型

资料来源:彭剑锋:《人力资源管理概论》,复旦大学出版社 2003 年版,第 248 页。

---

[1] 姚翔、王垒、陈建红:《项目管理者胜任力模型》,载《心理科学》,2004 年第 6 期,第 1497~1499 页。

[2] 彭剑锋:《人力资源管理概论》,复旦大学出版社 2003 年版。

在管理咨询实践中，为了便于企业人力资源实践者的理解与操作，并便于对管理者进行素质评价与能力发展，彭剑锋等人又提出了FPEB素质模型。见图7-14。

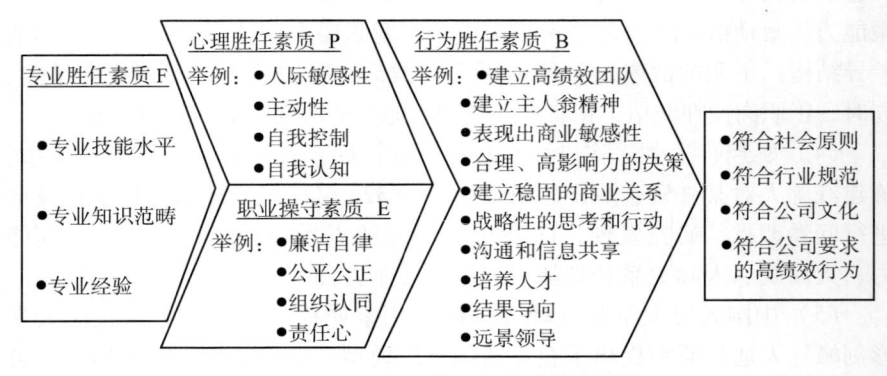

```
专业胜任素质 F        心理胜任素质 P         行为胜任素质 B
                    举例：●人际敏感性       举例：●建立高绩效团队
●专业技能水平            ●主动性               ●建立主人翁精神        ●符合社会原则
                       ●自我控制              ●表现出商业敏感性       ●符合行业规范
●专业知识范畴            ●自我认知              ●合理、高影响力的决策   ●符合公司文化
                    职业操守素质 E           ●建立稳固的商业关系     ●符合公司要求
●专业经验            举例：●廉洁自律           ●战略性的思考和行动       的高绩效行为
                       ●公平公正              ●沟通和信息共享
                       ●组织认同              ●培养人才
                       ●责任心                ●结果导向
                                            ●远景领导
```

图7-14　FPEB管理者素质模型架构

资料来源：彭剑锋、刘军、张成露：《管理者能力评价与发展》，中国人民大学出版社2005年版，第58页。

图7-14中的专业胜任素质包括知识与技能，体现了岗位任职资格的要求，在管理者素质评价或选拔中的作用在于提供"门槛"标准。因此，对专业胜任素质的评价是一个初选的过程，目的在于剔除那些不合格候选人。心理胜任素质一般不能直接反映当前的工作业绩，而主要决定个人职业发展的潜力。职业操守素质体现为个体在履行本职工作过程中所表现出来的善、恶、好、坏的道德倾向。反映管理者在实践管理行为时既要受到特定的社会道德规范、行业准则的约束，还要遵守组织特定的价值观要求。职业操守测试意义重大：职业操守是成熟商业环境中职业经理人的必备素质，对其进行定义和考核将有助于更快地在组织内部建立成熟的商业文化氛围，树立公司良好的公众形象；可以给管理者一定的震慑力，约束管理者的职务行为；可以净化人员队伍，防范道德风险，在系统内对存在问题的管理者和损害公司利益的行为及早发现、及早处理、降低损失；可以在管理者的选拔和培养、在管理者的成长过程中建立起强有力的导向，对违规违纪的行为防微杜渐。鉴于本文所研究的职业经理人的职业特点与职位定位，职业操守评价更具有其现实意义。行为胜任素质主要体现了管理职位对任职者业务管理以及人员管理方面的能力要求。行为胜任素质与当前的工作有着最直接的联系。

(6) 于永达等人的领导人才胜任力模型研究。于永达等人认为，领导人才胜任力测评，是建立在胜任力理论、管理学、心理学、测量学、行为科学、计算机技术等基础上的一种综合测评体系。并通过研究提出了如图 7-15 所示的模型①。

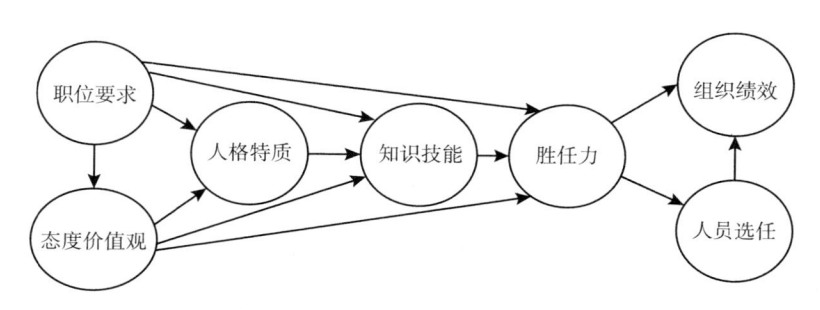

图 7-15　领导人才胜任力结构模型

资料来源：于永达、林向峰、张远东：《基于 PLS 的领导人才胜任力测评方法研究》，载《改革》，2005 年第 1 期，第 103 页。

(7) 企业对高级职业经理人素质的研究。中国四达上海测评咨询中心运用文献分析、专家访谈、问卷调查等研究方法提出职业经理人的素质应该由基本潜能、个性特征和核心能力三部分组成②：基本潜能是指基本的认知能力，包括语言能力、数字运算能力、逻辑推理能力、资料分析能力等 6 项能力；个性特征主要包括自信心、责任心、自律性、进取性、合群性、灵活性、自主性、支配性、客观性、倾向性、情绪性、宽容性、坚韧性、成就性、内外控 15 项素质；核心能力包括沟通能力、创新能力、合作能力、学习能力、信息处理能力、问题解决能力 6 个方面。白安居（上海）管理系统有限公司人力资源部通过跟有关部门讨论了解职业经理人岗位要求、部门要求、领导要求、学历背景要求以及大量的案例分析，得出了职业经理人应具备素质的模型，并提出模型的应用必须与企业实际相结合。该模型包括自我管理能力、领导和激励团队的能力、流程管理能力、以销售和利润为导向、顾客至上、领导力 6 个方面③。具体见图 7-16。

---

① 于永达、林向峰、张远东：《基于 PLS 的领导人才胜任力测评方法研究》，载《改革》，2005 年第 1 期，第 103 页。
②③ 胡宏峻：《成为职业经理人》，上海交通大学出版社 2004 年版，第 34～39 页，第 56 页。

```
                    职业经理人应具备的素质
   ┌──────┬──────────┬──────┬──────────┬──────┬──────┐
 自我管    领导和激    流程管    以销售和    顾客     领导力
 理能力    励团队能力  理能力    利润为导向  至上
```

自我管理能力	领导和激励团队能力	流程管理能力	以销售和利润为导向	顾客至上	领导力
良好的个人品行；有效的决策能力；自我激励/自我发展能力；良好的沟通能力	团队建设能力；领导影响力；脚踏实地的工作作风；激励他人能力	建立和维护流程数据分析的能力；标准维护和发展	商业意识；工作计划性和优先次性；数据分析、处理能力；完成销售利润指标的能力	了解顾客需求的能力；建立顾客关系能力；处理客户关系的灵活性	发展、教导下属的能力；循百安居企业文化的能力；创造良好工作环境的能力；遵

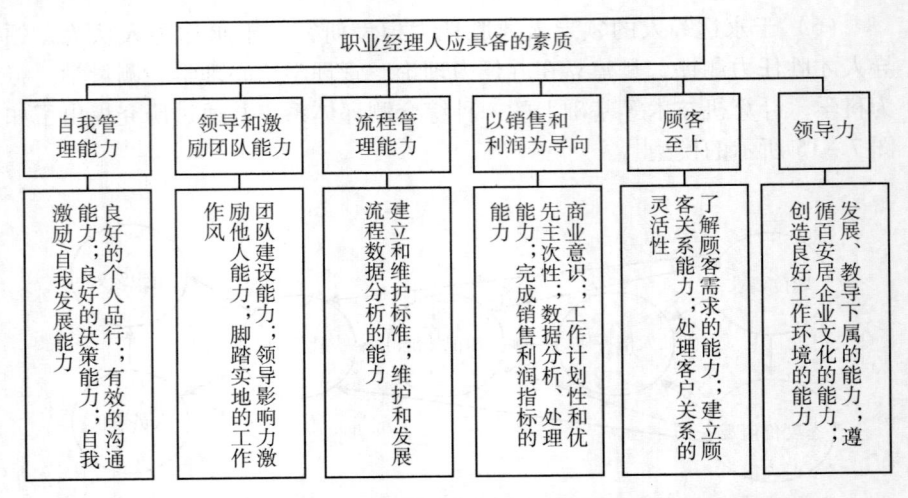

图 7-16 百安居（上海）管理系统有限公司职业经理人素质模型

（8）企业经营者最需要具备的素质或技能的中美比较研究。如表 7-3 所示，国外管理学者提出的职业经理人应具备的素质技能，我国企业经理人和美国经理人对他们的排序不同。我国企业经营者首先重视领导的创新类技能（表 1~4 项），其次是人际沟通类技能（表 5~8 项），第三是个人行为、能力与修养方面的素质（表 9~16 项）。而美国经理人的排序则差异较大，尤其是理解他人的能力、统筹能力、严格遵循规则、愿意传播信息等几项素质。

表 7-3   企业经营者最需要具备的素质或技能（中美比较）

国外管理者提出的职业经理人应具备的素质技能内容	2003 年中国企业经理人的排序	2003 年美国企业经理人的排序
果断决策能力	1	4
能够接受新思想	2	3
统筹能力	3	13
很有智慧	4	2
理解他人的能力	5	1
尊重他人	6	12
语言表达能力	7	5
愿意征求他人的意见	8	6
严格遵守规则	9	14
愿意承认错误	10	8

续表

国外管理者提出的职业经理人应具备的素质技能内容	2003年中国企业经理人的排序	2003年美国企业经理人的排序
技术能力	11	10
形象好	12	15
能够参加员工讨论	13	9
有幽默感	14	11
有能力去做员工执行的工作	15	16
愿意传播信息	16	7

资料来源：费英秋：《管理人员素质与测评》，经济管理出版社2004年版，第59页。

7.2.3 素质评价的理论研究

1. 素质评价内容与方法的一般性研究

马博[①]认为，现代企业家领导素质应包括良好的道德素质、杰出的能力素质、过硬的专业素质和健康的身体素质四个方面。其中最重要的是道德素质，道德素质中一个很重要的组成部分就是诚信度，作为职业企业家要严格遵守市场经济的道德规范，而市场经济的道德核心就是诚信，它是能否成为企业家的安身立命之本。对职业企业家的评价主要从以下几个方面进行：一是思想品德素质。二是能力素质。主要包括风险决策能力、知人善任能力、团队协调能力、过程监控能力和开拓创新能力等。三是资历。企业家的资历在很大程度上说明他所从事工作的业绩和今后可能的发展方向。资历所提供给我们的信息是他做过什么，做到什么程度，通过这些资料可以预测他将来能够做什么，能发展到什么水平。对职业企业家的评价主要用于甄选与评定、诊断与预测、考核与培训等。评价方法主要有考核法、测验法、面试法、评价中心技术。

邢伟认为，人的素质包括知识素质、技能素质、隐性素质、品德素质和身体素质。根据这些素质的内在要求，评价从这五方面展开，不同素质有不同的测评方法。中高层管理人员的素质评价采用笔试和评价中心技术，并结合测评结果综合测评。笔试主要是针对知识结构进行测评，评价

---

① 马博：《职业企业家素质分析及评价办法》，载《深圳大学学报》（人文社会科学版），2002年第7期，第48~52页。

中心主要是针对隐性素质进行测评。其流程包括笔试、经验技能评价、结构化面试、公文筐测试、无领导小组讨论、工作样本测试、绩效考核、素质评价结果公示等①。

陈畴镛等人认为②，职业经理人素质应包括管理力（又包括领导力、管理力、组织力、变通力、沟通力五项能力）、决策力（决策力、执行力、想象力、创造力、果断力）、学习力（思维力、学习力）、道德力（职业道德、健康心态、将帅胸怀）。并运用二级模糊综合评判方法构建职业经理人素质的模糊评判模型。

2. 基于胜任特征的人才测评方法的研究

谷向东与郑日昌等提出了基于胜任特征的人才测评的观点。他们将人才测评界定为一个收集和评估有关候选人信息的过程以便做出针对某职位的人事决策③。包括两层含义：一是收集有关某个体的各种信息并通过客观分析评估其素质特点；二是将其素质与其即将从事的岗位进行对照确定匹配程度。基于胜任特征的人才测评就是以胜任特征为标准进行测评，而且这里的胜任特征概念是广义上的胜任特征，不仅指麦克利兰流派的胜任特征理论，实际已经融合了一般智力理论、实践智力理论和情商等理论，共同构成人才测评标准的基础。使得测评标准更加全面客观，更有利于选择最佳的测评方法。常用的测评胜任特征的工具有纸笔心理测验法（如能力测验、个性测验和动机测验）、行为事件访谈技术和情景模拟法。基于胜任特征人才测评的程序包括针对目标岗位建立胜任特征模型、选择评估方法、培训测评师、实施测评、决策、验证测评系统、建立岗位和人员的数据库和匹配系统等7个环节。

樊宏、韩卫兵认为④，当前评价中心的运用主要存在这样一些问题：测评指标设定不合理，凭主观决定，随意性太大；另外，测评指标界定不明确，评分无标准，只是简单定性评估，不仅导致测评者对指标的意见无

---

① 邢伟：《企业中高层管理人员员工评价模型研究》，载《经济师》，2006年第3期，第136页。
② 陈畴镛、景秀平、陈琦：《多因素层次模糊综合评价方法在职业经理人素质评判中的应用》，载《经济论坛》，2005年第22期。
③ 谷向东、郑日昌：《基于胜任特征的人才测评》，载《心理与行为研究》，2004年第2期，第634~639页。
④ 樊宏、韩卫兵：《构建基于胜任力模型的评价中心》，载《科学与科学技术管理》，2005年第10期，第17~113页。

法统一，而且结果难以汇总，使测评结论得不到保证，直接影响了评价中心的效度。针对上述问题，他们提出将胜任力模型引入评价中心，为评价中心构建合理可界定的清晰的测评指标体系，从而提高评价中心的效度。并设计了包括进行战略性工作分析建立胜任力模型、确定测评指标、确定测评指标的评分标准、设计演练工具、测评师的选择与培训、测评数据汇总、测评结果的反馈与保密七个构建基于胜任特征的评价中心的步骤。

张慧琴认为[1]，基于职位分析的传统测评体系比较重视考察员工的知识、技能等外显特征，而没有针对难以测量的核心动机和特质来选聘、任用和调配员工，但如果选聘、任用和调配的人员不具备该岗位所需要的深层次胜任特征，要想改变却又是培训难以解决的问题，这对于企业来说是一个重大的失误与损失。相反，对员工进行基于胜任特征的素质测评可以帮助企业物色到具有适当的核心动机和特质的员工，这样既可避免由于人员挑选失误带来的不良影响，也可以减少企业的培训支出。

余鸣、夏瑞峰构建了由政治素质、思想素质、道德思想、心理素质、业务素质、身体素质、思维素质、魅力素质八项素质构成的决策者素质模型[2]，他们认为，对单项素质的评价可以采取评价中心、素质访谈、工作样本测试、能力测试、人格测试、背景资料分析、传统访谈、背景核查等方法。但决策者素质评价指标体系是一个多层次、多目标的体系，可以用上述方法对单个指标进行测评，并在此基础上进行综合，进行模糊评价法得出决策者的综合评价结果。

于永达等人提出运用偏最小二乘法（Partical Least-Squares Regression，PLS）对领导人才胜任力进行测评[3]。

7.3 职业经理人信用评价的理论研究

《辞海》中对信用的解释是"以诚信用人，信任使用；遵守诺言、实

---

[1] 张慧琴：《基于胜任特征的素质测评模型的运用分析》，载《商场现代化》，2006年第4期，第142页。

[2] 余鸣、夏瑞峰：《基于素质模型的决策者素质评价研究》，载《市场周刊·研究版》，2005年第12期，第77页。

[3] 于永达、林向峰、张远东：《基于PLS的领导人才胜任力测评方法研究》，载《改革》，2005年第1期，第104页。

践承约，从而取得别人的信任①"。从不同学科角度对信用的理解是不一样的。从伦理学角度，欧阳润平认为伦理信用是人们在社会交往中自觉遵守承诺、履行义务的道德准则②。从经济学角度，陈晓等人认为信用是指一种以偿还和付息为特征的特殊价值运动形式，通过一系列的借贷、偿还和支付过程来实现③，王超认为信用是指建立在授信人对受信人信任的基础上、使后者无需付现即可获得商品、服务和货币的能力④。从制度角度，认为信用是一套关于社会征信、信用评估和信用管理的规章化、程序化的管理制度和操作体系。从法律角度来讲，不同法系的观点也有差异⑤：在罗马法系中"信用"的概念有信任、信义、诚实的含义，表示相信他人会给自己以保护或某种保障，是一方在良心或者道义上对另一方的意愿所负的义务，因此这种"信用"与诚实、守信等个人品格非常接近，从这个角度定义的信用似乎更为偏重其作为一种"意识形态"或者"文化道德"的载体和指向；而英美法系中的信用是经济活动双方彼此间在经济上的信赖，在此基础上获得信用程度的高低就是在这种活动过程中各方"能力"或者"权利"的大小；我国相关法律术语和解释中信用的含义主要是"守信"和"诚信"之意，其含义和指向与罗马法系中的"信用"比较接近，可以概略归于信用文化及信用道德一类，属于信用意识形态范畴而非经济信用活动。而现代经济社会的"信用"则是"经济信用"，是在经济活动中双方彼此遵守和执行信用契约的能力。这种能力的获得是地位平等的交易双方为了获取各自的利益而请求他人（第三方）对自己的能力（主要指经济能力）所做出的客观评价。职业经理人信用是指对职业经理人征集的信用信息进行综合分析评估所形成的对外提供调查、咨询使用的评价结果。⑥ 目前，有关职业经理人信用评价的研究文献较少，此处主要介绍职业信用、个人信用等相关研究。

---

① 《辞海》（缩印本），上海辞书出版社1989年版，第280页。
② 欧阳润平：《伦理信用与经济信用的关系》，湖湘论坛，1999年第3期。
③ 陈晓、侯永周：《信用评级：给投资者一张保票》，载《中外管理导报》，2001年第7期。
④ 王超：《我国社会信用体系建设问题与对策》，载《科学与管理》，2006年第2期，第35页。
⑤ 李依凭："信用观"与"义利观"之比较——兼论有关"信用"的几个问题》，载《税务与经济》，2006年第4期，第40页。
⑥ 资料来源：《职业经理人信用征集与评价规范》，中国职业经理人评价网，http：//www.chinaccmc.org/lhh/news/info.

7.3.1 职业经理人职业信用评价的理论研究

清华大学管理学院魏杰教授在研究职业经理人外部约束时提出了市场约束,即通过完善和规范职业经理人的流动市场,使职业经理人市场能在促进职业经理人有效流动的同时,约束职业经理人在流动中的非规范性行为甚至违法行为。他提出职业经理人市场上要形成应有的职业经理人档案,档案中的一个重要内容是有关中介机构从职业经理人的受聘史及受聘业绩等方面对职业经理人的能力及道德的评价,以便使职业经理人能内在地对自己的行为负责和接受市场的约束,从而形成有效的市场约束[1]。刘武等认为[2],职业信用不同于商业信用,职业信用的建立不仅有特殊的意义,还具备可行性,认为可发挥现有人事档案系统的作用。丁娟娟等提出企业管理人员职业信用评价指标体系包括入职基本情况、心理特征因素的匹配度、职务工作表现、工作业绩水平、在团队中的表现、财务收支执行情况、企业内部制度和企业文化的认识水平八个方面,并提出运用等级模糊综合评判法对企业管理人员的职业信用等级进行评判[3]。赵明非等认为[4],国内企业进行人才绩效评估的尝试是记录员工工作轨迹的"红黑榜",国外企业对个人职业信用的考核近来采用包含公开诚信测验和以个性为基础测验的诚信度测验,并提出我国企业引进诚信度测验应慎重开发、正确使用、规范使用程序等。黄波认为[5],构建职业经理人信用机制应该从加强立法、建立信用体系、从市场和企业两方面约束职业经理人等方面入手,职业经理人信用体系应包括其职业经历、任职情况、经营业绩、过失评说等个人职业资料。丁慧在研究中小企业职业经理人信誉问题时提出建立职业经理人动态信息库,进入者要按资历、业绩等条件获得从业资格,建立业绩公开制度,收集职业经理人职业生涯的业绩档案,通过经理人在每个阶段信息的透明化,使经理人的任何行为都将对自己以后的

---

[1] 魏杰:《职业经理人制度建设中的一个重要问题》,载《财贸经济》,2001年第6期,第51页。
[2] 刘武、王东颖:《拆解商业信用与职业信用》,http://www.cnki.net。
[3] 丁娟娟、陈新辉:《企业管理人员职业信用等级模糊综合评判》,载《管理现代化》,2006年第4期。
[4] 赵明非、冯冬燕:《个人职业信用制度探讨》,载《发展》,2006年第8期,第95~96页。
[5] 黄波:《浅谈职业信用制度的建立》,载《特区经济》,2004年第6期,第96~97页。

市场交易产生影响,从而大大增加败德行为的成本①。

唐斌在对职业经理人进行职业道德分析时提出职业经理人职业道德规范包括忠诚、诚信、事业心与责任心、必需的管理知识与技能五个方面的规定。构建职业经理人职业道德需要从职业经理人个人的自律与自省、商学院的教育、法律建设、建立内部激励机制、建立职业经理人协会、舆论环境等几方面的共同努力。其中职业经理人协会在职业经理人和用人单位之间架起一座桥梁,建立起较为重要的职业经理人职业道德和业绩档案,从而通过合法的方式对职业经理人进行约束②。

牛国良教授在研究经营者职业化时提出需要三个基本条件:要有理性的买方、充裕的卖方和规范的中介机构,买卖双方形成了经理市场,经理人的报酬就是其"价格"信号。经理市场是经营者的竞争选聘机制,而竞争选聘的目的在于将职业经理人的职位交给有能力、有积极性的经理候选人。而职业声誉是职业经营者的"质量"信号,职业声誉对于职业企业家来说是至关重要的。一方面,他要靠长期的职业生涯和事业成功才能逐渐积累起良好的职业声誉,而良好的声誉能够增加其在经理市场上讨价还价的能力;另一方面,没有一定的职业声誉会导致其职业生涯的结束。要实现经营者职业化还需要有为沟通供求双方需要的规范的中介机构——职业经理评价介绍中心,它要提供大量的企业信息、评估经理候选人能力和业绩,对进入经理市场的每一位经理人员要建立全面的、真实的、连续的、公开的业绩档案记录、信用记录③。对于信用有问题的经营者要解除其资格,将其从经理市场中开除出去。这种评价介绍中心不应承担国有企业经营人才的管理职能,主要精力应放在收集、提供经理人才信息,为供需双方相互选择提供服务,促进经理人才的流动。并提出职业经理评价介绍中心可以先着重承担经理流动中的人事代理及相关服务活动,比如,人事档案委托管理、行政关系挂靠、党组织关系管理、集体户籍挂靠、办理出国政审手续、代办养老保险、失业保险和医疗保险等。

---

① 丁慧:《中小企业职业经理人信誉问题的中国特色》,载《商场现代化》,2005年第11期,第218页。
② 唐斌:《职业经理人的职业道德分析》,维普咨询 http://www.cqvip.com。
③ 牛国良:《企业经营者职业化的条件作用及最终路径》,载《经济管理理论》,2004年第9期,第4页。

7.3.2 职业经理人个人信用评价的相关理论研究

职业经理人个人信用评价是社会信用系统中个人信用体系的一部分。而目前我国个人信用的研究主要集中在个人信用档案建立、个人信用体系建设、个人信用制度建设及法制建设等方面。安贺新[1]认为，完善的个人信用档案制度是建立和完善个人信用制度的基础，个人信用档案的内容应包括人文资料（个人的身份证明、住址、抚、赡养人口、拥有或租用现住房）、就业资料（个人的工作单位、职务、收入及工作年限）、纳税资料（个人所得税、财产税及其他税款的缴纳）、司法记录（个人的民事记录、刑事记录和劳改劳教记录）、福利保险记录（个人的公积金、养老账户以及个人人寿、财产、医疗、失业等保险信息）、信贷记录（个人的信贷额度、还贷记录及信用卡还款记录）、资产状况（个人的投资、动产及不动产等）七个方面，并提出制定全国统一的评价标准、引进国外先进的征信技术对个人信用进行评价。梁昌盛认为[2]，个人信用体系构建主要包括建立统一规范的个人信用账户、建立个人资信登记体系、建立科学严谨的个人信用评价指标体系、建立配套的个人信用运行机制、建立完备的个人信用法律支持体系、建立诚信为本的个人信用理念教育体系等内容，在对个人信用评价时提出用不同的方法评价。吴君茂等则从法律制度的建立与完善、执法层面探讨了个人信用制度法制化建设的问题[3]。并对个人信用信息的征集和个人隐私权的保护问题进行了探讨。曾文革等人也提出需要界定个人信用记录的范围，并对个人信用记录依法使用[4]。

刘嫦娥在研究加速我国经理人职业化进程的政策建议中提出政府要为职业经理人职业化创造良好的微观环境，包括实行经理人人才档案管理制

---

[1] 安贺新：《对加快我国个人信用制度建设有关问题的思考》，载《技术经济》，2006年第6期，第67~69页。
[2] 梁昌盛：《对构建我国个人信用体系的思考》，载《财经研究》，2006年第11期，第63~65页。
[3] 吴君茂：《我国个人信用制度的法制化建设》，载《中国信用卡》，2006年第5期，第60~64页。
[4] 曾文革：《论个人信用体系建设中对隐私权的法律保护》，载《行政与法》，2006年第5期，第108页。

度①，经营者个人档案由基本资料、经营业绩资料以及经权威性经理人才资质评估机构评估鉴定资料组成，作为经营者评估、流动、被选聘的依据。基本资料主要包括：经历、学历、专长、技术水平等；经营业绩资料主要是曾经营管理企业的业绩，包括经营行业、企业，经营资产量，资产增值额（比例），股东权益增加额，资产质量提高，劳动者素质提高，无形资产增值，行业及社会影响等。经营者业绩资料由所受聘公司董事会如实填写，鉴定资料是对经营者经营管理能力和素质的综合说明和证明，经理人人才公司负责经营者个人档案的保存、流转，负责对经营者进行估价与推荐。实行经理人的信息管理网络化。建立系统的经理人人才库制度，同时经理人的信息实行网络管理。通过经营者档案的如实、公开、及时反映，使好的经营者在经理人阶层中身价不断提高，使经营业绩差的经营者在经理人人才市场中身价不断降低，使有违规、违法和劣迹的经营者逐渐被淘汰出经理人市场。经营者个人档案是经营者质量的信息库，通过市场的选择使经营者价值与使用价值达到统一。

贺翔在研究民营企业与职业经理人之间走出"囚徒困境"的对策时也提出建立职业经理人档案，通过全国信息系统为企业聘请职业经理人提供客观信息服务②，以约束职业经理人的"败德行为"，并建立职业经理人考评机制，以达到优胜劣汰、提高整个职业经理人队伍整体素质的目的。

武勇认为，民营企业家与职业经理人的冲突来源主要有信任不足、信息不对称、双方目标不一致、市场约束不足、双方观念差异、职业经理人的"败德行为"、民营企业诚信不足、职业经理人缺乏必要的工作信息、民营企业家的随意性使经理人能力无法发挥、民营企业家的集权情结影响权力过渡等。他认为，应建立有效沟通、互相信任、法治管理的互动协调机制，同时建立合同约束、章程约束、法律约束、激励约束、经理人市场约束、道德约束的互动约束机制。并提出要尽快建立经理人市场并建立职业经理人评价体系。在职业经理人市场定期公布每一个职业经理人的各方面信息。包括职业经理人的任职历史、成绩、能力、污点等信息。当一个经理人业绩被评价较差时，他的人力资本市场价值就会贬值，就会失去优

---

① 刘嫦娥：《加速我国经理人职业化进程的政策建议》，载《湖南商学院学报》（双月刊），2006年第6期，第37页。
② 贺翔：《民营企业与职业经理人之间的"囚徒困境"分析》，载《经济论坛》，2006年第8期，第83页。

厚的工作与收入，甚至被市场淘汰。因此，一个健全的经理人市场能有效地抑制职业经理人的机会主义行为①。

张雄林等研究职业经理人声誉管理机制的建立时提出要创建职业经理人的历史记录②，投资者通过这种记录可以了解职业经理人以前经营或任职公司的行为。这在无形中给他们构成一种监督压力，保证创业职业经理人具有长期预期，只有对未来有长期预期的职业经理人才会在经营管理中注重自己的声誉，约束自己的行为。并提出培育充分竞争的职业经理人市场，以保证职业经理人声誉的质量。

7.4 本章评析与展望

7.4.1 关于职业经理人绩效评价

从绩效评价的理论研究来看，绩效评价已纳入企业整个管理体系，绩效管理这一现代管理理念已然被越来越多的企业所接受，绩效评价方法的选择更注重与企业战略的关联性，因此，现代绩效管理是战略实施的重要手段。目前有关职业经理人绩效评价的研究文献较少，总的趋势是由财务指标评价向财务与非财务指标评价相结合。但还存在以下不足：首先，有些研究将企业的经营绩效评价等同于职业经理人个人绩效的评价，事实上二者之间既有联系又有区别，对本章研究的企业高层职业经理人来讲，他们对企业绩效目标的实现承担着终极责任，因此，对他们的评价应该与企业绩效评价相结合，但同时还要对他们自己本身承担的绩效目标及个人行为与态度等进行评价，二者不能等同，此外，还需要对职业经理人的素质和信用进行评价。其次，绩效评价内容主要是业绩指标评价，缺乏对个人能力素质的评价，未构建起基于素质模型的绩效评价体系。而个人的能力与素质、工作态度与行为等胜任素质特征也是影响绩效的重要因素，因

---

① 武勇：《民营企业家与职业经理人的协调与约束机制》，载《当代经济研究》，2005年第8期，第41~45页。
② 张雄林、合金生、刘洪伟：《职业经理人的声誉效应》，载《长安大学学报》（社会科学版），2006年第3期，第32页。

此，现有研究还未形成一个完整的职业经理人绩效评价体系。再次，现有研究中绩效评价主体的研究较少，评价主体的定位比较模糊，而评价主体的选择则会直接影响职业经理人的绩效行为，并且不同评价主体对绩效的期望也存在很大差异。最后，目前的研究对绩效评价的目的定位不是非常明确，从管理的角度来讲，绩效评价的最终目的是为了提升组织与个人的绩效，推动个人职业能力的提升与个人的职业发展。

7.4.2 关于职业经理人素质评价

素质和素质模型的相关研究已基本成熟。素质是个体的潜在特征这一观点被普遍接受。国内外有关构建素质模型的研究也逐渐由通用素质模型的研究延伸到了各行业与企业领域的研究，体现了素质模型研究个性化的发展趋势，体现了其实用价值。除了咨询公司和一些企业通过研究提出了自己的职业经理人素质模型外，目前针对职业经理人素质模型构建的实证研究较少。从素质评价的研究来看，有关一般素质评价内容与方法的研究较多，而基于素质模型的素质评价的研究很少，尤其是缺乏基于胜任素质模型的职业经理人素质评价的研究。此外，对职业经理人素质评价主体的研究也很少。也就是说，目前的研究还未形成系统的职业经理人素质评价体系。

7.4.3 关于职业经理人信用评价

目前专门研究职业经理人信用评价的文献很少，有限的研究主要集中在个人信用、职业信用等领域。从近两年的研究来看，职业经理人信用档案的重要性已越来越引起理论界与实践界的重视，并将其与职业经理人与企业家之间信任的建立、经理人的职业化与职业经理人市场建设、职业经理人激励与约束等结合起来。但研究职业经理人信用评价的文献较少，尤其是专门研究职业经理人信用评价体系的文献几乎没有，目前对职业经理人信用评价的研究仅限于信用档案的建立，尚未形成一个完整的职业经理人信用评价体系。

综上所述，目前对职业经理人评价的研究主要侧重于绩效评价，个别研究成果虽然拓展到人力资本评价、社会评价，但仅限于部分评价指标的设计，未进行深入研究。因此，职业经理人的评价还没有形成完整的综合评价体系。

参 考 文 献

一、中文部分

1. 郑晓明：《人力资源管理导论》，机械工业出版社 2005 年版，第 295~297 页。
2. 费英秋：《管理人员素质与测评》，经济管理出版社 2004 年版，第 59 页。
3. 国际人力资源管理研究院编委会：《人力资源经理胜任素质模型》，机械工业出版社 2005 年版，第 12 页。
4. 秦杨勇：《平衡记分卡与绩效管理》，中国经济出版社 2005 年版，第 14 页。
5. 付亚和、许玉林：《绩效管理》，复旦大学出版社 2003 年版。
6. 彭剑锋、刘军、张成露：《管理者能力评价与发展》，中国人民大学出版社 2005 年版，第 136 页。
7. ［美］罗伯特·卡普兰、大卫·诺顿：《战略地图：化无形资产为有形成果》，经济出版社 2005 年版。
8. ［美］安托尼特·D·露西亚、理查兹·莱普辛格，郭玉广译：《胜任——员工胜任能力模型应用手册》，北京大学出版社 2004 年版，第 7 页。
9. 王超：《我国社会信用体系建设问题与对策》，载《科学与管理》，2006 年第 2 期，第 35~37 页。
10. 安贺新：《对加快我国个人信用制度建设有关问题的思考》，载《技术经济》，2006 年第 6 期，第 67~69 页。
11. 梁昌盛：《对构建我国个人信用体系的思考》，载《财经研究》，2006 年第 11 期，第 63~65 页。
12. 吴君茂：《我国个人信用制度的法制化建设》，载《中国信用卡》，2006 年第 5 期，第 60~64 页。
13. 黄波：《浅谈职业心用制度的建立》，载《特区经济》，2004 年第 6 期，第 96~97 页。
14. 丁娟娟、陈新辉：《企业管理人员职业信用等级模糊综合评判》，载《管理现代化》，2006 年第 4 期。
15. 赵明非、冯冬燕：《个人职业信用制度探讨》，载《发展》，2006 年第 8 期，第 95~96 页。
16. 魏杰：《职业经理人制度建设中的一个重要问题》，载《财贸经济》，2001 年第 6 期，第 51 页。
17. 刘嫦娥：《加速我国经理人职业化进程的政策建议》，载《湖南商学院学报》

（双月刊），2006年第6期，第37页。

18. 牛国良：《企业经营者职业化的条件作用及最终路径》，载《经济管理理论》2004年第9期，第4页。

19. 贺翔：《民营企业与职业经理人之间的囚徒困境分析》，载《经济论坛》2006年第8期，第83页。

20. 武勇：《民营企业家与职业经理人的协调与约束机制》，载《当代经济研究》2005年第8期，第41~45页。

21. 王重鸣、陈民科：《管理胜任力特征分析：结构方程模型检验》，载《心理科学》，2002年第5期。

22. 姚翔、王垒、陈建红：《项目管理者胜任力模型》，载《心理科学》，2004年第6期，第1497~1499页。

23. 樊宏、韩卫兵：《构建基于胜任力模型的评价中心》，载《科学与科学技术管理》，2005年第10期，第111~113页。

24. 于永达、林向峰、张远东：《基于PLS的领导人才胜任力测评方法研究》，载《改革》，2005年第1期，第104页。

25. 时勘、王继承、李超平：《企业高层管理者胜任特征模型评价的研究》，载《心理学报》，2002年第34期，第306~311页。

26. 王化成、刘俊勇：《企业业绩评价模式研究——简论企业业绩评价模式选择》，载《管理世界》，2004年第4期，第82页。

27. 史书玲：《企业家贡献考核指标体系的构建及评价》，载《经济与管理研究》2000年第2期，第59页。

28. 黄群慧：《业绩评价与国有企业经营者报酬制度的激励性》，载《中国工业经济》，2002年第6期，第80页。

29. 苏贺：《绩效评价与建立有效的经营者选择机制》，载《现代管理科学》2003年第6期，第65页。

30. 王鲁捷、钟磊：《企业经营者绩效评价研究》，载《工业企业管理》，2004年第9期，第82页。

31. 胡乐江、高峻峻：《基于可能性理论的经营者业绩评价研究》，载《南开管理评论》，2004年第7期，第35页。

32. 蒋晓荣、崔俊凯：《一种国有企业经营者绩效评价的方法》，2003年第1期，第94~95页；宋力、王小蕾：《论企业经营者业绩评价体系的设置》，载《工业企业管理》，2002年第5期，第93页。

二、英文部分

1. Kaplan, R. S. and D. P. Norton (1992), "The Balanced Scorecard: Measures That Drive Performance", Harvard Bunisess Review, 70 (1), pp. 71-79.

2. Borman WC, Motowidio SJ. Expanding the criterion domain to include elements of contextual performance. 1993. p. 71.

3. Lyle M. Spencer and Signe M. Spencer. Competence at work: Models for superior performance. New York: John Wiley & Sons, Inc, 1993.

4. McClelland, D. C. , Testing for competence rather than for intelligence, American Psychologist, (1973) 28, 1, pp. 1 – 14.

5. Yeung, A. Competencies for HR professionals: An interview with Richard B. Boyatzis, Human Resource Management, 1996, 35, 1, pp. 119 – 131.

6. Boyatzis, A. R. The Competent Manager: A Model for Effective Performance, New York: J. Wiley, 1982. pp. 20 – 2.

7. Lyle M. Spencer, Jr. and Signe M. Spencer. Competence at work: Models for superior performance. New York: John Wiley & Sons, Inc, 1993.

8. Mirabile, Richard J. Everything you wanted to know about competency modeling, Training & Development, 1997, Vol. 51 Issue 8, pp. 73 – 78.

9. Hays. J. A new look at managerial competence: The AMA model for worthy performance, Management Review, 1979, 59, pp. 2 – 3.

10. Sanchez. The art and science of competency models (book review), Personnel Psychology. Summer 2000, Vol. 53 Issue2, pp. 509 – 512.

11. Walter C. Borman. Stephan J. Motowidlo. Task Performance and Contextual Performance: The Meaning for Personnel Selection Research. Human Performance, 1997, pp. 9 – 109.